“三农”研究

本书受到国家自然科学基金项目“我国地方财政结余对财政支出周期性影响及其机制研究”（71904130）、深圳大学青年教师科研启动项目以及深圳大学中国特色社会主义先行示范区残障事业研究中心（基地）建设项目的资助。

中国农业福利政策研究

Study of China's Agricultural Welfare Policy

吴进进　著

中国经济出版社
CHINA ECONOMIC PUBLISHING HOUSE
·北京·

图书在版编目（CIP）数据

中国农业福利政策研究 / 吴进进著．--北京：中国经济出版社，2022.3

ISBN 978-7-5136-6861-3

Ⅰ．①中… Ⅱ．①吴… Ⅲ．①农业政策-研究-中国 Ⅳ．①F320

中国版本图书馆 CIP 数据核字（2022）第 051382 号

策划编辑 姜 静
责任编辑 陈 瑞
责任印制 马小宾
封面设计 任燕飞

出版发行 中国经济出版社
印 刷 者 北京艾普海德印刷有限公司
经 销 者 各地新华书店
开 本 710mm×1000mm 1/16
印 张 15.75
字 数 257 千字
版 次 2022 年 3 月第 1 版
印 次 2022 年 3 月第 1 次
定 价 79.00 元
广告经营许可证 京西工商广字第 8179 号

中国经济出版社 **网址** www.economyph.com **社址** 北京市东城区安定门外大街 58 号 **邮编** 100011
本版图书如存在印装质量问题，请与本社销售中心联系调换（联系电话：010-57512564）

序 言

· PREFACE ·

吴进进的大作《中国农业福利政策研究》具有创新性和前瞻性两大特色。该书的意义必须放到21世纪中美竞争这一大视角之下来看。

中国崛起与美国的战略竞争是全方位的，未来中美除在军事安全、地区组织建设、科技、工业领域存在竞争之外，农业出口将是一个新的博弈领域。美国自1960年以来，一直处于全球农产品出口第一的地位。相反，尽管中国是世界上最大的农产品生产国，但是农产品出口世界排名落后，很多年来一直未进入前十名。根据Data for Farmer的资料，自2000年以后，中国农业出口有了显著的进步。2006年至2010年中国排名第十，2011年上升为第九名，2012年上升为第八名，2013年上升为第七名，2017年上升为第五名。根据Humboldt 2018年的数据，世界上农产品出口国的排名是：美国、荷兰、德国、巴西、法国、中国、西班牙、加拿大、以色列和意大利。美国稳居世界第一位，农产品出口总额是1500亿美元。中国位居世界第六，出口总额是630亿美元。美国稳居全球农产品出口第一位的原因众多：高科技的农业，地理上的优势，现代化的农业福利政策，如农业补贴政策。2020年美国农业补贴总额是370亿美元，约占农场主收入的36%。

在这个背景下，具有世界视野的《中国农业福利政策研究》探索了中国农业福利政策兴起过程中的重大问题，开辟了中国农业政策研究的新领域，即中国如何补课，制定和落实农业补贴政策。在中美农业竞争中改变落后的状态，这是新时代中的一个重大问题。吴进进运用现代化趋同理论，探索了中国农业福利政策发展的方向、路径，并呼唤一个新的农业大政策；他也提供了一个理论分析框架，从问题、观念和公共财政三个方面做了深入浅出的独特分析。未来中国农业补贴政策及其农业出口将会是国际关系的新问题。国外已有人评论中国农业补贴总额是世界第一，超过美国。这当然是富有争议的。中国政府的农业补贴一旦平分到每个农民身上，支持力度远远低于美国政府对农户的支持。未来从国际关系的视角来重新思考中国农业政策的制定和贯彻中的问题，将是一个不可忽略的重大问题。吴进进的大作详细地介绍了美国和日本的农业政策，为中国提供了一个有益的国际比较视野。

《中国农业福利政策研究》还详细研究了中国农业政策变迁的历史。拜读进进大作使我深感自己在研究村民自治、乡村选举、乡村协商等方面的不足。我过多关注了乡村民主建设，而忽略了农村政治经济条件下的财政问题。进进对中国农村社会冲突的分析，为我们理解中国乡村民主建设提供了一个历史性、财政方面的背景知识。看来，我（包括20世纪90年代末一大批研究村民自治的学者）需要向年轻学者学习，与时俱进，不断挑战自己，勇于探索新时代新农村中的新问题。进进的大作为我们提供了一个新视角、新思路、新方向。

特此推荐，是为序。

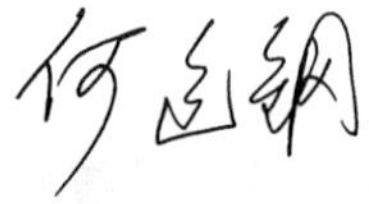

2021年1月23日

目 录

· CONTENTS ·

第1章

导　论

1

本书关注的是农业政策领域的一个世界性的普遍现象和发展趋势，即农业福利的兴起。以农业补贴（农业生产者直接补贴和价格补贴）为主要形式的农业福利政策自20世纪30年代就在欧美等主要发达国家兴起，并在20世纪80年代进入发展高峰。在以日本、韩国为代表的东亚新兴工业国家，农业福利政策的发展程度更高，这些国家已成为世界农业保护主义的典范。美日欧等发达国家农业福利政策的兴起主要经历了三个阶段：以政府有限投资为主的农业推动政策阶段、价格支持政策阶段和农业补贴政策阶段。20世纪八九十年代以后，包括中国在内的发展中国家的政府也逐渐改变传统上对农业的汲取政策，在实施农业市场自由化战略的同时，不断加大对农业的保护力度，明显的标志是农产品的名义保护率的提高。2000年以来，农业福利政策也在发展中国家逐渐兴起。以最低收购价和农业补贴政策为标志，中国农业福利政策的兴起趋势十分明显。本书研究的焦点在于揭示中国农业福利政策的兴起过程，并且运用新的分析框架探究中国农业福利政策兴起的政治经济学。

在导论部分，首先介绍了本书的研究问题；其次简要评述与本书研究问题相关的文献与研究现状；最后提出本书的研究思路、框架和结构。

1.1 研究问题

中国自古以来都以农为本，农业地位如此重要，以至封建大一统王朝建立之初，统治者大多以轻徭薄赋、劝课农桑为治国之本。帝制时代农业发展以自由放任为主，政府干预政策主要为屯垦、政府拨款的水利建设和江河湖海等水灾治理等。中央政府的行政机构——六部中管理农业事务的部门主要是户部和工部。其中，户部管理农桑、畜牧、树艺，而工部掌管水利、河工、海塘、堤防等涉农事务。清末现代民族国家兴起，政府对农业事业的干预加强，农业行政机构也从六部中独立出来。1906 年清政府建立了农工商部，下设“农务司”，统一管理涉农事务。国民政府为挽救战争导致的农业危机，在 1928 年建立农矿部，并于 20 世纪 30 年代经济建设时期成立“农村复兴委员会”，在农村赈灾救济、兴修水利、农村金融调剂等方面实施“农村复兴运动”，其间还成立了中央农业推广委员会，负责改良农作物品种，推广农业生产技术（刘峰，2013）。

在相当长一段时期里，中国农业政策都具有明显的“汲取”倾向。在封建王朝，田赋支撑了国家绝大部分的财政收入。在康乾盛世末期的 1753 年，田赋占全国岁入总额的比重高达 81%（王业键，2008）。民国时期中央政府财政收入以关税、盐税、统税为主，田赋划归地方所有，成为地方财政收入的主要来源。1949 年以后的约三十年时间里，国家发展政策表现出强烈的现代化取向，国家选择工业化优先战略，农业汲取倾向被进一步制度化。

农业经济学基本理论和西方发达国家的农业发展历程都表明，农业保护政策对乡村振兴、农业发展与农民富裕发挥着关键作用。农业政策的现代化理论表明，随着国家工业化进程的不断推进，国家的农业政策取向逐渐从汲取转向支持与保护。美国学者谢盖特（Sheingate，2003）基于西方发达国家百余年的农业政策演变史，提出了国家农业政策的三阶段理论：19 世纪后期到 20 世纪初的农业推动政策；20 世纪 20 年代到 60 年代的农产品价格支持政策；20 世纪 60 年代以后的农业补贴政策。并且，他把农业补贴政策界定为农业福利政策模式。

农业福利政策的观点对中国具有重要启示，中国自 1949 年以来的农业政策转型也体现了农业福利政策的发展趋势。农业福利政策可能是解决中国“三农”问题的重要途径之一。本书提出并要解决的主要问题是：新中国成立以来农业政策转型与农业福利政策兴起的过程是什么？中国农业福利政策的兴起经过了哪些阶段？汲取政策、推动政策、价格支持政策发生怎样的变化才能为农业福利政策扫清障碍？中国农业福利政策兴起的决定因素是什么？是什么力量推动着中国农业政策从汲取逐渐转为农业福利？尽管很多学者从政治经济学角度与农业保护主义理论角度对农业政策转型进行了大量的实证研究，提出了很多农业转型的政治经济学理论。但是，鲜有文献研究中国农业政策转型与中国农业福利政策的演变过程。针对这一现状，本书首次提出了一个分析框架，系统地阐释了中国1949年以来农业政策转型和农业福利政策兴起的动因。

1.2 研究现状与评述

当前，中国农业政策转型的研究多数是描述性的，大多数文献描述了改革开放以来农业制度与政策改革的内容与过程，也有一部分文献评述了改革开放前农业政策与农业发展绩效。然而这些文献大多并不解释改革前后中国农业政策转型的原因，虽然有少部分研究分析了影响农业政策的政治经济因素，但是几乎没有提出一个完整的解释框架，并系统地分析不同时期的不同因素发挥的作用。

很多学者对改革开放前中国农业政策的分析都指向当时重工业优先的国家发展战略。黄亚生（Huang，1998）的论述说明，新中国成立后国家实施了重工业导向的发展战略，而非更有比较优势的劳动密集型产业。为了实施这一战略，国家必须从农业汲取剩余价值，因此设计了一套包括农业集体化和统购统销制度在内的农业制度与政策。尼古拉斯·拉迪（Lardy，1983）认为，新中国成立后实施工业化战略，并不断提高重工业的地位，导致国家实施了明显的汲取型农业政策，扭曲了对农业的资源分配，压低了农业增长率。陈卫星（Chen，1999）也认为改革开放前中国农业政策的定位和改革后农业政策的转型源于国家发展议程及其变化，明确地指出发展议程实际上就是国家发展的观念的产物。在他看来，1949—1956年的农业集体化是在社会主义改造理论这一观念范式。改革开放前农村经济凋敝使旧的观念面临挑战，更加务实和经济建设导向的思想成为新的发展观念，为农业政策提供了一个政策制定框架。尽管农业改革进程的方式与快慢存在争议，但都没有偏离这个既定框架。

2000年以来，出现了一些对中国农业政策转型决定因素比较系统的研究。约翰·思文和斯科特·罗泽尔（Swinnen & Rozelle，2006）分析了中国农业转型的政治经济学理论以及中国20世纪70年代末农业去集体化改革的决定因素，通过比较当时中国和苏联农业改革的成败，指出农民对改革的压力以及决策者的推动是中国七八十年代农村改革的关键原因。派系模式（factionalism model）是解释改革开放前中国政治决策与政策过程的一个重要理论范式。杨继绳（2004）认为改革开放初期对农业去集体化试验的支持，推动了家庭责任制的制度化。

相比中国农业去集体化进程，20 世纪八九十年代中国农业市场化改革相对缓慢，而且屡有反复。是什么决定了中国渐进的农业市场化改革？约翰·思文和斯科特·罗泽尔（Swinnen & Rozelle，2009）认为是中国的农产品价格和流通体制的路径依赖和分权体制抑制了改革的速度。一方面，随着前期去集体化改革和农产品价格的提高，农业生产率、粮食产量和农民收入都显著增长，改革的基本目标已经实现，导致中央到地方政府进一步推动农业市场化改革的动力减弱。另一方面，中国的粮食管理体制依托的粮食管理部门垂直分布，机构庞大，而且具有较大的机构自主权，使其成为农业市场化改革的阻力，中央政府只有通过放松农产品流通管制，引进其他私营机构参与竞争来渐进实现农产品流通的市场化。

部分对新世纪中国农业支持政策的研究将解释视角集中于现代化理论。牛若峰（2013）回顾了自新中国成立以来中国工业化进程与农业政策的关系，认为随着经济发展，国家对农业的保护程度逐渐增强，开始实施以工补农政策。他还评估了当前中国的经济结构和工业化水平，认为我国经济发达地区正在实施农业保护政策，但是他也指出中国当前总体的工业化水平和结构并不足以支持实施全面的农业保护政策。李先德、宗义湘（2012）使用定量和定性方法分析了中国农业补贴水平的影响因素，在定量分析中他们主要检验经济结构因素，如人均 GDP、农业增加值比重对农业支持总水平的影响。他们得出的结论符合现代化理论的基本观点，即中国农业支持总水平与人均 GDP 正相关，与农业产值增加值呈负相关关系。在定性描述上，他们的论述超越了现代化理论，把视角放在了国家战略与政策议程上，认为统筹城乡发展和粮食安全战略是国家实施最低保护价以及农业补贴政策的重要影响因素。但是，他们的研究并未分析我国农业市场化改革的原因。

1.3 研究思路与框架

本书采用线状的历史分析和块状的主题分析相结合的研究思路。研究对象是新中国成立以来中国农业政策转型和农业福利政策兴起的过程，涵盖新中国成立以来中国农业政策变迁史。通过历史分析，我们不仅可以把握中国农业福利政策兴起的来龙去脉，更重要的是通过对不同历史阶段农业政策的爬梳，探索推动中国农业福利政策发展的共性因素，可以把新中国成立以来的农业政策史串联起来，形成一个知识体系。此外，本书的历史分析是嵌入在农业政策类型与主题中的。以政策主题为主的分析架构，主要是考虑到中国农业福利政策兴起是若干个农业政策领域共同发展的产物。就农业福利政策的一般理论和国际趋势而言，一国的农业政策经历了从推动政策、价格支持政策，到农业补贴政策的演进过程，中国的农业福利政策也经历了这一过程，因此有必要对不同阶段的农业政策类型进行分析。

本书的主要构架如下：第 2 章为文献评述与分析框架；第 3 章介绍了农业福利政策的理论和实践，首先探讨了普遍性的农业福利政策兴起的经验，继而把分析视角转向中国农业福利政策的发展过程。第 4 章到第 7 章是本书的主体内容，基于第 3 章确立的理论框架，分析了中国改革开放前后农业政策转型与农业福利政策逐渐兴起的动因。第 4 章分析了观念、问题压力和财政因素对改革开放前后中国农业政策演变的塑造作用。第 5 章分析了观念、问题压力、财政能力对推动农业价格体制逐渐走向市场化与价格支持政策的影响。第 6 章分析了农业税费改革的历程。第 7 章转向本书研究的落脚点，即中国农业福利政策是如何兴起的，这一章主要分析了新的农业政策观念、农民收入问题，以及国家财政能力对农业补贴政策的影响。第 8 章介绍了美国和日本两国农业福利政策兴起的历程和经验、美国农业地区农业和财政协同发展的经验，以及其对中国的借鉴意义。第 9 章是结论与政策建议。

本书首次将农业福利政策概念运用于中国农业政策转型研究中。美国学者亚当·谢盖特以美国、日本、法国三国一个多世纪的农业政策发展为研究对象，提出了农业福利国家现象，并且从制度与利益集团的视角解释了三个国家农业福利政策的不同形态和过程。尽管制度与利益集团视角令人信服，但本书第一次基于利益集团与政治制度之外的解释视角，以一个完整的理论框架分析新中国农业政策发展与转型动因，深化了农业保护政策与农业福利政策理论。本书指出了中国农业政策演变的规律与方向，弥补了当前中国农业政策理论研究的不足。

本书对中国农业政策的分析还揭示了中国公共政策转型的独特逻辑与机制。西方比较政治与政策研究中十分流行的制度与利益集团视角并不完全适用中国。本书的研究表明，新中国成立以来的中国农业政策转型与农业福利政策的兴起并不是制度与利益集团博弈的产物，而是由国家主导的观念所引导，由农业问题所推动或制约，并在公共财政能力与体制所创造的资源与禀赋条件下发展演变的。

第2章

文献评述与分析框架

2

本章将系统回顾和评述当前学术界关于农业政策转型的政治经济学理论与研究文献，我们综述了农业政策转型的六个主要理论或分析视角，分别是：现代化趋同理论、利益集团理论、政治制度理论、危机视角、政策观念视角和公共财政与农业政策视角。在论述这些理论或视角时，我们将注重分析它们对解释本书研究问题的可取之处，同时指出其解释中国农业政策转型的不足和局限。本章 2.1 节着重论述现代化趋同理论所提出的农业政策转型的三个阶段，2.2 节则介绍和阐述其他五个理论与视角，2.3 节从这些理论视角中发展出一个综合性的分析框架，用于解释中国自 1949 年以来农业福利政策演变与兴起的政治经济动因。

2.1　现代化趋同理论与农业政策转型

现代化趋同理论是解释农业政策变迁的经典理论。20 世纪八九十年代，学者们观察到一个普遍现象，发达国家一般保护农业，而贫穷国家却对农业征税。学者们发现了人均收入增长和经济结构的现代化与国家农业保护程度之间存在显著的正相关关系（Anderson & Hayami, 1986）。回顾发达国家经济发展过程，学者们也发现了农业政策从汲取到保护的演变过程（Tracy, 1989），学者们借此提出了农业政策转型的现代化趋同理论，又称发展模式（development pattern）。这一理论的基本观点是：随着工业化和经济现代化，国家的农业政策逐渐从汲取走向支持保护。国家现代化进程的一个显著趋势就是经济结构中农业地位的下降、农业人员比重的降低和工农收入差距的拉大。在工业化的最初阶段，国家对农业征税，从农业汲取资源支援工业部门，为了维持工业部门较低的劳动工资，食品价格也被严格控制。工业化进一步发展后，工业劳动力收入增长很快，人们生活水平不断提高。然而，农业产值和农民收入的增长却遇到瓶颈，农业产值和农民收入开始滞后于工业部门，农业与农民受经济危机与农产品价格波动的影响尤为剧烈。国家开始考虑对农业进行补偿，农业政策的保护主义趋向越来越明显。随着人均收入不断提高，食品消费支出在日常支出中的比例显著下降，消费者对食品价格也变得越来越不敏感。在工业社会，农业从业人口比重很小，国家对农业的支持与补偿分散到所有消费者和纳税人头上，每个人支付的份额很小，因此消费者和纳税人对食品价格的提高以及农业保护的反对也不再那么强烈（Anderson，1991；Anderson & Tyers，1988）。农业保护主义趋势对应了发达国家福利政策兴起的趋势，国家福利体系的受众从传统福利项目受益者，如穷困人口、老人、儿童、残障人士等扩张到农业从业者。农业保护主义旨在维持农业生产者的生活水平。农业保护实质上是起再分配作用的社会福利政策，而农业福利政策是国家福利体系的重要构成。与养老、医疗等普惠性的社会福利项目不同，农业福利属于特定型福利项目，如同针对失业人员、贫困人员、妇女儿童等特定群体的福利项目。

现代化与经济结构转型驱使着农业政策从汲取到保护主义的转型。谢盖特（Sheingate，2003）总结了19世纪末以来主要发达国家农业政策的发展史，将农业政策的演变划分为3个阶段：农业推动政策阶段、农业价格支持政策阶段和农业补贴政策阶段，并将以农业补贴政策为主要内容的农业支持政策体系定义为农业福利政策。图2-1展示了农业福利政策的现代化趋同理论。

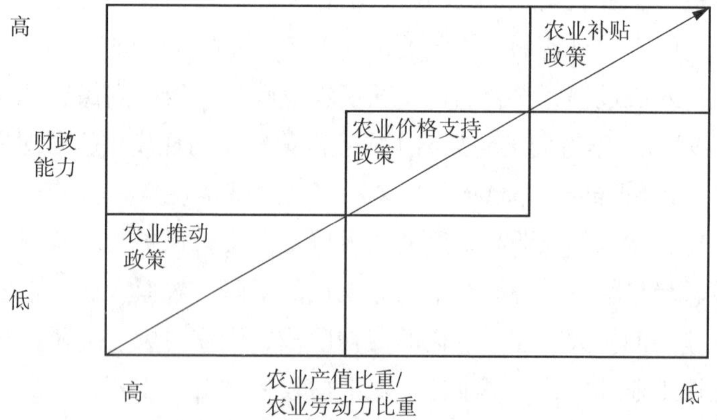

图2-1 农业福利政策的现代化趋同理论

资料来源：谢盖特（Sheingate，2003）。

在每个阶段，国家都有一套主导的农业政策体系。在工业化初期，主导型的农业政策表现为农业税收和有限的农业投资，完成工业化后则对农业进行补偿和保护。不同类型的农业政策有不同性质的政策工具，对农业生产与农民福利都产生了不同的影响。关于农业政策工具，费德里科（Federico，2005）提出了 6 种类型：其中农业推动政策的工具主要是表 2-1 中第 3 类政策工具，即对农业生产提供必要的公共物品，旨在提高农业生产率和农作物产量；农业价格支持政策则属于表中第 4 类的市场干预工具，这些市场干预工具主要是为了维持农作物的价格稳定；农业福利政策则属于第 6 类"对农民转移支付或负向支付"，以各种类型的农业补贴为代表。

表 2-1　不同类型的农业政策工具

农业政策工具属性	农业政策工具
1. 生产要素所有权的结构	确定产权、土地制度改革
2. 向农产品消费者提供公共物品	农产品卫生管制、农产品信息管制
3. 向农民提供公共物品与支出	农业研发、基础设施、市场支持、产权保护等
4. 农产品或农业要素市场干预	产量控制、价格干预、公开市场操纵、控制农产品购销、信贷支持、农业劳动市场干预等
5. 农产品国家贸易干预	农产品关税、进口配额等
6. 对农民转移支付或负向支付	补贴、低息信贷，农业税收

资料来源：Federico（2005）。

2.1.1　农业推动政策

在工业化之前，尽管农业是经济的主体，但是由于技术条件落后，国家没有足够的技术手段推动农业技术的革新；由于市场经济不发达和农业的自然经济性质，国家也没有足够的财力和动力促进农业扩张。在工业化革命之前的传统农业社会，中央政府没有设立专门的农业主管部门，国家对农业的态度是放任的，或进行非常有限的推动，如主要依靠农民力量的农田水利建设、改良粮种等。与此同时，农业又是国家财政最主要的来源，国家往往通过调整与农业相关的税赋与徭役等从农业中汲取财政收入。

工业化初期，工业化是经济增长的引擎，国家发展战略的重点是工业。但是农业是主要的经济部门和就业部门，因此，尽管国家轻视农业对经济增长的作用，但是重视农业对工业增长的服务作用，如工业从农业获取食品、劳动力和资本。经济发展就是现代工业不断吸收传统农业资源而扩张的过程。早期的发展经济学理论分析了工业化进程中农业与工业化的关系，认为农业在劳动、资本、外汇、粮食和市场5个方面为工业提供资源（Zhang，1949）。刘易斯（Lewis，1954）提出的二元经济发展模式认为传统部门（农业部门）剩余劳动力的边际生产力接近于零甚至为负数，因此农业部门的任务是使剩余劳动力向现代部门转移。拉尼斯和费（Ranis & Fei，1961）提出的“费—拉”模式强调了农业为工业提供劳动力和剩余农产品的作用。在发达市场经济条件下，农业脱离自给自足的小农经济状态，与工农业商品流通互换，而工业凭借其高生产率、高附加值与价格优势，从农业获得大量资金。

在后发达国家，为了追赶工业化步伐，尽快实现国家工业化与经济腾飞，农业成为资金汲取的主要对象。落后国家往往采取偏向工业与城市的农业“歧视”政策，制定高农业税率，直接汲取农业税收，再将财政资金投资工业，或者运用行政权力垄断农产品购销市场，通过压低农产品价格来降低城市消费价格和工业成本。此外，农业也是出口创汇的重要来源。农产品出口获得的外汇被用作工业化资金，从而进口国外先进工业设备。

由于农业对初始工业化有着如此重要的功能，国家在工业化初期实施了不同形式的农业推动政策。国家出于理性，不但不能抑制农业发展，反而要推动农产品，特别是粮食和工业原料等产量的增长。国家在中央政府设立专门的农业行政部门，制定农业推动政策，提高农业财政支出，改革土地与农业生产制度，调整农业税率。在西方国家，农业部门不仅是农业政策的决策机构，而且扮演着农业从业者代言人的角色。在一些后发达国家，农业部门则主要为国家工业化战略服务，为汲取农业资源实施推动政策。然而，这一时期的农业推动政策在总量和比例上都很小，其原因一方面源于国家致力于工业化，农业推动政策远非国家发展战略的重心；另一方面由于国家尚处于工业化初期，农业经济仍然占据国民经济相当大的比例，国家财力尚不足以支持较大比重的农业支出。

工业化初期，农业推动政策与各种汲取政策混合在一起。值得注意的是，在先发达国家与后发达国家，以及不同的经济、政治体制的国家，汲取与推动的比重、形式都不相同，甚至截然相反。在多数先发达国家，工业化推动了农业市场化，农业从业者作为重要的利益群体开始走上政治舞台，在政党政治环境下对农业政策发挥了显著作用，而国家实施农业推动政策的同时并没有政策层面上的汲取，工业对农业的汲取主要通过市场机制。如 19 世纪中期，美国南部地区是棉花的主要出口地，南部地区本身很少生产工业品，而北部地区工业发达，南部地区通过出口棉花获得的资金流入北部地区，为其工业化提供资本。然而在部分后发达国家，农业缺乏有效的利益代表制度，政府注重工业化优先发展战略，有限的推动政策往往伴随着显著的农业汲取与扭曲的政策，这种汲取政策一般表现为高农业税率、阻碍农业生产的土地所有制、人为压低粮食与农产品价格，以及国家垄断国内农产品市场与贸易政策等。在部分后发达国家，虽然农业产量和农业生产率得到了显著增长，但是工农业收入差距不断拉大。如日本在 19 世纪末到 20 世纪初，农地税是政府收入的主要来源。政府制定高农业税率汲取农业资金，对初生的工业企业却实施低税政策。在农业推动政策方面，日本政府对农业的支出尽管较少，但仍然持续增长。工业生产出来的机械设备被用于农业生产，肥料能源也为农业增长创造了条件。在部分欠发达国家和地区，如 20 世纪六七十年代的西非，有限的农业推动政策与强烈的农业汲取政策相结合，严重的工业优先战略、统治阶层强烈的亲工业偏好，严重扭曲了有限的农业推动政策的积极效应。国家通过扭曲性的市场干预与价格机制汲取农业剩余，其结果是极大地降低了农业生产率，甚至使农业陷入危机（Bates，1989）。

2.1.2　价格支持政策

当工业化发展到中后期，国家不仅不需要从农业汲取资源，反而有能力加大对农业的支持，以工补农。在仍然向农业征税的国家，农业相关税收占国家财政收入的比重已经很小。汲取和扭曲性的农业政策逐渐被消除，如农业税比重逐渐降低乃至取消，国家放松对农产品市场管控和价格管制，农产品价格逐渐走向市场化。

在发达国家，由于前期的农业推动政策，以及农业技术的改进和生产条件的完善，农业生产率进一步提高，主要农产品产量获得大幅增长。尽管农业获得了长足的发展，但农业在经济中的地位却越来越低。农业产值占 GDP 的份额越来越小，农村人口占农业劳动力比重也日益降低，农业与农民的相对经济地位严重下降。在农业推动政策的促进下，农业产量增长迅猛，农产品过剩现象时有发生。产量过剩导致价格下跌，而农产品需求却没有显著增加，导致农民收入增长缓慢。在工业化中后期，农民对日益拉大的工农收入差距越来越不满，要求政府改变单一的农业推动政策，实施更加有力的干预和保护政策。特别是在极端经济形势下产生的严重的经济问题，如农产品价格暴跌，农业产值严重缩水，农民收入急剧降低，传统的农业推动政策已经难以解决农业发展与农民增收问题。

在农业产能总体过剩的背景下，政府的农业政策从旨在提高农产品产量的推动政策，走向提高农产品价格的价格支持政策。价格支持政策旨在减轻农产品价格波动对农民收入的影响，开启了政府对农业市场的直接干预。最初的价格支持政策是政府参与农产品购销干预价格，如政府在农产品价格过低和过高时分别买进和卖出农产品，这一策略没有直接干预农民的决策和市场交易行为。较为简单的价格支持政策只规定了一个基准保护价，在市场过剩、农产品价格低于规定的保护价时按照保护价销售。更为复杂的形式是美国在20世纪30年代后实施的价格支持政策：一方面控制产量，农民按照与政府的补偿协议减少耕种面积；另一方面，政府通过控制农产品市场流通环节，以保护价收购农产品，或者以农民的农产品作为抵押向农民提供贷款，当市场价格过低时，农民通过不偿还贷款而获得高于市场销售收入的贷款额。

农业价格支持政策表明国家开始对农民实施价格补贴，补贴的资金既有可能来自政府财政资金，也有可能通过提高城市农产品价格来由消费者承担。随着城市居民收入的提高，食品消费在消费结构中的比重持续降低，城市消费者有能力承担更高的农产品价格。这一时期，农业产值和农业劳动力在经济总产值和劳动力结构已经下降到很小的比例，国家财政和城市消费者能够承担农业价格补贴的成本。

2.1.3 农业福利政策

价格支持政策几乎不可避免地刺激了农业生产，产量控制计划往往被农民规避，而农产品的消费却没有大幅增加，农产品供给过剩问题日益严重。在价格支持政策体系下，政府控制农产品购销，农产品价格支持政策推动产量进一步增长，政府也无法将过剩的粮食销售出去，库存不断累积，如何消化过剩的农作物已经成为政府不得不考虑的问题。即使有价格支持政策的保护，农产品产量过剩也使农民收入增长乏力。

农民收入和不断增加的农产品库存过剩问题迫使政府逐渐改变既有的价格支持政策，开始推行对农民的直接补贴，通过政府补贴政策减少政府粮食库存、提高农民收入。补贴的方式主要有两种：第一种是政府先设立一个目标价格，根据市场价格和目标价格之间的差额，把差额的资金补贴给农民。根据这种补贴方式，政府不再以保底价收购农产品，农民以实际市场价格销售农产品。这一政策的实施使农产品过剩问题得以缓解。但基于价格的补贴刺激了农民生产的积极性，产量越大，政府补贴支出规模也就越大，公共财政压力也随之增大。为了抑制农业补贴的过度膨胀，缓解财政压力，越来越多的发达国家政府开始调整补贴方式，采取第二种补贴方式，即对农民收入的直接补贴。直接补贴将补贴与价格和年度农业产量脱钩，根据耕地或种植面积确定补贴额。相对于价格和产量，耕地和种植面积是相对稳定的，因此财政支付的农业补贴额的增长也会得到控制。

直接补贴意味着农业补贴的资金成本由消费者完全转向政府财政支付，这实际上是将补贴资金分摊在了所有纳税人头上。这种由全体纳税人承担，通过政府转移支付而向农民提供的补贴和政府社会福利支出一样，起着收入再分配的作用，因此实质上也是一项政府再分配政策。因此，政府对农民的补贴，无论其形式手段如何，只要是主要运用财政资金予以直接支付的，都可称为农业福利政策。

2.2　农业政策转型的政治经济视角

现代化趋同理论很好地揭示了经济发展和现代化进程推动的农业政策范式转型和农业福利政策兴起的一般规律，然而这一理论视角对农业政策转型动因的解释过于简单，忽略了很多重要的政治、社会与文化因素。20世纪80年代以来，农业政策与政治经济学研究涌现了一大批富有深度的理论视角，其中典型的有利益集团理论、政治制度理论、危机视角、政策观念视角和公共财政与农业政策视角等。我们将在系统论述这些理论视角的基础上，提出解释中国农业政策兴起的分析框架。

2.2.1 利益集团理论

农业福利政策的现代化趋同理论为农业政策转型搭建了基本的理论框架，揭示了农业政策随着经济结构转型而从汲取、推动最终走向福利补贴的普遍规律。但是现代化趋同理论只是粗线条地概括了经济结构决定下的农业政策转型趋势，而没有深入探究转型过程及其机制。正如洛伊（Lowi，1972）所分析的，政策过程也是政治过程，涉及谁为了什么将如何做这一核心问题。像农业福利这样的再分配政策，必然像其他福利政策那样，是一个利益博弈与政治竞争过程。利益集团理论就集中探讨了农业领域的利益集团政治如何影响农业政策。

利益集团理论突出了经济结构转型过程中各类利益集团围绕农业政策的成本和收益分配所进行的利益博弈与政治行为。农业弱势地位迫使农业生产者组织起来，通过游说等集体行动寻求农业保护政策。奥尔森（Olson，1985）把他的集体行动假设直接运用到农业政策领域，认为农业生产者人数少、组织动员能力更强。农业从业者从农业保护政策获得的收益远高于集体行动的成本，因此农业从业者有强烈的动机推动农业保护政策，把成本转移给广大消费者和纳税人。相反，纳税人和消费者由于人数多，不仅组织集体行动的成本更大，而且由于他们平均分摊的收益很小，因此也缺乏组织起来抵制农业保护政策的动机。工业化国家政府倾向于支持那些相对收入处于劣势的农业生产者，而实施农业保护政策。利益集团理论能够很好地解释为什么在发达的工业化国家，农业生产者能够成功地谋求农业保护政策，而发展中国家农业生产者却无法成功。

发展中国家农业人口难以满足有效集体行动的条件。发展中国家农业人口众多且分布广泛，他们在地区上相互分割。在现代交通通信设施完善之前，农民之间的交流十分困难。农民教育程度较低，难以勾连起广泛的社会纽带，而且低教育程度也影响了他们对信息和设施的获得和利用。更为重要的是，小农收入水平低下，他们一般有强烈的风险规避倾向，害怕集体行动产生的风险。这些因素导致了发展中国家农业集体行动的困境，使农民陷入被歧视和被剥夺的地位。因此，发展中国家的农业政策大多是高度扭曲性的。世界银行在20世纪80年代对18个发展中国家农业政策的研究表明，大多数国家对农业征收重税，不仅如此，还通过压低农产品价格保护工业，而过度抬高汇率、农业进口限制等间接方式从农业抽取的税额是农业直接税的 3 倍之多。对农业的有限推动政策，如补贴性的信贷支持、基础设施投资和农业研究与服务扩展体系，远远无法与从农业汲取的资源相比，而且即使对农业的有限推动，资源也大多流向大型的、获利丰厚的现代化农场与农业企业，而小农与雇农则沦为净抽税的对象（Krueger，Schiff & Valdes，1991）。

2.2.2　政治制度理论

利益集团理论倾向于从微观的政治活动者与决策者的互动来理解农业政策的演变，但忽视了制度环境因素对政治行为的约束与建构。除了贝茨（Bates，1989）和林德特（Lindert，1991）外，20 世纪 90 年代中期之前，农业保护政策的研究大多忽视了政治制度的影响。此后，源于布坎南和塔洛克的开创性研究，政治学家越来越重视制度对公共政策的影响。关于政治制度与农业政策的关系，目前的研究也已经形成了可观的研究成果。农业生产者群体表达他们的利益诉求，与其他利益群体竞争来影响政治决策，从而得以谋取高于市场利益的政治租金。相反，如果农业利益群体的政治权利得不到有效保护，农民群体不被允许组织化，农民的政治影响力就会虚弱。因此，民主体制下农业利益群体的政治影响力更强，国家的农业保护力度也应更大。

民主制度与农业保护之间的正相关性得到了很多研究的支持。美欧等国家政府从“二战”后就对农业进行高额的补贴，并在 20 世纪 70 年代形成了成熟的农业福利政策体系。日本、中国台湾、韩国则是在民主化转型后，农业补贴才显著增长的。抛开以国别为基础的案例研究，不少跨国的大样本分析也直接表明民主制度对农业保护力度的效应。林德特的跨国计量分析表明，当农业部门在经济中的地位快速下降时，民主制度与农业补贴之间存在着正相关关系。奥尔珀（Olper，2007）对 1982—1992 年 35 个发达国家和发展中国家的分析发现，民主制度与农业保护（PSE%）有显著的正相关关系，其中，制度质量，即产权的保护对提高农业保护发挥着更大更关键的作用。产权保护制度的完善提高了制度的可行性，降低了农业利益团体游说的成本、提高了游说的潜在收益，从而增强了游说的激励，使政府面临来自农业利益更大的政治压力，并最终增强对农业的保护力度。

上述研究都把政治制度视为一个从不民主到民主的连续谱系，分析民主程度对农业保护的影响，部分研究将视角转向民主化与政治制度变革对农业保护的影响。奥尔珀、福尔科夫斯基和思文（Olper，Falkowski & Swinnen，2009）对74个国家长达50年（1955—2005年）的数据分析发现，民主化显著增强了国家的农业补贴力度，降低了一国的农业税收。一些国家民主化或扩大公民权的政治改革前后的历史数据分析也表明，民主化增强了政府的农业保护力度，如思文等（Swinnen et al.，2000）发现，比利时实施普选制度后，农业保护力度随之增强。

2.2.3 危机视角

政治制度理论强调制度对农业政策的塑造和约束，由于制度的相对稳定性，农业政策被锁定，形成路径依赖，因而政策演变主要是渐进性的。但是政策渐进过程中也会发生急剧的变化，即断裂，这种政策渐进过程中的断裂现象被政策学者理论化为“间断均衡模型”（punctuated equilibrium model）。政策断裂与转型往往发生在某些关键性节点（critical junctures），在节点发生的危机和焦点事件则是推动制度转型或政策变迁的直接诱因。

危机常常被政治与政策学者们界定为震荡与突发性紧急事件，表现为事物正常发展过程中出现明显的混乱或失序，是导致事物现状发生剧烈变化的直接事件。具体而言，危机有政治、经济、社会等维度，如宏观经济动荡、政权更迭与政治革命以及大规模社会冲突与社会运动等。危机为什么会导致政策变迁？根据彼得·霍尔（Hall，1993）的观点，公共政策过程是一个社会学习行为（social learning）。他认为，一项政策通常根据其在之前实施的结果予以反应或调整，当现有的政策结果引发了危机事件（内生性危机），或者发生与政策无关的外部危机事件（外生性危机），导致政策环境与条件发生剧变时，政策无法继续实施，不得不进行改变。

农业政策领域的危机是多样的。依据与农业政策的相关性，危机包括内生性农业危机和外生性危机。外生性危机是发生在农业领域之外的如通货膨胀等宏观经济危机、财政赤字剧增等财政危机。内生性农业危机涉及农业产量、农产品价格、农民收入或者农村政治社会危机。危机与利益冲突密切相关。内生性农业危机往往是农业政策领域利益集团斗争加剧的产物。如果某领域的经济社会危机激发了利益受损方强力的政治抗争，就会触发政治危机。在部分国家的工业化初期，农业从业者在与城市消费者之间的利益冲突中处于不利地位，国家的政策因此偏向农业汲取和扭曲性的农业干预，由此导致农业生产的衰退与农业危机。在一些情况下，处于不利地位的农业利益集团可能会选择政治抗争的方式谋求影响政治制度，这时利益冲突就演变为严重的政治危机。

外生性危机尽管最初发生在农业政策领域之外，但外生性危机却能够加剧或激化农业利益斗争与冲突。农业政策领域的利益冲突十分普遍，但多数的利益冲突都处于稳定状态，所以内生性的农业危机并不常见，但是某项外生危机事件的产生却可能打破这一均衡局面，改变既有的利益格局，加剧农业与非农利益冲突。例如通胀危机首先使城市消费者利益遭受损害，改变了既有的城乡利益分配格局，这时国家可能就会强化有利于城市的农业政策，提高对农业生产者的利益剥夺。

农业危机对农业政策转型的影响得到了很多历史证据的支持。19 世纪以后，大多数农业危机都与农产品产量和价格波动相关。19 世纪末期（1880—1895 年）出现了第一次世界性的农业价格危机。当时欧美主要发达国家的小麦价格几乎下降了一半，① 价格的暴跌导致农业收入与地租下降、农业投资萎靡，进而使农业产量下滑以及较落后地区农业破产。欧洲农业贸易政策也从贸易自由转向贸易保护。20 世纪 30 年代的大萧条直接推动了欧美国家从农业推动政策转向市场干预与价格支持政策，旨在弥补经济大萧条对农民收入造成的损失。20 世纪 80 年代高额的农业补贴带来的预算危机不仅对美国农业补贴的削减发挥着重要作用，同时也推动了乌拉圭回合农业贸易自由化和减少国内补贴协议的达成。

农业危机也可能转为社会与政治危机，如农民的抗争，即使并未引发大规模的社会暴动或革命，也有可能迫使统治者实施不同程度的农业改革，改变或缓和既有的农业汲取政策。如日本 1918 年的米价暴动促使日本政府采取措施稳米价，增强了对雇农阶层的支持力度。

2.2.4　政策观念视角

政治制度理论能够解释在特定的制度与政治环境下，农业利益者在政

① “一战”时期的欧洲小麦价格数据可参见 O'Connor，M. A. World Wheat Supplies 1855—1913. Discussion paper No. 12［EB/OL］. https：//www. princeton. edu/rpds/papers/WP_ 12. pdf.

策决策过程中的地位、影响和行为方式，及其对农业政策发挥作用的影响。然而，这一视角在解释农业政策转型时也有缺陷和不足。首先，政治制度理论尽管强调了政策变革的制度环境与条件，但是没有详细说明政策问题是怎样产生的，以及某项政策改革是如何进入政策议程的。只有当农业收入下降、农民利益受损或者农业补贴负担被界定为严重的经济社会问题时，农业保护政策或对农业补贴的削减才有可能进入政策议程。其次，政治制度理论强调了制度创造了公共政策的政治机会结构，各利益主体在政治制度所约束的规则下谋求各自的目标，但是却不能回答行为主体的目标是什么，以及在行为主体观念里哪些问题最为重要。因此，如果我们不知道决策者和包括农业利益组织在内的利益群体对于农业政策的观念，也就无法理解农业政策改革的内容与方向。最后，政策改革需要形成广泛的共识，而共识的达成往往并不是由制度所决定的，而是依靠精英或大众接受的观念与价值观所塑造。

政策观念视角（policy idea）可以弥补政治制度理论的不足。政策观念是特定政策选择所嵌入的因果信念（Béland，2005）。几乎所有公共政策的制定都基于一套政策观念，政治家或公众的观念的改变很有可能导致政策范式的变迁。行为者运用某套观念来思考界定政策问题，再推动这些问题与解决问题的答案进入政策议程。观念能直接塑造政策改革的议程和内容，而且某项观念使政治决策者和各利益主体形成政策改革的共识，减少了政策转型的冲突或障碍（Kingdon，2003）。

农业政策观念与范式的转变是导致农业政策变迁的重要原因。有研究表明，体现观念差异的党派属性对农业政策产生了复杂的影响，奥尔珀（Olper，2007）对1982—2000年40个发达国家和发展中国家的研究发现，总体上右翼政府比左翼政府有更强的农业保护主义倾向，但是党派属性对农业政策的影响不是线性的，还取决于土地分配。在土地分配越不平等的国家，左翼政府的农业保护主义倾向越明显。观念变迁还是20世纪80年代后西方国家农业福利政策收缩的重要原因，斯科格斯塔德（Skogstad，1998）认为，1955—1985年是农业福利政策发展成熟达到巅峰的时期，“发展和国家保护”范式是这一时期的主流农业政策观念。然而在1985年以后，“市场自由主义”（market liberalism）观念占据上风，成为当时发达国家主流的政治意识形态和政府改革理念，并且几乎席卷全球，对发展中国家的经济社会政策改革影响巨大。市场自由主义旨在实现农业市场与贸易的自由化，减少国家的农业补贴，降低农业福利政策对社会总体福利的扭曲。受此观念的影响，美国和欧洲等达成国际贸易的乌拉圭回合协议，降低了国内的农业补贴与政府干预力度。

多数发展中国家在 20 世纪 80 年代前实施“高汲取—低保护”的歧视性、扭曲性农业政策，其原因除了现代化趋同理论和利益集团理论所提出的经济结构与利益集团因素外，还有一个重要原因是这些国家主导型的农业政策观念与立足于“工业优先，以农补工”的国家发展观念。如非洲国家独立后最重要的社会目标是工业化，而非洲国家的工业政策观念是保护主义，即限制国外产业与国内企业的竞争。国民经济的主要行业由几家大公司主宰，垄断使工业产品形成高价格。强烈的工业优先观念决定了这些国家扭曲性的农业政策（Bates，1981）。20 世纪 50 年代到 80 年代，拉美国家认为发展经济最好的方式是发展进口替代型工业，实施贸易保护主义。受这种观念的影响，政府担心高通货膨胀会影响城市人口，食品价格的上升会推高工业成本。因此直到 20 世纪 80 年代中期市场化改革之前，拉美国家都对农业实施高度的价格管制政策。80 年代以后，由于进口替代型经济发展战略造成了一系列经济社会问题，新的开放型的宏观经济战略替代了过去封闭型的经济发展方式，政府实施了以新自由主义为核心的市场化改革战略。此时，农业汲取倾向减弱，农业保护主义开始产生。改革后，拉美国家的农业平均名义补贴率（Nominal Rate of Assistance，NRA）状况显著改善（Anderson & Valdés，2008）。

几乎所有的社会主义国家建立伊始，都将工业赶超作为国家的首要发展战略，在政策选择上，都选择优先发展重工业化，把有限的资金投向工业。正是在这种发展观念的指导下，社会主义国家实施土地公有制，建立国有农场或公社，农民被组织起来像产业工人那样从事集体化生产。苏联在 20 世纪 30 年代实现了农业集体化，受斯大林模式的影响，“二战”结束后其他东欧社会主义国家也都实施了农业集体化政策。部分国家认为农业集体化能够像工业生产那样实现规模化，集体农庄和公有制有利于生产率的提高。而苏联实施新经济政策期间，农民个体农业生产方式的生产率明显更高，也没有改变苏联 20 年代后期的农业集体化决策（Pryor，1992）。即使农场规模越大生产率越低的问题十分突出，20 世纪 70 年代早期许多拉美和非洲南部的社会主义国家也仍然实施农业集体化战略（Binswanger, Deininger & Feder, 1995）。这些国家的历史案例表明，观念对农业政策和制度有着强大甚至根深蒂固的影响。

2.2.5 公共财政与农业政策视角

国家农业政策的基本取向与政策观念是汲取还是给予，都能在财政与税收政策上体现出来。扭曲性的农业政策通常都表现为政府向农业征税，或者通过扭曲性的价格与反补贴汲取农业剩余资金。相反地，保护性的农业政策，如价格支持和农业直接补贴则代表了政府对农业的财政支持。一些国家农民收入几乎完全依靠政府补贴，农民也几乎是财政供养的公职人员，但政府农业财政支出规模也越来越大，在 20 世纪 80 年代一度膨胀，加剧了预算赤字危机，引发了公众和政党对农业补贴负担过重的担忧。

国家对农业汲取或保护政策的选择在很大程度上与国家的税收来源、财政能力以及财政体制密切相关。不少研究也把公共财政及财政体制视为影响农业政策的重要因素。发展中国家由于产业结构单一，政府从农业抽取大量税收。然而随着现代化进程的加快，税基也变得更加多样化，农业税收（还包括农产品出口税）对政府财政的贡献不断减弱，国家因此可能放弃对农业征税。由于税源增多，财政能力大大提高，国家财力也能够提供更大程度的农业支持。贝根、福斯特和凯拉拉（Beghin, Foster & Kherallah, 1996）的计量分析表明，随着收入税占税收收入的比重的增加，对烟草的保护与补贴程度逐渐提高。霍夫曼（Huffman, 1981）对美国各州农业试验站支出的研究发现，州的财政能力与农业试验站支出显著正相关，这一发现也与舒尔茨（Schultz, 1972）关于美国发达州的农业试验站支出高于贫穷州的观点一致。

同样不容忽视的是公共财政体制对农业政策的激励或约束效应。财政分权对政府支出分配的影响已经得到广泛的研究，根据财政联邦主义的蒂伯特模型，分权体制使得政府间建立标尺竞争机制，公众通过观察其他地区的治理绩效，评价本地政府效率，从而促使地方政府为改善本地公共物品供给而努力，因而财政分权能够提高社会总体福利水平（Baicker, 2005）。然而越来越多的研究注意到财政分权体制的负外部性及其对政府支出分配的扭曲效应。各地方政府为吸引外部资本而竞相增加财政支出，改善投资环境，然而改善投资环境的支出可能挤出了教育、卫生、环境、社会保障等社会性公共支出（乔宝云、范剑勇、冯兴元，2005）。正如奥茨（Oates，1999）所指出的，地方政府将使支出控制在低水平，特别是对于那些不能够对地方企业产生直接利益的支出项目。国家为竞争外国资本，更偏好为私人生产服务的公共支出，而这却以牺牲转移性支出与非生产性支出为代价（Schulze & Ursprung，1999）。如果财政分权带来的地方政府间竞争能够导致政府支出偏向生产性和经济性的公共支出，那么农业支出与农业补贴及财政分权的关系可能是消极的。尽管农业支出对农业生产率的提高发挥着重要作用，但是随着经济发展和产业结构的转型，农业在经济中的地位持续下降，地方政府间竞争越来越激烈，而农业公共服务的投入对地区经济增长的贡献率不断降低，因而地方政府的农业支出动力可能不足。此外，农业补贴属于社会福利支出，既有的研究认为财政分权抑制了政府社会福利支出动机，甚至可能会显著降低政府的农业补贴支出。

财政分权另一个重要的结果是提升了政府的财政能力和支出自主性。地方政府分权程度越高，可供使用的财政资金相对越多，也可能提高农业公共物品支出。相反，如果财政高度集权，地方政府财政自主性低，那么像农业支出这样的经济收益较低的支出项目就可能被牺牲。地方政府不仅降低农业支出比重，而且还会加重对农业的汲取，如增加农业税费以缓解财政压力。

此外，地方转移支付也可能影响农业支出，转移支付可能激励政府加大对农业的支出，即转移支付的激励效应。地方政府也可能用从上级政府得到的转移支付替代自己本来应该支出的部分，即转移支付的替代效应。转移支付制度对政府农业支出是激励效应还是替代效应，恐怕还取决于地方政府的政策偏好和转移支付的性质。地方政府有着明显的歧视性农业政策取向时，增加的转移支付可能不会改变地方政府的偏好；反之，转移支付则可能激励农业支出。如果对地方的转移支付被中央政府规定用于农业支出，那么转移支付可能对农业支出有显著的推动作用。阿克曼、埃文森（Ackerman & Evenson，1985）对美国各州的农业研究和扩展支出的研究发现，联邦政府的转移支付激励了地方政府增加农业研发支出。

2.3 本书的分析框架

当前农业政策转型的政治经济学文献更加注重将各种因素结合起来考虑，关注各种政治经济因素之间的复杂关系，一是关注变量之间的交互作用对农业政策的影响；二是关注变量对农业政策影响所依赖的中介变量。事实上农业政策的政治经济学研究的一个越来越明显的趋势，就是发掘各类因素对农业政策影响的调节与中介效应。很多研究尽管聚焦观念因素，但都加入了观念变量与其他变量的交互作用来分析观念在什么样的环境下对农业政策产生影响。杜特、迈措（Dutt & Mitral，2005）就分析了一国的经济结构与资源禀赋要素，即劳动力抑或资本，对意识形态与农业贸易政策的调节作用。他们的研究发现，意识形态偏向左翼的政府更关心劳工利益。在资本充裕而劳动力相对稀缺的国家，左翼政府就更倾向于实施农业保护主义贸易政策。相反，倾向左翼的政府在资本稀缺而劳动力相对充裕的国家，农业贸易的保护主义色彩相对就少。奥尔珀（Olper，2007）则分析了意识形态与土地分配不平等的交互作用对政府农业保护政策的影响。他发现，尽管左翼政府对农业的保护程度低于右翼政府，但左翼政府在国内土地分配更加不均的环境下，却增加了对农业的支持。他的这一结果得到了很多国家历史证据的支持。

观念往往具有自我巩固的路径依赖特征，在稳定的政治经济环境下，很难发生重大变化，只有强烈的政策问题压力才可能驱动观念变革。尽管问题压力也能直接推动政策的重大变迁，但是根据彼得·霍尔（Hall，1993）的政策范式变迁视角，问题压力推动的政策变迁一般属于第一、第二序列的政策变迁，而政策的重大变迁，即第三序列的政策转变——政策工具与政策目标同时改变，则需要观念的转型。问题压力带动的政策变革可能与观念变革结合起来对政策产生影响，这一关系被一些学者称为“关键节点框架”（critical junctures framework）。

关键节点框架认为，政策变迁的关键节点由三个独立但又相互联系的要素构成，即问题压力、观念变革（现存观念的解体+新观念的建立）和剧烈的政策变迁（见图 2-2）。之所以发生剧烈的，甚至根本性的变迁，是因为政策观念的变迁。在不发生政策观念变革的时候，政策的变迁只是第一阶和第二阶的变迁，即政策工具设置和工具本身的变迁，而当观念改变之后，第三阶政策变迁发生，即政府目标体系更换政策这一彻底性的变迁。

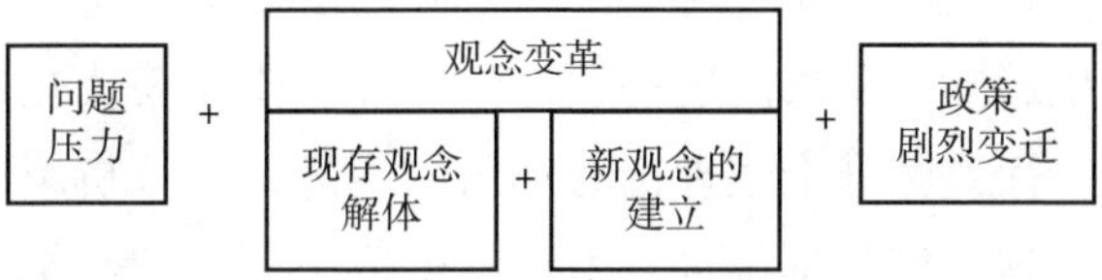

图 2-2　关键节点框架

资料来源：Hogan 和 Hara（2011）。

目前，关键节点框架多用于经济政策变迁的分析，霍根、道尔（Hogan & Doyle，2007），以及霍根、哈拉（Hogan & Hara，2011）就使用这一框架，分析了美国、瑞典和墨西哥在 20 世纪 70 年代末到 80 年代初的宏观经济问题导致宏观经济政策范式的重大转型。墨西哥 1981—1983 年爆发经济危机，新上台的政府改变了之前的进口替代型经济战略，转向贸易自由主义；美国 1979—1981 年的经济滞胀促使政府从凯恩斯主义转向货币主义宏观经济理念；瑞典 1990—1992 年的经济危机使货币主义经济理念获得统治地位，这些由于宏观经济问题引发的经济观念变革和转型都导致了宏观经济政策的重大变迁。尽管当前还缺乏直接将关键节点框架应用于农业政策变迁的研究，但部分研究已经触及了问题压力、农业政策观念与农业政策变迁的互动关系，斯科格斯塔德（Skogstad，1998）对欧盟和美国 20 世纪 80 年代末到 90 年代农业政策变革的研究表明，欧美 80 年代末的预算压力是推动农业政策观念从国家援助走向市场自由主义的重要力量，并推动农业补贴的收缩。

关键节点框架考虑了农业政策变迁的动因要素，如观念主导和政策问题压力，但是忽略了农业政策也是一个公共财政问题，即农业政策的转型与执行都需要财政资源的支持。一方面，国家财力的强弱影响了农业推动力度和补贴程度；另一方面，财政体制也影响了政府对农业投入的激励和动机。尽管现代化趋同理论认为经济结构转型可能意味着国家财政能力的增长，但是现代化趋同理论并没有强调公共财政的影响，也没有提及财政体制的作用。

本书以关键节点框架为基础，并融合公共财政因素作为本书的主要解释框架。这个理论框架中的主要解释变量有三个：观念、问题压力和公共财政。这三个因素并非独立地解释某个时期农业政策的发展与变迁，而是共同作用构成一种交互关系，对中国各个时期的农业政策变迁和农业福利政策的兴起产生影响。本书的这一理论框架并不排斥现代化趋同理论和其他理论与视角，而是弥补上述理论与视角的不足，并分析影响中国农业政策转型的因素。这一解释框架也并不排除塑造中国农业政策转型的其他因素。本书的研究认为，在新中国成立以来中国农业政策的变迁过程中，上述三个因素的影响更为关键。

第3章

中国农业福利政策转型理论

3

基于对农业政策转型动因理论视角的综述，本章提出了适应于中国农业政策转型特定情境的“观念—问题压力—公共财政”的分析框架，以此解释中国农业福利政策兴起过程及其政治经济动因。本章的 3. 1 节基于现代化趋同理论，全景式地描述了新中国成立以来中国农业福利政策兴起的四个主要阶段，即汲取性的有限推动阶段、市场化导向的农业推动阶段、价格支持阶段和农业补贴阶段。在 3. 2 节我们将基于观念、问题和公共财政三个因素，阐述在每个阶段这三个因素如何互动并塑造中国农业政策的转型。3. 3 节是小结。

3. 1　中国农业政策的转型过程

根据现代化趋同理论，随着国家经济发展程度从低水平向高水平过渡，农业政策逐渐走向以农业补贴为主要形式的农业福利政策。农业政策转型是工业化与经济结构转型的普遍现象。那么中国自 1949 年开始的农业政策转型是否符合这一普遍性，还是源于偶然性或自身的特殊性？中国农业政策转型也是中国现代化进程的产物，特别是 1978 年以后农业政策转型是与经济高速增长一致的。改革开放以来，中国经济结构快速转型，农业在经济中的比重不断降低，从 1955 年的 46. 3%下降到 2010 年的 10%左右。农业从业人口比重也在逐年下降，从 1955 年的 86. 5%降低到 2010 年的 36%。[①] 当前中国已基本实现工业化，进入中高收入国家行列。相应地，农业政策也走向农业补贴阶段。

表 3-1 展示了中国从 1955 年到 2010 年的经济发展和结构变化。半个多世纪以来，中国的经济发展水平与经济结构发生了巨变。1955 年，中国

---

① 国家统计局. 中国统计年鉴（2010）[M]. 北京：中国统计出版社，2011.

人均 GDP 不足 250 美元，是一个典型的低收入国家。随着国家实施工业化优先战略，人均 GDP 逐步上升。改革开放后，人均 GDP 从 1978 年到 1993 年翻了两番。但是在 1993 年之前，中国人均 GDP 不足 1500 美元，直到 1993 年达到 1590 美元，走出低收入国家行列。此后，经济增速进一步加快，人均 GDP 在 2007 年超过 5000 美元，中国进入中高收入国家行列。

表 3-1　中国经济结构转型过程（1955—2010 年）

年份	人均 GDP（2005 年固定价格）（美元，经购买力平价调整）	农业产值比重（%）	农业劳动力比重（%）	农村人口比重（%）	农业劳动力人均产值/人均劳动力产值（%）
1955	243	46. 3	83. 3	86. 5	56. 0
1960	331	23. 4	65. 7	80. 3	35. 9
1965	319	37. 9	81. 6	82. 0	46. 9
1970	361	35. 2	80. 8	82. 6	43. 8
1975	429	32. 4	77. 2	82. 7	42. 1
1980	563	30. 2	68. 7	80. 6	43. 9
1985	960	28. 4	62. 4	76. 3	45. 6
1990	1154	27. 1	60. 1	73. 6	45. 1
1995	1931	19. 9	52. 2	71. 0	38. 2
2000	2822	15. 1	50. 0	63. 8	30. 1
2005	4335	12. 1	44. 8	57. 0	27. 3
2010	7130	10. 1	36. 7	50. 1	27. 5

注：1. 根据购买力平价调整后的人均 GDP 数据来源于 Heston，A.，Summers，R.，Aten，B. Penn World Table Version 7. 1 [Z]. Center for International Comparisons of Production，Income and Prices at the University of Pennsylvania，Nov 2012.

2. 中国 1955—2005 年的 GDP、农业 GDP、农村人口比重、农业从业人口比重均来自《新中国 60 年统计资料汇编》。2010 年的数据来自中国统计局《中国统计年鉴》(2010)。

在经济水平从低收入国家向中等收入国家迈进的过程中，我国经济结构也发生了显著的变化，表现为农业产值在经济总产值中的比重快速下降。1955 年，农业在经济结构中占主导地位，近一半的经济生产总值由农业贡献，超过 80%的人口和劳动力从事农业生产。到 1993 年，农业产值比重下降到不足 20%，而农业劳动力比重也在 28 年时间里下降了近 27%，大量农业劳动力转向非农产业。农村人口比重也有所降低。表 3-1 最后一列是农业劳动力人均产值与人均劳动力产值的比值，根据这一比重能够粗略地测量出中国农业人口的劳动生产率与全部劳动生产率的对比情况，体现了农业人口的平均收入相对于非农产业人均收入的差距。自1955年以来，农业劳动生产率相对于非农产业不断下降，农业人口的人均收入与其他产业的收入差距不断拉大，农业的比较劣势持续扩大。

改革开放后，中国的农业政策发生了急剧转型。从1978年前显著的汲取政策，到20世纪90年代中期逐渐走向市场化的农业推动政策，再到20世纪90年代后期至21世纪初的价格支持政策，最终在2004年形成了以农业补贴为主要形式的农业福利政策。中国的农业政策从1949年开始，到现在也不过70多年时间，却经历了西方一百多年农业福利政策兴起的四个主要阶段（见图3-1）。

第一阶段，农业汲取政策的固化与持续。1949—1978年，中国为典型的低收入国家，国家选择汲取农业资源发展工业的传统道路，实施了强烈的农业汲取政策，伴之一定程度的农业推动政策。这一时期国家实施农业集体化，从中央到地方政府对农业建设投入了部分财政资金，同时动员大规模农民参与农业投资，特别是农田水利建设，这些国家和农民的农业投资是改革前粮食产量增长的主要原因。但是由于汲取政策的阻碍以及农业推动的不足，这一时期农业生产率为低增长甚至负增长，粮食增长也十分缓慢。

第二阶段，市场化导向的农业推动政策。1979—1994年，受益于市场化改革，中国经济起飞，GDP以9%的速度高速增长。1993年中国走出低收入国家行列。1995年农业产值下降到不足20%，农业劳动力比重下降到50%左右。农业政策也发生了巨大变革，由国家统制和计划逐渐走向市场化，表现为公社制度瓦解、家庭承包制的全面覆盖、农产品统收统购制度的逐步废除、农产品价格和粮食流通的逐渐市场化。到2000年，中国农业价格的扭曲政策已经基本消除。国内多数农产品价格已经实现市场定价。由于农业贸易开放政策，我国增加了农产品的进出口，进而国际价格直接影响国内价格，国内外价格基本接轨。

在逐步消除这些国家干预政策后，国家逐年提高财政支农支出金额，加大了农业推动政策力度，20世纪80年代中期到90年代初，财政支农支出占财政支出的比重逐年上升，新的农业发展项目，如农业综合开发也随之上马。但是这一时期，另一项农业政策，即农业税费在改革开放以后不断加重。从农民收入增长速度趋缓的80年代后期开始，农业税费给农民造成了日益沉重的负担。

第三阶段，价格支持政策的开启。20 世纪 90 年代初到 2006 年，中国经济继续保持着年均 8%以上的增长速度，人均 GDP 进一步增长，从中低收入国家向中高收入国家迈进，例如 2005 年人均 GDP 已达到 4802.16 美元，经济结构的转型速度也在加快。1995—2000 年，农业产值比重从 20%左右下降到 12%，农业人口的比重也下降到 50%以内。随着农业市场化进程的加快，农业不完全市场化的弊端逐步显现。由于粮食产量大幅增长，从 20 世纪 80 年代中期开始出现了三次粮食过剩问题，农产品价格波动频繁，农民收入增长缓慢。在这样的背景下，中央政府先是采取公开市场交易的方式买进与卖出粮食，以调节农产品市场价格，从 1998 年到 2003 年对粮食实行保护价收购，到 2004 年正式出台农产品保护价收购政策，这标志着中国农业价格支持政策的产生。

这一阶段还伴随着农业汲取政策的终结。随着现代化进程的推进，农业税费作为一种显性的农业汲取政策，在国家财政收入中的比重越来越小，但是农业税对于基层政府，特别是缺乏非农产业的农业地区政府来说，是一项十分重要的收入来源。20 世纪 80 年代，农民税费负担开始加重。由于 1979 年至 1985 年农民收入大幅增长，尽管税费负担加重，但对农民影响较小，然而 1985 年后农民收入增长放缓，农业税费的负担开始凸显，带给农民的负担和压力越来越重。1993 年的分税制改革使财政收入上移而支出下移，农业地区的基层政府普遍面临财政困境，于是地方政府加重了对农民正税之外的“三提五统”和其他收费、集资收入的汲取，税费增长率远超农民收入的增长。尽管中央从 20 世纪 80 年代末就出台文件要求禁止各级政府增加农民负担，甚至一度采取强力措施清理不合理的农民收费和集资项目，但农民负担减轻效果并不明显。中央政府终于在 2000 年开始试点农业税费改革，并于 2005 年全面取消农业税。

第四阶段，中国农业福利政策的兴起。按照国际标准，我国人均 GDP 在 2005 年已接近 5000 美元，这标志着中国已经基本实现中高收入国家目标，此时农业产值比重只有 10%左右，农业人口已不足 45%。国家经济结构实现了历史性的跨越，农业政策也已经到了进一步转型的时机。2004 年，国家建立了粮食直接补贴制度，标志着中国农业补贴制度的正式产生。农业补贴制度主要包括中央对农业实施包括种粮、粮种、农机等在内的直接补贴。农业补贴额直接支付给农民。近年来，中央的农业补贴金额逐年增长，力度不断增加，补贴制度也不断完善。但是，中国的农业福利政策还处于初创阶段，表现为农业补贴支出占农业产值的比重小、国家的农业政策仍然以农业推动政策和价格支持政策为主、农业补贴支出与欧美日等国家成熟的农业福利政策还有较大的差距。

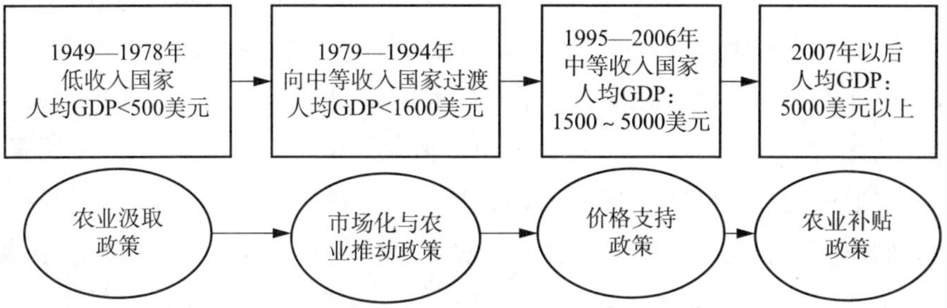

图 3-1 现代化与中国农业福利政策兴起的四个主要阶段

资料来源：本图由作者绘制。

3.2 中国农业政策转型的动因

针对新中国成立以来的中国农业政策转型的动因问题，本节基于第2章提出的政治经济学分析框架来予以解释。这个解释框架主要有三个要素：观念、问题压力和公共财政。我们将按照中国农业福利政策兴起的四个阶段，详细地解释在每个阶段这三个因素是如何互动塑造中国农业福利政策的。

3.2.1 观念、问题压力与改革开放前后的农业政策

观念、问题压力与财政能力共同塑造了我国改革开放前的农业政策，其中观念的作用具有主导地位。这一时期主导农业政策走向的观念主要是社会主义思想与工业化导向的国家战略。建立社会主义制度是社会主义政党的根本目标。向社会主义过渡是新中国成立后的基本共识，其主要手段是社会主义改造，在农业制度上表现为农业集体化。从1953年到1978年，农业集体化政策并非毫无变化。政策观念的变化对这一时期农业集体化政策的演变发挥了决定性影响，而农业问题压力则在观念与农业集体化政策

之间发挥着独特的调节作用。

这一时期中国的农业推动政策也受到农业问题与观念的影响。推动农业有限增长的主要因素是国家的农业投资，然而受观念的影响，改革开放前的农业推动政策不断波动。改革开放前，农业推动政策对公共财政依赖度较低。受制于国家财政能力的局限和支出的重工业倾向，国家对农业投资力度十分有限。农田水利、农业生产资料和设备主要依靠动员农民自发劳动投入和农村组织的自我积累。20 世纪 60 年代后国家也一度改变了财政对农业的长期忽视状态，增加了对农业的财政投入。此时农业推动政策的理性化增强，且更加偏向发展农业机械化、电气化和提高化肥使用量，正如本尼迪克特·斯塔维斯（Stavis，1978）对改革开放前中国农业机械化政策的研究所表明的，改革开放前的农业机械化政策较少受到影响，决策者希望通过农业机械化来解决农村社会和经济问题，如改善农村生活水平、缩小城乡差距等。

20 世纪 80 年代初的农业去集体化和农村市场开放等政策改革是观念转型、问题压力共同作用的产物。农业政策观念转型使改革开放成为共识，为农业政策转型扫清了观念障碍。安徽等地农村的农业问题使得这些地方率先进行包产到户改革，并最终推动了全国范围内公社制度的瓦解和家庭联产承包责任制的建立，家庭联产承包责任制因而成为农业推动政策的第一项重大改革。

1985 年前国家农村改革的主要议程集中在去集体化上，同时由于全面大幅提高农产品收购价格，农业生产率的解放推动了农业产量大幅增长。农业的丰收促使国家降低了对农业投资的力度，这一时期农业财政支出比重逐年下降。然而 1985 年以后，去集体化制度的红利开始衰竭，加上收购价格的降低，粮食产量开始下滑，国家因此加大了农业财政支出的力度，启动农业综合开发项目，农业支出比重从 1985 年开始止跌回升。

但是，20 世纪 80 年代后期到 90 年代，农业问题在政策议程中的地位逐渐降低，自 1986 年的中央一号文件后，从 1987 年到 2003 年长达 16 年的时间里都没有把农业问题再写进中央一号文件。1984 年是农业大丰收的一年，粮食产量超过历史最高水平。1984 年 10 月，中共十二届三中全会发表《关于经济体制改革的决定》，标志着城市改革的开始。改革的重心从农村转向城市。1993 年后提出建立社会主义市场经济体制这一新的政策观念。国有企业改革与转制成为经济改革的重心，市场经济制度、金融改革、国企改革的重要性都排在农村改革之前。

公共财政体制对 20 世纪 80 年代末到 90 年代农业推动政策的减退产生了重要影响。1993 年后国家财政体制发生重大调整，以分税制改革为标志的国家财政集权趋势削弱了农村基层政府的财政能力。分权体制造成的财政集权倾向不仅导致基层政府农业投资力度降低，而且加剧了基层政府的汲取倾向，使得农业税费负担不断加重。

3.2.2　观念、问题压力、财政压力与价格支持政策

1985 年国家对农业价格与流通领域的改革是当时市场化政策观念和粮食价格补贴所带来的财政压力的共同产物。农产品收购价格大幅提升加剧了粮食价格倒挂问题，加重了国家财政对城市食品价格补贴额，使得国家财政不堪重负。1984 年粮食产量超过历史最高水平，导致了共和国历史上第一次粮食过剩现象，使得农民卖粮难问题开始凸显。国家统购制度不仅没有必要，而且在财力上也力不从心。中央政府开始逐步废除统购制度，实施议购取代统购政策、建立农产品价格双轨制，开启了农业价格市场化改革。

在 20 世纪 80 年代末到 90 年代末的农业价格体制改革中，几次城市经济过热都阻碍了改革的进程。经济问题激化了城乡和工农利益冲突，打断了既定的市场化改革。1988 年中央推动价格闯关，结果引发了一股抢购潮，加上 1989 年严重的通胀，价格闯关失败。1989 年中共中央发出《关于进一步治理整顿和深化改革的决定》，认为改革进展过快，需要进行治理整顿。1993 年的价格和流通体制的市场化再次取得了重要进展。当时全国多数地区的粮食购销价格实现了随行就市。然而，1994 年经济过热再次产生通胀，农产品价格飙升，于是 1993 年实施的粮食价格市场化改革又退回到价格双轨制，国家对粮食流通的控制力度也增强了。

市场化改革作为一个总体趋势，在经济过热消退后重新启动。经过 20 世纪 90 年代的一系列市场化改革，以及农村粮食私人收购的发展壮大，粮食价格很大程度上已经市场化了。随着 20 世纪 90 年代末粮食产量的持续增长，1998 年迎来了第三次粮食过剩问题，从而推动了当年第三轮粮改，其中改革的一项重要内容是国有粮食企业按保护价敞开粮食收购，以保护

农民种粮积极性。至此，粮食保护价政策开始进入中国农业政策体系，也标志着我国农业价格支持政策的产生。

3.2.3 中国农业福利政策的兴起

进入21世纪，农民收入问题、政策观念转型及其国家财政能力的提高再次推动了农业改革政策的变迁。由于20世纪90年代国家经济政策长期以城市和非农产业为主导，资源加速从农村流向城市，农业支出比重不断降低，乡镇企业衰落。尽管粮食产量屡创新高，但农民处于增产不增收的困境中，甚至农民收入增幅连续几年下降，再加上农业税费负担加重，“三农”问题凸显。

2003年后，新的政策观念与国家发展战略产生，“三农”问题则进一步推动了农业政策观念的大转型。终于在2005年国家提出了社会主义新农村建设战略，把过度重视城市的倾向扭转过来，“三农”问题获得空前重视，不仅在短短两年内全面实施农业税费改革并最终废除农业税，而且农业财政支出比重在2004年止跌回升，2007年后逐年提高。更重要的是，农民收入问题和政策观念的转型推动了中国农业福利政策的兴起。2004年国家实施了三项农业补贴政策，建立了农业补贴制度的雏形。新农村建设的主要内容之一就是完善农业补贴政策，合理保护农产品价格，逐步建立农业保护制度。新农村建设推动了农业补贴总额的增长，特别是在2005年后增长尤为迅猛。

财政能力与财政体制的变化对中国农业福利政策的兴起也发挥了举足轻重的作用。随着1993年以后经济增速的加快，国家财政水涨船高，但是受制于财政集权体制，地方政府对农业投资的力度减弱，然而在2000年以后，受益于中央转移制度力度的加大，地方的财政支出分权程度提高。2003年全国财政支出中地方支出的份额从2000年的65%提高到70%；2009年更是增长到80%。此外，省以下财政分权也在2000年后发生了重要的变化，省以下地方政府的支出分权在2001年止跌回升，意味着县乡基层政府有了更大支出权。地方政府是支农支出的主体，地方财政支出分权程度的提高对农业福利政策的兴起发挥了积极作用。

3.3　小结

问题压力、观念和公共财政三大因素在改革前后对农业政策的影响方式、影响力度并不相同。改革前，观念对农业政策的影响是决定性的，而农业问题的影响虽然重要，但不是直接的。国家财政能力的影响则是次要的，它只在观念相对稳定，以及问题相对缓和的条件下，才对农业投资产生积极作用。1978 年以后，由于问题压力、观念和公共财政三大因素在不同领域、不同时期的表现形式不同，对中国农业政策变迁的影响力和影响方式都与改革前相比发生了很大的变化。20 世纪 80 年代的农村生产制度改革还存在着“计划与市场”观念，对农业政策改革产生了重要影响。经济发展战略这一层级的政策观念仍然左右着农业政策走向，90 年代国家发展战略主要是围绕城市的市场化改革，农产品价格改革服务于城市改革，而农业投资更是居于相对次要的地位。直到 2003 年以后，才打开了发展战略与政策观念的再次转型，国家对农业问题的重视程度上升，一系列的农业支持政策得以实施。

改革开放后，问题压力对农业政策的作用开始明显强于改革开放前，问题压力对很多农业政策的改革，包括农业价格与流通体制改革，以及农业税费改革都产生了直接影响。问题压力不仅直接影响农业政策，而且还通过作用于政策观念与战略来影响农业政策的变迁。20 世纪 80 年代末的价格闯关失败、严重的经济通胀导致计划观念上升，而 90 年代中期以后的农业问题也迫使政府调整农业政策观念与发展战略，把经济工作的重心重新转移到农业上。改革开放前后，问题压力对“观念—农业政策转型”之间的关系还有着重要的调节作用。改革开放初期，安徽、四川等地的农民包产到组、包干到户改革是最早的，也是自发形成的，而当时的观念还未完全调整。2000 年就开始的农村税费改革试点也是在新一届政府前，以及新农村战略正式提出之前展开的，也体现了问题压力的调节作用。

在改革开放前，公共财政对农业推动政策的影响十分有限，这不仅是因为观念的影响过于强大，也由于改革开放前国家财政收入的增长十分有限。然而改革开放后，随着经济的高速增长，中国从低收入国家进入中高收入国家，国家财政能力迅速扩张。20 世纪 90 年代以后，财政收入增速超过经济增速，此时财政对农业推动政策发挥了越来越大的作用。财力增长对农业推动政策的激励效应还受到财政体制的制约，2000 年以后，省级以下地方财政支出分权程度显著提高，地方政府财政支农力度也迅速加大。

第4章

4

改革开放前后的中国农业推动政策

本章将论述改革开放前后中国农业推动政策的演变过程。4.1 节分析了改革开放前粮食统购统销出台的过程。4.2 节分析了在农业集体化战略及其政策观念的影响下，农业推动政策的发展演变过程。4.3 节分析了改革开放后农业推动政策。4.4 节重点分析了改革战略转移与财政支农力度。4.5 节通过构建计量模型，分析分税制改革后，财政分权对地方财政支农力度的影响，结果发现分税制改革后地方财政分权程度的下降削弱了地方财政支农力度。4.6 节是小结。

4.1　粮食统购统销政策

新中国成立以后，人民政府面临的最为棘手的问题之一就是粮食供应紧张问题。影响粮食紧张的两个基本因素是供需问题。在粮食需求方面，早在中共七大上，党中央就把工作重心从农村转移到城市，城市经济建设迫切需要粮食供应，不仅军队、城镇居民、城市生产经营需要粮食，农村非粮食产区、荒年灾年赈灾救灾也需要向农村返销粮食。在 1953 年前，满足粮食需求的主要方式是政府征收公粮，即农业税（公粮是当时政府财政收入的重要来源），第二个手段是市场收购。

尽管新中国成立后粮食产量增速已经很快，但是国家粮食征购需求增长更快。1951 年比 1950 年多征购了 36.5%的粮食；1952 年征购比重放缓，1953 年即使在粮食生产受到严重自然灾害的影响下，国家仍然多征购了 19%的粮食。粮食供应紧张的直接原因是城市人口的增长，如 1953 年城镇户籍人口是 1949 年的 1.4 倍（见表 4-1），而粮食部计算的 1953 年城市商品粮供应的人口更多，达到 9182 万人。包括经济作物地区和农村返销粮地区在内，这一年国家供应商品粮的总人口达到近2.5亿人。[①] 大城市的粮食销售十分迅猛，从1950年到1952年，中央的14个直辖市粮食销售量的年均增长率高达64%（杨继绳，2008）。在城镇人口和工业建设快速扩张的环境下，当时国家粮食收支缺口问题已经很突出了，收支赤字的增加使得粮食库存大为降低，在极度重视存粮备荒应急的年代，粮食存量的降低直接威胁着国家的粮食安全。

解决粮食供应不足问题，除了国内生产外，进口也是重要手段。然而，新中国成立后，为粮食进口而花费外汇并不受支持；相反，国家还需要出口粮食来赚取外汇以购买工业物资。粮食的大量出口也加剧了当时粮食供求的紧张局面。新中国成立前中国是粮食净进口国，粮食进口以大米为主，从1921年到1940年，光是大米进口总量就有343余万吨。[②] 新中国成立后，中国成为粮食净出口国，粮食出口量从1950年的122.58万吨增至1953年的182.62万吨，从1950年到1953年包括粮食等农副产品的出口额占出口总额的50%以上。[③] 陈云就主张，即使在粮食紧张的情况下，出口粮食也不应该降低。他在1953年的全国粮食会议上说："出口粮能不能减少？这个主意不能打。在32亿斤的出口粮中，有20亿斤是大豆，这主要是用来跟苏联等国换机器的，5.4亿斤是跟锡兰换橡胶的，还有一些是向其他国家出口的，所有这些出口都是必要的。"[④]

表4-1　新中国成立初期我国粮食征购的需求因素概况（1949—1953年）

年份	城镇人口（万人）	国有企业个数（万个）	工业产值增长率（%）	粮食出口（万吨）
1949	5765	36.8	—	—
1950	6169	62.4	36.4	122.58
1951	6632	91.0	37.8	197.11
1952	7163	145.0	30.3	152.88
1953	7826	193.7	30.2	182.62

资料来源：城镇人口、国有企业个数、工业产值增长率数据均来源于《新中国五十五年统计资料汇编》，粮食出口数量来源于《中国统计年鉴》（1981）。

① 中国改革信息库．统购统销历史回顾［EB/OL］．http：//www.reformdata.org/content/20090908/24589.html.

② 吴柏均．影响中国近代粮食进口贸易的诸因素分析［J］．中国经济史研究，1988（1）：111-127.

③ 中国统计年鉴（1981）［M］．北京：中国统计出版社，1982：178.

④ 陈云．陈云文选（一九四九——一九五六年）［M］．北京：人民出版社，1984：204-205.

在实施粮食统购统销政策之前，国家允许农村私人粮商从事粮食收购贩卖，这意味着国家必须和私人粮商竞争粮食。1952 年中央指示地方坚持既有的公私并存，以公为主的粮食收购政策，保留 20%～30%的粮食及主要经济作物给私商经营。[①] 此后私营粮商重新活跃起来，部分地区国营粮食收购比重下降，私营粮贩增加，河南、江苏、江西等省还出现了抢粮现象，使得粮食市场价格出现了较大的波动。国家粮食收购和私营粮食收购之间的矛盾重新变得尖锐起来。1952 年 7 月 1 日到 1953 年 6 月 30 日的粮食年度内，全国上市粮私商收购量占 30. 1%，粮食形势一度吃紧。[②] 私商买走粮食，虽然也可以满足市场需要，但抬高了粮价，从而影响整个物价稳定。当时在私商活动频繁的地区，粮食市价一般高出牌价 20%到 30%。[③]

此外，农民对于国家购买粮食采取惜售策略，国家又要和农民争粮。国家返销到农村的粮食从 1952 年到 1953 年增加了 130 亿斤。1951 年上半年，国家还是寄希望于土改后农民生产干劲大，粮食增产多，农民卖粮给国家也多。但是不久后就发现农民粮食和收入增长后，迫切地希望改善生活条件，弥补新中国成立前吃不饱的生活亏损，因此不愿意多售粮食给国家，而是自己多买粮多吃粮。中央粮食部门通过调查也发现了农民粮食消费的增长，从 1949 年到 1952 年，农民人均粮食消费增加了 70 斤。[④] 中央粮食部门认为这部分粮食是农民多吃的，农民可以通过少吃粮挤出一部分供应给国家。如果按照自由购买制度，就无法在农民多吃、吃饱和保障国家粮食征购之间达到统一，农民只会在吃饱后才卖粮食给国家，但是城市居民就少粮了，工业化也就无从谈起。即使由国家垄断购买，在自由市场下，也不能保证国家能购买到足够的粮食，因为农民可能不卖给私人，也不卖给国家。陈云认为："有的同志提出，去掉商人，我们可以多买一点粮食。我看去掉商人并不等于农民的粮食一定可以多卖给国家。"[⑤]

尽管粮食供应紧张自新中国成立伊始就是个棘手的问题，但是直到

---

① 中国社会科学院，中央档案馆编．中华人民共和国经济档案资料选编：商业卷（1949—1952）［M］．北京：中国物资出版社，1995：182-196.

② 严峻的粮食购销形势［EB/OL］．中国共产党新闻——人民网，http：//cpc. people. com. cn/GB/64162/82819/122120/122128/7208110. html.

③ 陈云．陈云文选（一九四九——一九五六年）［M］．北京：人民出版社，1984：206.

④ 陈云．陈云文集（第二卷）［M］．北京：人民出版社，1995：437.

⑤ 陈云．陈云文选（一九四九——一九五六年）［M］．北京：人民出版社，1984：205.

1953年才全面凸显，演变为严重的粮食问题。粮食问题的直接来源是1953年开始的国家“一五”计划。1953年是国家“一五”计划的开局年，中央对“一五”计划的重视程度不言而喻。“一五”计划拉开了我国大规模计划经济建设的序幕，是1953年到1980年五个“五年计划”中经济增速最快的时期，按不变价格计算，当时人均国民收入年均增长率为8.9%，工业增幅高达18.7%，超出原计划4个百分点。[①]“一五”计划规模宏大，核心内容就是苏联援建的156个大型建设项目（实际上是150个），这些项目勾勒了中国现代工业的雏形。在这些项目中，1950年至1953年初就已经确定50个项目，1953年与苏联签订的“5.15协定”又确定了91个新建设项目。1953年后国家基本建设投资剧增，1950年到1952年3年内国家预算内基本建设投资拨款86.21亿元，而1953年1年的预算内拨款就达到了75.5亿元。“一五”期间年均预算内基建拨款达到106.2亿元，而全部基建投资年均则高达117.7亿元（见表4-2）。

表4-2 “一五”前与“一五”期间粮食需求因素比较

年份	基本建设投资（亿元）	国家预算内投资（亿元）	城镇人口增幅（%）	工业产值增幅（%）
1950—1952	—	28.7	8.1	34.8
1953	90.4	75.5	9.3	30.2
1954	99.1	83.4	5.4	16.3
1955	100.4	93.7	0.4	5.6
1956	155.3	147.1	10.9	28.2
1957	143.3	131.5	8.3	11.4
“一五”平均	117.7	106.2	7.8	18.3

资料来源：1950—1952年预算内基本投资金额数据来源于吴太昌、武力（2012）；基本建设投资金额数据来源于《中国统计年鉴》（1996）；城镇人口增幅和工业产值增幅根据《新中国五十五年统计资料汇编》计算。

大规模投资和工业增长刺激了城镇人口的剧增，1953年城镇人口比上一年增长600余万人，增长了近10%，达到7800余万人，加上需要消费商品粮的非户籍人口，城市用粮总人口超过9100万人。这一年需要国家供应粮食的人口总数（包括城镇、经济作物区、农村缺粮区、灾区和其他缺粮

① ［美］尼可拉斯·R. 拉迪. 恢复经济和第一个五年计划［A］// R. 麦克法夸尔，费正清编. 剑桥中华人民共和国史（上卷）［C］. 北京：中国社会科学出版社，1990：161.

区）达到2.4亿人，需要的粮食总量有659亿斤，比1952年实际征购粮增长10%。而这一年由于自然灾害等因素，小麦减产，总的粮食产量只增长了1.8%。1953年春天还由于自然灾害出现了抢购粮食、私商哄抬粮价现象，粮价一度大幅上涨。在1953年的全国财经会议上，粮食部门报告的数字直接说明了粮食问题的严重性。薄一波指出："在1952年7月1日至1953年6月30日的粮食年度内，国家共收入粮食547亿斤，比上年度增长8.9%；支出587亿斤，比上年度增加31.6%，赤字40亿斤。6月30日的粮食库存将由上年同期的145亿斤减为105亿斤。1953年七八九三个月共收进粮食98亿斤，超过原定计划7亿斤；销售粮食124亿斤，超过原定计划19亿斤，粮食缺口还在进一步扩大。"①

因此，1953年的粮食问题是这一年出台粮食统购统销政策的直接原因。多数学者都持有这样的观点。统购统销的决策制定过程充分体现了"问题压力—观念—政策变迁"的互动关系。当时的财经工作主要负责人陈云发挥了关键性作用，他是粮食统购统销政策的提出者和设计者，并在粮食统购统销政策中扮演着政策企业家（policy entrepreneur）的角色（王瑞芳，2005）。

如果说1953年下半年对粮食统购统销政策的支持源于当时的粮食问题，那么1953年提出的"党在过渡时期总路线"则对观念变化产生了更深的影响。过渡时期总路线思想的提出是对新中国成立前新民主主义论的超越，缩短了向社会主义过渡的时间和步骤。1952年底社会经济形势的变化，特别是国民经济恢复提前完成，国营经济不断壮大，比例已经超过私营经济，而且出现了低级和高级的国家资本主义形式。农村土地改革后，农业互助合作普遍推开，以互助组为主要形式，也产生了少数以土地入股为主要特点的农业生产合作社。城市的国家资本主义和农村互助组被视为代表了社会主义生产关系的萌发和变革，当出现这些现象时，产生了向社会主义过渡的思想。在提出社会主义改造构想后，国家把粮食统购统销政策纳入总路线与社会主义改造的政策体系中，粮食统购统销不再只是粮食与经济问题，而是关乎社会主义过渡成败的重大政治问题，是向社会主义过渡的重要措施，这一定位赋予了统购统销政策极大的政治合法性。中央

① 薄一波．若干重大决策与事件的回顾（上卷）[M]．北京：中共中央党校出版社，1991：256-271.

在 1953 年对统购粮食的宣传要点中明确说明，实施粮食统购的目的是保障国家按总路线实行经济建设，保障国家一步一步走向社会主义。

4.2 改革开放前的农业推动政策

改革开放前的 30 年中国农业技术发展的成果是显著的，如同其他发展中国家一样，经历了一场绿色革命。良种的研发引进、化肥和农业机械工业的建立、农业科研和技术推广机构的组建和发展，这些技术在 1949—1957 年都已初步开展，为其后 20 年的发展奠定了基础。改革开放前的农业推动政策主要集中在农业合作化基础上的大规模农田水利建设和农业技术改革与推广方面。在一定时期内农业推动政策的效果都很显著，国家粮食产量增长很快。

20 世纪 50 年代，国家将农业技术改造等农业推动政策置于集体化的组织基础上，试图以集体化生产方式使技术的作用发挥到最大。在农业合作化几近完成的背景下，中央开始考虑更进一步的农业增产政策，也就是如何依托已经普遍建立的农业合作社实施各种农业增产措施，因此，1955 年的《1956 年到 1967 年全国农业发展纲要（草案）》就提出了多种农业增产的技术措施，包括兴修水利、增施肥料、改良土壤、改良品种、推广新式农具、提高复种指数、改进耕作方法，并且特别强调这些措施要依靠合作社的集体力量以及政府的支援。合作社的集体力量和自主投入被中央认为是农业推动政策的主要途径，而政府财政则只是发挥支援作用，国家的有限财力主要投入到工业建设。

按照发动人民群众发展农业的一贯观念，各项农业增产措施也毫无疑问地主要依赖群众性运动来实施。群众性农业推动措施最典型的形式就是农田水利建设。在农业合作化完成之前，农田水利建设基本上以国家投资的大江大河防洪建设为主，群众性的农田水利建设还没有大规模地展开，所以 1950 年的水利部工作报告指出，年度的全国水利工程以防洪为重点，这部分支出占全部农业事业费的 73%，而开渠灌溉等农田水利只能是兼顾，这部分支出只占事业费的 19%。① 当 1953 年农业合作化在全国如火如

① 中国社会科学院，中央档案馆．中华人民共和国经济档案资料选编（1949—1952）（农业卷）[M]. 北京：社会科学文献出版社，1991：447-448.

荼地展开后，水利部表示今后的农田水利工作的方向是开展群众性的小型水利建设。20世纪50年代地方性水利和小型农田水利建设中的国家投入较少，而主要依托合作社的群众性参与，并按照受益原则，动员受益的农民负责派工、派粮、派款。农业集体化为农田水利建设奠定了人力、物力和组织基础。当时中央显然也十分赞同水利部的意见，直接指明了农田水利工作的重心应该是群众性小型水利，而国家负责的仅仅应该是大型的灌溉工程。

群众性的农田水利建设同农业合作化道路相辅相成。每当中央大规模发动合作化运动时，大规模的冬春水利建设也就掀起高潮。1953年农业合作化加速，当年全国各地普遍开展了农田灌溉的小型水利建设，如千湖之省湖北，历史上饱受洪涝之害，在1953年连续两次召开重灾区水利会议，到1954年春各种小型水利设施建设7.4万多处。① 1955年华北五省区农田水利工作会议要求结合农业合作化运动，在1955—1956年冬春开展群众性农田水利运动。因此在1955年冬至1956年春，全国农村出现了继1952年之后的第二次冬修水利高潮。

农业品种改良、种植技术改进、肥料增施、农机具改造等技术工作也通过群众性运动开展。如果说群众性的农田水利运动是出于国家农业建设资金投入不足的考虑，那么农业技术研发和推广运动显然是当时农业技术不足状况下的选择。在技术能力不足的条件下，要实现农业技术的发展，同样也必须采取群众性运动的方式。1955年中央主管部门指示地方依靠互助合作组织，大力发动群众选种、留种和评选良种。尽管农业部门也强调选种育种工作由农业试验研究所和指定的国营农场等专业机构负责，但是由于技术条件的落后，以及地方为了急于完成中央制定的良种种植与普及计划，在未经试验和技术指导的情况下就急于推广良种，甚至强迫农民推广使用。这种情况早在1955年之前就已存在，中央还专门发文予以批评。

在改良种植技术上，农业部门也依托农业合作社，发动群众采用新种植技术，新种植技术的主要内容是"深耕、密植、灌溉、单季改双

① 樊宪雷.20世纪50年代至60年代初我国兴修水利的探索实践及其基本经验［EB/OL］. http://dangshi.people.com.cn/n/2014/0504/c384616-24971830.html.

季、间作改连作、籼米改粳米”等。农业部门精细地制定了合作社深耕密植、灌溉标准，并要求地方贯彻实施。如 1953 年农业部要求北方各省合作社保证 80%以上的土地深耕 5 寸以上，南方也要深耕 2.5 寸以上，同时规定了棉麦水稻的栽培行间距，等等。① 但是在政策指令下，部分地区出现了不顾条件盲目推广问题，导致部分地区粮食减产，农业部不得不在 1955 年下发文件予以纠正。对于水稻种植技术改造，农业部也认定双季连作的粮食产量高于单季间作，要求改变农民的种植习惯，同时积极稳步推广改造活动。

由于化肥产量不足，国家制定了以农家肥为主、商品肥为辅的方针，农业部提倡养猪积肥、栽培肥料，各地因此发动了群众性的积肥运动，结果 1957 年全国生猪数量就比 1956 年增长了一半，绿肥栽培面积比 1952 年增长了 37%。②1955 年中央同样采取群众性运动的方式实施对旧式农具的改良，提出了当年推广双轮双铧犁 40 万部的任务。中央要求在农业合作化运动的基础上推广新式农具。1955 年后各地掀起了农具改造运动。

继 1955—1956 年全国掀起的冬修水利的热潮后，1958—1960 年每年都动员了 6000 万以上的劳动力投入到水利建设中，如 1957 年冬动员的劳动力有 6000 万~8000 万人，1958 年春更是高达 1 亿人。③ 1958—1959 年、1959—1960 年也有 7000 万人。④ 这一时期动员参加兴修水利的劳动力规模远超 1952 年和 1955—1956 年两次冬修水利的高潮期。这三年参与的劳动力占各省劳动力总数的 20%~30%。推动人民公社运动的一个重要动因就是为了更便利而且能够更大规模地动员劳动力投入农业生产。在当时资本稀缺与农业投入有限的条件下，国家倾向于用劳动力替代资本来增加农业生产力。⑤ 国外学者也认识到人民公社体制对动员群众性农田水利建设的有力作用，认为干部能够借此动员农村的劳动力参加当地的水利建设。⑥

---

① 许建文．中国当代农业政策史稿［M］．北京：中国农业出版社，2007：213.

② 中国社会科学院，中央档案馆．中华人民共和国经济档案资料选编（1953—1957）（农业卷）［M］．北京：中国物价出版社，1998：448.

③ 薄一波．若干重大决策与事件的回顾（下卷）［M］．北京：人民出版社，1997：681.

④ 国家农业委员会办公厅．农业集体化重要文件汇编（上册）：1949—1957［M］．北京：中共中央党校出版社，1982：338.

⑤ 吴志军．试论 1957 年冬、1958 年春农田水利建设运动［J］．北京党史，2006（1）：12-15.

⑥ ［美］帕金斯．中国农业的发展（1368—1968）［M］．上海：上海译文出版社，1984：83.

这一时期，国家经济建设的基本战略是重工业导向，财政资金和资本重点投入工业基本建设领域，留给农业乃至轻工业的资金相对欠缺。国家推动农业集体化与人民公社化的主要目的之一就是用组织起来的农业劳动力替代稀缺的资本，通过农村的自我投入和积累减少对财政资金的需求。这一时期农业推动政策也确实并不需要国家投入大量的财政资金，如农业技术发展政策建立在合作化基础上，以农民劳动力投入为基础，只要很少的国家财政支持。1952—1960 年，在国家快速工业化的战略指导下，国家财政投入倾向于工业，特别是重工业，对工业的财政拨款占总支出的 54.5%，这一比例在 1958—1960 年更是高达 60%以上。相反，1952—1960 年的农业平均支出仅占全部财政支出的 8.4%（见表 4-3）。此外，一部分农民和合作社投资的资金来自信贷合作社和政府粮食采购的提前支付。在 1956 年前，国家建立了 11 万个农村信贷合作社，从 1953 年到 1957 年有 20 亿元的资金以提前支付的形式发放给农民，其中大部分被用作购买农具、牲口以及化肥肥料。这两项资金当然都不是无偿的。

表 4-3　财政支出中的农业与工业

年份	支农支出（亿元）	支农支出比重（%）	工业支出（亿元）	工业支出比重（%）	农业基建拨款占基本建设支出比重（%）
1952	9.04	5.1	65.24	37.1	8.20
1953	13.07	5.9	84.12	38.2	5.78
1954	15.79	6.4	112.4	45.6	6.45
1955	17.01	5.8	122.43	41.7	9.77
1956	29.14	9.5	152.85	50.0	8.84
1957	24.57	8.1	146.82	48.3	13.19
1958	43.28	10.6	255.87	62.5	9.89
1959	58.24	10.5	358.82	64.9	12.82
1960	90.52	13.8	424.47	64.9	8.20

资料来源：中国农村经济统计大全（1949—1986）、《新中国 60 年统计资料汇编》。

农业增产依靠农业技术投资，特别是固定资产的投入，但是由于政府财政投入有限，农业部门不得不依靠自己的积累和投入。表 4-4 比较了 1952—1957 年农业与工业固定资产投资状况，其中工业固定资产投资比例明显高于农业，而且增长率也更快。更为明显的是，在农业投资的分配中，政府的投资比例非常小，平均只有5%左右，绝大多数的投资需要农民以及合作社自身的投入，而农民无偿或报酬极低的劳动力投入比重很高，平均占总农业固定资产投资的13.7%。农业固定资产投资中比重最大的是农村住房投资和老式农具投资，然而这两类资产是耗损的，同时农业生产的现代化设备投入极少。综合起来，这些数据表明，农村产生净资本积累量很少，农业投资对农业发展的贡献较小。

表4-4　农业、工业固定资产投资状况（1952—1957年）

项目	1952	1953	1954	1955	1956	1957	1952—1957平均
农业固定资产投资总计（亿元）	41.70	42.53	44.95	56.56	85.56	75.48	57.79
全社会固定资产投资（亿元）	81.53	115.45	138.80	154.33	227.80	208.44	154.39
农业固定资产投资比重（%）	51.1	36.8	32.4	36.6	37.6	36.2	38.5
农业非住宅固定资产投资（亿元）	0.26	0.29	0.26	0.35	0.50	0.49	0.36
工业非住宅固定资产投资（亿元）	17.92	28.48	41.58	48.40	71.25	76.05	47.28
农业非住宅投资比重（%）	31.8	25.7	19.2	22.6	21.8	23.5	24.1
工业非住宅投资比重（%）	22.0	24.8	30.0	31.4	31.3	36.5	29.3
农村住宅建设投资（亿元）	15.75	12.87	18.36	21.69	35.82	26.46	21.82
现代农具投资（亿元）	0	0.08	0.27	1.16	4.48	0.39	1.06
老式农具、大车和牲口投资（亿元）	8.42	11.46	10.98	11.39	13.17	11.61	11.17
水利投资（亿元）	5.60	5.40	7.02	3.62	13.32	12.66	7.94
农民劳动力投入估值投资（亿元）	8.35	8.48	10.53	10.53	10.66	10.80	9.89
垦荒投资（亿元）	1.69	1.40	2.67	2.67	3.31	5.41	2.86
政府投资（农业）（亿元）	1.89	2.84	2.10	2.10	4.80	4.60	3.01
政府投资占比（农业）（%）	4.5	6.7	4.7	3.7	5.6	6.1	5.2

资料来源：Kang Chao. Capital Formation in Mainland China，1952—1965［M］. Berkeley：University of California Press，1974.

20世纪60年代以后，国家的农业推动政策观念也发生了显著变化。中央开始调整对农业投资的政策。李富春在1960年底的全国计划会议上反思了经济工作的十条经验教训，前三条就是反思工农业失衡问题，反思过去搞工业对农业重视度不够。[①] 因此他多次强调农业的基础地位和工业为农业服务的观点。1961 年中共中央提出，计划工作要按照农业、轻工业、重工业的次序做好综合平衡。在重新树立农业为基础、工农业并举的农业推动政策观念后，中央此后的一系列文件改变了农业推动政策的措施与重点。农业推动政策的基本观念总体趋于理性化和现代化，增产措施也更加重视机械化、水电化等农业技术设施的使用。在政策执行方式上，不同于之前的“一刀切”命令，新政策实施更加谨慎，越来越依靠先行试点示范来推广农业技术，农业技术人员也受到更大的重视。新政策减少了水利灌溉体系建设。1960 年中央关于水利建设问题的指示，要求地方的水利建设方式按照“只搞配套、只搞续建、不搞新建”的新方针来进行，而且限制了水利建设劳动力投入，要求把比重控制在 30%~40%。[②] 之前大规模的固定资产投资减少了，农业基建投资从 1958—1962 年的年均 27 亿元下降到 1963—1965 年的年均 25 亿元，到“三五”时期进一步降低到 21 亿元。[③]

1960 年以后，农业技术政策的重点放在了化肥生产与施用、农业机械化和电气化建设上，后者被中央视为农业增产的主要途径。在 1960 年 8 月中央就强调尽可能迅速提高化肥农药的生产，要求把农药化肥生产设备和原料纳入国家计划。1961 年 1 月中央再次决定安排好与农业生产直接相关的农业机械、农具、化肥和农药行业。[④] 在政策推动下，国内化肥产量和农业水电化在 1960 年以后迅速增长（见图 4-1），特别是农药、农用机械等农用工业产品产量快速增加。国家投资量也不断增长。到 1965 年，中国的农用机械工业对农业机械化灌溉和生产的支持力度显著增强，大量的农用机械在 1963—1965 年投入农业生产，如旋耕机大量生产，开始取代传统的曳引式翻土犁。灌溉的电力机械化发展也比较迅速，水泵和潜水泵的大

---

① 中华人民共和国国家经济贸易委员会编．中国工业五十年（第 3 部上卷）[M]. 北京：中国经济出版社，2000：424.

② 中共中央文献研究室编．建国以来重要文献选编（第 13 册）[M]. 北京：中央文献出版社，1996：415-416.

③ 中国统计年鉴（1982）[M]. 北京：中国统计出版社，1983：210.

④ 中共中央文献研究室编．建国以来重要文献选编（第 14 册）[M]. 北京：中央文献出版社，1997：28.

量生产和使用使南方多水和北方农区使用地下水问题得以缓解，管井设施更是推动了60年代末和70年代北方粮食产量的提高。

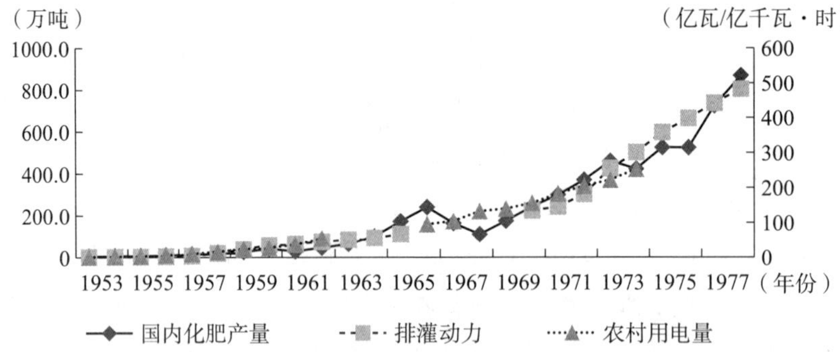

图4-1 改革开放前国内化肥产量、排灌动力与农村用电量变化

资料来源：《中国农村经济统计大全（1949—1986）》第319页、312~313页、324~325页。

1960年以后国家对农业推动政策的加强集中表现在政府对农业及农用工业的支出和投资的增加，如图4-2所示，支农支出比重在1961年到1964年仍然维持在较高的水平，而财政性的农业基本建设支出在这段时间不断增长，1963年增速甚至高达23%。可以说经过几年的调整期，国民经济中“重工轻农”的比例变得更为协调。1965—1970年这两个比重的差异持续缩小，部分原因是国家发展战略的重新调整。在编制“三五”计划时，初衷仍然是按照“农轻工重”的顺序来安排的，但是当时受中苏关系紧张等国际环境的影响，中央提出的“备战、备荒、为人民”的发展战略转变了经济发展的先后性。农业是一个拳头，国防是一个拳头，要使拳头有劲，屁股就要坐稳，屁股就是基础工业。[①] 于是重新拟定的“三五”计划提出立足于战争，积极备战，把国防建设放在第一位，加快三线建设。导致这一时期强调国防军工等重工业的发展，国家投资和财政支出结构也发生逆转，财政支农支出和农业基建支出比重持续下降。直到“四五”时期，调整了以备战为中心的发展战略，农业支出比重才止跌回升。

① 中央工作会议（1964年5月15日—6月17日）[EB/OL]. http://dangshi.people.com.cn/GB/151935/176588/176596/10556214.html.

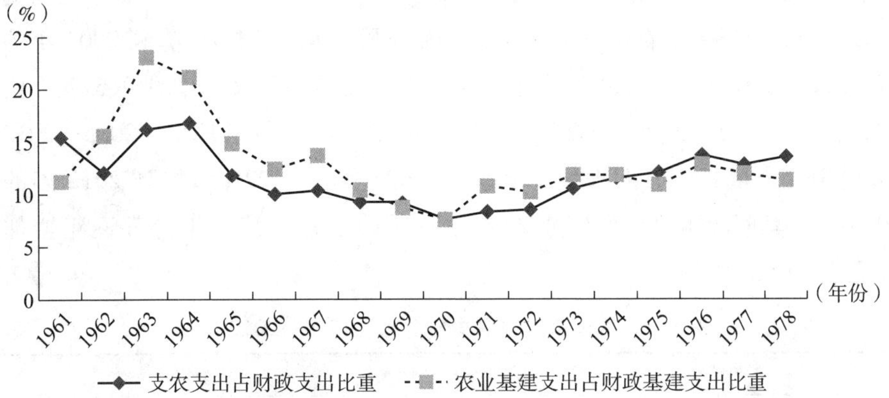

图 4-2　1960 年后农业在财政支出中的地位（1961—1978 年）

资料来源：历年《中国统计年鉴》。

4.3　改革开放后的农业推动政策

改革开放前的 20 年奠定的中国农业政策的两大基石——农产品统购统销政策和农业生产的集体化制度，在改革开放后都进行了改革并逐步取消。其中，农业生产的集体化制度的解体更为迅速而直接，对农业生产和农民收入增长的促进作用也更为显著。改革开放后农业财政支出也出现了新的趋势和特点。除极个别年份外，1979 年后的支农支出在总量上是不断增加的，年均增长率高达 14.7%。与农业总支出几乎逐年增加的趋势不同，改革开放后 30 年来农业支出占财政总支出的比重却表现出非常明显的周期性波动特点。总结起来，共出现了 3 个下降期、2 个增长期和 2 个应急性增长年份。具体而言，1979—1985 年是改革开放以来第一个农业支出比重大幅下降期。农业支出比重从 1979 年的 13.6%下降到 1985 年的 7.66%，而且是逐年下降。此后的 1986—1991 年是第一个上升期，农业支出比重从 7.66%提高到 10.26%。1992—1997 年是第二个下降期，农业支出比重滑落到 8.3%。1998 年则是一个农业支出比重突然大幅上升的应急支出期。称之为应急支出一是因为比重上升幅度大，这年的比重从上年度的 8.3%陡然提高到 10.69%，要知道前 5 年的农业支出比重平均每年才提高了 0.46%；二是因为陡然增高的比重并没有持续下去，1999 年比重又下降到 8.23%，下降的幅度比上升的还大，支出总量也大幅降低。这类猛增猛降的现象类似于为了应对突发事件而采取的应急措施。第一个应急高支出结束后，1999 年农业支出比重又开始下降，从 8.23%下降到 2003 年的 7.12%。2004 年出现了第二个应急支出期，支出比重又猛增到 9.67%，比重增加了 2.55%，增长率高于 1998 年的第一次应急增长率。2005—2012 年是第二个增长期，农业支出比重从 2005 年的 7.22%增加到 2012 年的 9.51%，其间除了 2007 年和 2008 年有所回落外，其他年份都逐年增加（见表 4-5、图 4-3）。

表 4-5　中国财政支农支出占比（1979—2012 年）

年份	农业支出（亿元）	农业支出占比（%）
1979	174.33	13.60
1985	153.62	7.66
1991	347.57	10.26
1997	766.39	8.30
1998	1154.76	10.69
2003	1754.45	7.12
2004	2337.63	9.67
2005	2450.31	7.22
2012	11973.88	9.51

资料来源：《中国统计年鉴》（1980—2012），比重来自作者的计算。

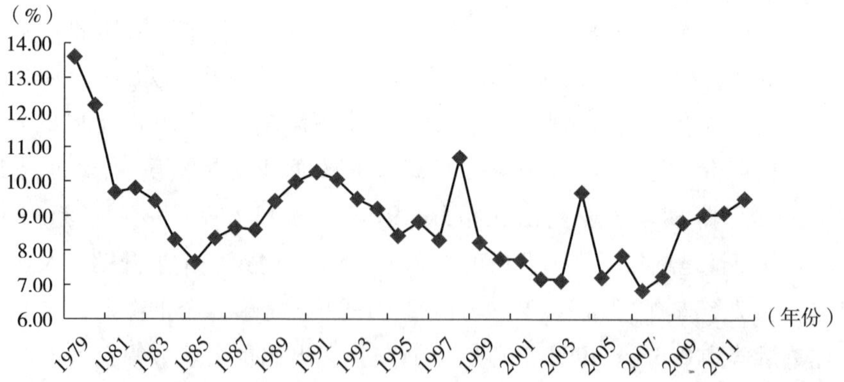

图 4-3　农业支出占财政支出比重

资料来源：《中国统计年鉴》（1980—2012），比重来自作者的计算。

4.3.1　制度红利替代投资：20 世纪 80 年代初农业支出力度

与改革初期鼓舞人心的农业生产制度变革与国家收购价的大幅提高形成鲜明对比的是，国家对农业的支出与投资却出人意料地掉转马头——显著下降了。相比改革前，20 世纪 80 年代初的农业财政支出占比也是偏低的，如 1960—1965 年，农业财政支出的比重高达 14.6%，在 1966—1975 年平均比重也达到了 9.7%，均明显高于整个 80 年代。这一时期农业固定资产投资的退步则更为明显，从 1949—1979 年占国家固定资产投资总额的 11.9%下降到 1981—1985 年的 5.7%以下，甚至 1986 年只有 3.3%。农村集体所有制单位固定资产投资用于农林牧渔业的，1985 年只有 20.73 亿元，比上年下降 28.5%。[①] 尽管 1981—1984 年粮食产量快速增长，但大部分功劳在于生产制度的变革所带来的农民生产积极性的井喷。农业基本建设投资额增长缓慢，4 年里增加额不到 8 亿元，且占基建总投资的比重不断下降，从 6.6%下滑到 5%。农业基建比重下降的主要原因是农业生产的周期长、利润率低，非财政资金大部分进入工商业，而财政性农业基建支出却没有大幅度增加，这就导致农业基建投资比重的显著下降。更为糟糕的是，国家预算内基建支出中农业支出比重也在这一时期不断下降。很明显，农业财政基本建设支出比重从 1980 年开始逐年降低，1980 年还占 9.1%，1985 年已不足 7%，直到 1986 年后才开始提升。可以说，20 世纪 80 年代初农业基本建设面临着缺少社会资金投入，且财政支出不足的双重困境（见表 4-6）。

表 4-6　全国农业、轻工业、重工业基本建设投资额及其比重（1978—1988 年）

年份	基本建设投资（亿元）			比重（%）		
	农业	轻工业	重工业	农业	轻工业	重工业
1978	53.34	29.3	243.86	10.6	5.8	48.7
1979	57.92	30.6	226.25	11.1	5.8	43.2
1980	52.03	50.89	224.72	9.3	9.1	40.2
1981	29.21	43.38	172.63	6.6	9.8	39.0
1982	34.12	46.45	214.15	6.1	8.4	38.5
1983	35.45	38.75	243.53	6.0	6.5	41.0

① 国家统计局．中国统计摘要（1989）[M]．北京：中国统计出版社，1990：19-25.

续表

年份	基本建设投资（亿元）			比重（%）		
	农业	轻工业	重工业	农业	轻工业	重工业
1984	37.12	42.43	299.16	5.0	5.7	40.3
1985	36.94	63.44	383.05	3.4	5.9	35.7
1986	35.06	82.25	449.3	3.0	7.0	38.2
1987	42.11	99.12	583.68	3.1	7.4	43.5
1988	44.26	99.23	579.2	2.9	6.4	37.5

资料来源：《中国统计摘要》（1983 年、1989 年）。

国家希望从农村内部挖掘更多的支农资金来弥补财政投入的不足。自新中国成立以来，财政既不是农业投资的唯一，也不是主要的资金来源，国家的基本建设资金应重点保证大规模建设项目的需要，而农业部门的建设资金应该主要依靠农业部门的自身积累。改革开放前依托人民公社与生产队，农村与农业可以积累集体资金投入建设，改革开放后集体制度瓦解后失去了这样一个正式的资金积累机制。这时乡村政府则把视线投到不断增加的社队与乡镇企业利润上。1985 年的中央农村工作会议进一步强调了通过发展乡镇企业支持农业的思路，即以工补农，以副养农，以工业、副业支持种植业，以经济作物支持粮食作物。1981—1984 年，乡镇企业为农业提供的资金达 51 亿元，相当于同期国家财政用于农业基建投资的 3 倍。村集体积累或管理费中也有一定比例的资金用作农业支出。

在早期，省级政府对社队企业的利润做了直接规定。在乡镇企业发达的山东省，省政府要求社队企业利润的 30%用于支农，30%用于扩大再生产，30%返还生产队纳入社员分配，10%用于集体福利事业。[①] 社队企业的发展和乡镇企业的崛起为农业机械化和农业基本建设提供了部分资金、设备和技术。在乡镇企业的纯利润中，有相当大的比例要上交乡村政府，乡村政府则将其中一部分用于支援农业生产和社会福利事业。早在 1979 年，农村社队企业就为农业建设提供了 23 亿元资金，其中购买农业机械的资金有 11.3 亿元，农田基建有 11.7 亿元，两项占社队企业利润的 28.6%，而同年财政对农业基础建设的支出也只有 57.92 亿元。在江浙沪地区，乡镇企业对

① 中国农业年鉴编辑委员会．中国农业年鉴（1982）［M］．北京：中国农业出版社，1983：104.

农业生产的贡献更大一些，如苏州地区 1976—1977 年，社队企业提供的支农资金达到 1.77 亿元，是同期国家农业财政支出的三倍多。①

1983—1990 年全国乡办、村办企业收入及利润分配见表 4-7。

表 4-7　1983—1990 年全国乡办、村办企业收入及利润分配情况

年份	总收入（万元）	国家税金（万元）	纯利润（万元）	利润用于支援农业生产[a]（万元）	支援农业占纯利润比重（%）
1983	9286986	588810	1178159	71642	6.08
1984	12681513	791283	1287175	66360	5.16
1985	18274087	1085827	1713389	88283	5.15
1986	22235527	1373394	1610343	69182	4.30
1987	29341244	1307270	1877513	84587	4.51
1988	42320925	1765253	2591815	115461	4.45
1989	48209163	1960881	2401487	148252	6.17
1990	51434836	2030347	2297083	171676	7.47

注：a. 从 1986 年开始，这项支出名称变为“以工补农”支出。
资料来源：历年《中国农业年鉴》。

随着改革开放后农民收入与农业产值的快速增长，农村储蓄有了显著的增加，1978—1988 年，农户储蓄从 55.7 亿元增长到 1142.3 亿元。② 1988 年的农村信用社 908.61 亿元的贷款中，乡镇企事业贷款额就有 456.13 亿元，尽管有一部分可能用于农业生产性投资，但 50%的资金流入了乡镇企事业部门。快速增长的农村储蓄并不能弥补国家农业投资的缺失。1985 年农村集体所有制固定资产投资总额有 199.23 亿元，其中利用自有资金的有 104.9 亿元，自有率达到 52.7%，但是其中用于农林牧渔业的农业投资仅有 20.73 亿元，仅占总投资的 10.4%。③ 同年农村个人固定资产投资有 478.43 亿元，而大多数投资于非生产性的房屋建设，用于购买农业生产性固定资产的总额有 128.31 亿元，仅占 26.82%。④

在这段新中国成立以来第一次农业发展的黄金时期，政府却减少了农业支出比重。我们认为主要原因是政府希望通过制度变革，包括生产制度与统购价格的提升来振兴农业，以此替代政府的财政投入，即以制度取代

① 中国农业年鉴编辑委员会．中国农业年鉴（1983）[M]．北京：中国农业出版社，1984：150.
② 国家统计局．中国统计摘要（1989）[M]．北京：中国统计出版社，1990：102.
③ 农业部计划司．中国农村经济统计大全（1949—1986）[M]．北京：农业出版社，1989：392.
④ 农业部计划司．中国农村经济统计大全（1949—1986）[M]．北京：农业出版社，1989：394.

投资。国家看到制度变革效果如此显著：尽管投入在减少，但粮食产量却仍在大幅度增长，更加坚定了减少投入的决策。国家明显减少了农田水利等基建支出，各地对水利建设及更新改造的经费削减幅度达到一半以上，而实施家庭联产承包责任制后集体经济的萎缩进一步减少了集体对农田水利以及机械的投入，小型的农田水利建设和农机投资的责任都落到了农户家庭头上。

市场化理念也开始在农业基建领域扩展，政府不再强调新的建设，认为新中国成立以来的农田水利建设取得了很大成绩，修建了大量的工程设施，只有通过加强管理力度，才能达到全面发挥效益的目的。当不再增加新的水利设施建设时，对既有设施的维护和管理就显得特别重要，这也是国家特别强调对现有设施与农机加强管理的原因。农业生产的责任制被当作经验推广到农机使用和水利工程管理上来，各个地方也试行了各种类型的农田水利管理承包责任制。不仅强调管理，而且有些地方还利用水利工程从事生产经营活动，如植树、养鱼、种粮、种菜、种药等。① 也就是说，国家在减少新增农田水利建设支出的同时，还积极利用既有的设施搞多种经营获得经济收益。1981 年中央就提出把水利建设的着重点转移到管理上来，目标是提高水利工程的经济效应，实行经营的财务包干制度，激励水电设施提高经济收入。例如，到 1985 年，水库养鱼产量已占全国淡水鱼产量的 10%，全国水利综合经营的产值已达 4.91 亿元，比 1980 年增长 1 倍。②

国家提倡在农村发展小水电，特别强调发展小水电的“自建、自管、自用”三个原则。小水电的投资建设资金主要由地方和社队自筹，国家只提供低息专项贷款，小水电的利润及其所有权与管理权也归地方和农民所有。这意味着国家将水利建设权责利都下放给了基层组织和农民家庭，强调增收，鼓励综合经营。在 1984 年的水利改革座谈会上，为了弥补财政投入资金的不足，国家提倡“合作办水利”，即广泛吸收各种资金来源，而个人兴建的水利则归个人所有、管理和使用。将承包制和经营体制扩展到农业技术领域。国家也在提倡积极推行农业技术承包制，希望通过经济手段与合同方式推广

① 国家统计局．中国农业年鉴（1981）［M］．北京：中国统计出版社，1982：148.
② 国家统计局．中国农业年鉴（1985）［M］．北京：中国统计出版社，1986：12.

农业技术，让农业技术推广也成为一项有回报的经济活动。[①] 与此同时，对于有限的支农支出，国家更加强调支农资金的有偿性和经济效应，部分地方对包括小型农田水利和水土保持补助费等部分支农资金试用有偿周转。

此外，农业支出比重的骤降也和宏观经济和财政环境的变动有着密切的关系。国家财政能力的下降是 20 世纪 80 年代初农业支出下降的制度因素，而财力约束下的投资偏好则是导致农业支出比重下降的直接原因。整个 80 年代，政府总收入占 GDP 比重一直呈现下降趋势，预算内财政收入占 GDP 比重一路下滑到 1990 年的 15.7%。其中的原因正如学者所分析的，财政包干制的财政体制抑制了作为征税主体的地方政府扩大财力的积极性，为了不与或少与中央政府分享收入，地方政府隐瞒收入或将预算内收入转移为预算外收入，或者干脆藏富于民不积极征税（张光，2013）。财政包干制对政府财力的抑制效应直到分税制改革之后才消除。不断下降的国家财政能力使得如何分配资金显得更加重要。在长期计划经济体制下，财政投资基础设施建设一直是经济增长的最主要杠杆。改革初期，这种惯性与模式依然强悍。1983—1986 年基础设施投资与比重大幅提高，直到 1986 年出现经济过热，导致严重的通胀问题才重新收敛。基础投资支出无疑严重挤压了农业投资的比重与增长速度。基础设施支出快速扩张的那几年（1983—1986 年）也正是农业支出比重的下滑时期。相反，当基础设施支出比重收缩时，农业支出比重才重新上升（见图 4-4）。

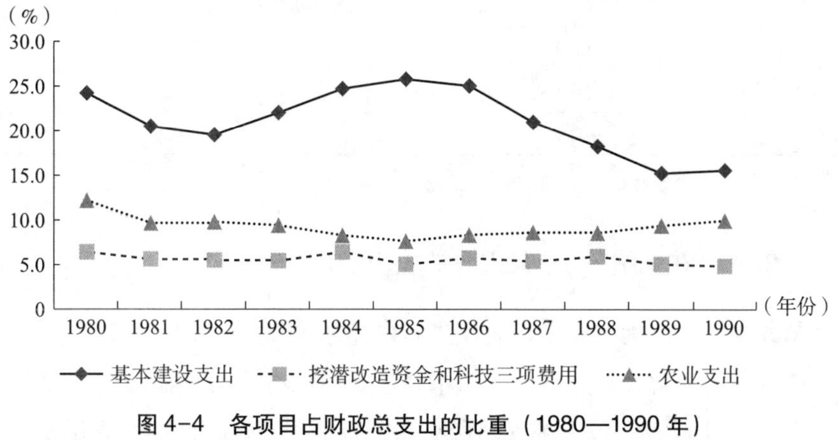

图 4-4　各项目占财政总支出的比重（1980—1990 年）

资料来源：《中国统计年鉴》（1991）。

① 国家统计局．中国农业年鉴（1983）［M］．北京：中国统计出版社，1984：224-225.

财政制度从改革开放前统收统支的集权体制调整为20世纪80年代的财政包干制，财政制度的变革增强了地方政府财政自利意识。当全国的工作中心转向经济建设后，经济发展指标成为中央政府对地方政府官员考核的主要依据。发展工业项目无疑是财政自利与经济增长绩效的最佳契合点，而且在农业家庭承包制红利依然旺盛的环境下，地方政府投资农业的积极性不高。80年代后地方政府涌现了一股发展企业的冲动，农村地区乡镇企业的崛起就是最好的印证。国家的财政支农资金中，一部分被用作支持乡镇企业，这进一步减少了对粮食生产与农田水利的支持。从1981年开始，国家支农资金中支援农业生产的支出中，直接支持粮食与农业生产的小型农田水利和水土保持补助费比重逐年下降，到1985年降到了不足44%，1986年后才有所回升，而用于乡镇企业和其他农业经济组织生产的农村合作生产组织资金支出比重则整体上在提高（见表4-8）。

表4-8　全国财政用于农业生产支出结构

年份	小型农田水利和水土保持补助费比重（%）	支援农村合作生产组织资金支出比重（%）
1978	60.6	39.6
1980	60.2	36.1
1981	60.4	32.2
1982	55.4	27.7
1983	53.3	31.9
1984	48.1	31.3
1985	43.9	35.4
1986	44.1	39.4
1987	44.6	40.5

资料来源：《中国农业年鉴（1988年）》，第111页。

4.3.2　20世纪80年代末农业支出的增加

与改革开放前大规模发动农民进行农田水利建设相比，改革开放后由于公社制度的瓦解，群众性的农田水利建设难以有效组织，因此，20世纪80年代初几乎没有搞过大规模的群众性农田水利建设。然而，农田水利支出不足所累积的历史欠账在1985年东北地区特大洪涝灾害面前暴露无遗。对于洪涝灾害造成的巨大经济损失，水利设施失修破损是一个重要原因。

以损失极为严重的辽河地区为例，洪灾发生前，河槽就已严重淤积，河滩地清障不彻底，堤防多年失修老化，在洪涝灾害面前不堪一击。[①] 水利部门也承认这次水灾暴露出一些地方存在着忽视水利防洪设施整修和管理等现象。

针对水利工程老化失修等问题，中央农业相关部门和地方政府也开始调整农业政策或者向高层倡议加大农业支持力度。1986 年 6 月，中央书记处农村政策研究室、水利电力部会同各省、自治区、直辖市有关部门提出了“七五”期间进一步加大农村水利工作力度，改善农业生产条件，建立健全劳动积累制度的 5 条政策。同年 7 月，中央书记处农村政策研究室、农牧渔业部、林业部、水利电力部和国务院农村发展研究中心 5 个部门，联合向党中央、国务院提出了《关于保障农业持续稳步增长的建议》。在中央推动下，国家“七五”计划要求适当加强国家对农业的投入，主要用于兴修水利，加强农田水利建设。[②]

从 1986 年开始，财政开始增加农业支出比重。鉴于洪灾带来的教训，国家在 1985 年年底开始加大力度进行农田水利建设，主要措施仍然是发动农民参与冬修水利，而且在第二年要求农村建立必要的劳动积累制度，完善互助互利、协作兴办农田建设。群众集资的资金和群众性水利兴修劳动工积累制度折合的资金仍然是水利建设资金的主要来源，以 1987 年为例，全年群众自筹水利建设资金达 10 亿多元，全国兴办水利投入劳动积累工 18 亿多个，若以每个工日 2 元计算，相当于 36 亿元的投入，而全年全国水利建设支出也不过 31 亿元。[③]

1985—1988 年粮食产量徘徊不前的局面也使国家增加了农业投资渠道。1986 年后，国家明确新增了很多农业发展项目，包括 1986 年的粮食生产专项资金、发展多种经营生产资金和 1988 年设立的农业发展基金。尽管政府财政支出规模不大，但 20 世纪 80 年代后期财政投入水利建设的渠道更加多样，有省、地、县包干使用的小型农田水利补助费，有来自中央

① 1985 年辽河大水有多大损失？［EB/OL］. http：//www. dfwater. gov. cn/index. php？c = content & a = show&id = 230.

② 中华人民共和国国民经济和社会发展第七个五年计划摘要［EB/OL］. http：//cpc. people. com. cn/GB/64184/64186/66679/4493899. html.

③ 中国农业年鉴编辑委员会 . 中国农业年鉴（1987）［M］. 北京：中国农业出版社，1988：84-85.

和地方共建的粮食生产专项资金，也有少部分资金源于耕地占用税，此外还有地方政府的机动财力。1986 年政府开始建立粮食生产专项资金，其主要来源是乡镇企业的税收。1985—1990 年每年支出 10 亿元的乡镇企业税收用作粮食生产专项资金，其中重要的一项用途就是兴建和整修农田水利设施。例如 1987 年有一半专项资金用于粮食生产基地县和粮食生产潜力大的地区的农田水利基础设施建设。对增加农业支出贡献最大的当数 1988 年建立的从中央到省市县各级农业发展基金，即农业综合开发支出（耕地占用税是这项基金的主要来源）。中央同时要求地方建立配套农业发展资金，地方按不低于国家农业综合开发资金的 1∶1 比例匹配。农业发展基金实施了大规模的以土地治理为主要内容、以增加农产品产出为目标的农业综合开发项目，其资金仍然主要用于农田水利建设（占开发资金的 60%以上）。[①]

这一时期国家财政预算外资金也越来越多地被用于农业支出。由于当时国家财政对农口企事业单位实行财务包干制，农口企事业单位的预算外资金增长很快，这部分预算外资金到 1990 年高达 110 亿元，比 1985 年增长 1.44 倍，[②] 尽管预算外支农支出只占预算外支出的 4%，但增幅超过了预算外支出的增幅，对财政农业支出也是一项重要补充。这一时期，地方政府还将乡镇企业纯利润用作支农支出，这部分支出占企业纯利润的比重在 80 年代后期不断提高，从 1986 年的 4.3%提高到 1990 年的近 7.47%（见表 4-7）。各省也自行增设农业税收来扩大农业支出，如浙江省征收粮食附加税和农林特产税，1988 年两项税收总额达到 1.7 亿元，这笔资金被用于粮食收购的价格补贴和平价尿素供应支出。[③]为了提高粮食产量，国家也实施了一些对农民粮食生产的物质激励措施与生产资料补贴项目。一方面，适当降低国家粮食收购量；另一方面，在 1987 年实施粮食定购与供应平价化肥、柴油和预购定金的三挂钩政策，即国家每收购 50 公斤贸易粮拨付优质平价化肥 3 公斤、柴油 1.5 公斤，并按合同定购价款的 20%发放预

① 中国农业年鉴编辑委员会. 中国农业年鉴（1991）[M]. 北京：中国农业出版社，1992：144.

② 中国农业年鉴编辑委员会. 中国农业年鉴（1992）[M]. 北京：中国农业出版社，1993：168.

③ 中国农业年鉴编辑委员会. 中国农业年鉴（1989）[M]. 北京：中国农业出版社，1990：116.

购定金。

市场化的观念也仍然贯穿于国家投资之中。部分财政支农资金使用方式呈现市场化和信贷化的取向：发放支农资金、回收后再发放，以此方式来调动和引导农民投入。1990 年，全国用回收的支农周转金再投入农业达 87.06 亿元，1985—1991 年，年均增长 25%。农业综合开发资金有一半实行有偿滚动使用，有偿资金到期回收后，继续用于农业综合开发。各级财政安排的配套资金，大多也采取了这种有偿使用的方法。农业综合开发的一条原则是“民办公助”，坚持谁开发、谁利用、谁受益的原则。农业综合开发资金由四部分构成：一是中央财政投入的农业发展基金，二是地方财政的配套资金，三是农业银行安排的专项贷款，四是集体、农户、农场自筹的资金。1988—1991 年国家批准立项开发的投资总额中，上述四部分资金的比例分别为 30.1%、31.5%、25.8%、12.6%，[①] 贷款和群众集资超过 1/3 的比例，而且在农业开发项目的地方配套资金中也有一部分是群众集资。

政府支出的增长带动了集体和农民个人对农业投资的增加。尽管在农业固定资产支出中，财政性投资比重仍低于集体和个人支出比例，但 80 年代后期财政性投资的确激励了集体与农民个人投资的增长。1990 年财政投入的农业固定资产支出比 1989 年增长了 23.2%，带动的集体和农民个人投资的增幅高达 37.9%和 16.4%。1990 年，各级财政投入农田水利基本建设的资金共达 26 亿元，农村集体和农民个人用于农田水利建设的资金约 30 亿元，超过财政性水利建设支出。[②] 为了建立农村合作经济组织的资金积累机制，引导农民自觉增加对农业的资金投入，部分经济发达省份建立了农业合作发展基金。农业合作发展基金是乡、村合作经济组织筹集用于发展农业的专项基金，部分省份的农业合作发展基金征收总额甚至要超过农业综合开发支出，如江苏省 1988—1990 年全省建立农业合作发展基金制度的乡（镇）有 1271 个，占乡（镇）总数的 62.4%，共筹集农业合作发展

① 中华人民共和国财政部．中国财政年鉴（1992）［M］．北京：中国财政杂志社，1993：216.

② 中国农业年鉴编辑委员会．中国农业年鉴（1991）［M］．北京：中国农业出版社，1992：159.

基金4.39亿元，是农业综合开发支出2.96亿元的1.48倍，[①]而同期江苏省的农业财政支出总额（包括农林水气事业费和支援农业生产支出）也只有7.7亿元。[②]

4.4 改革战略转移与财政支农力度

多数观点都将1978年12月的中共十一届三中全会到1984年10月的中共十二届三中全会这一期间界定为中国改革开放的第一阶段，即农村改革时期。从1984年开始，国家改革的战略重心从农村转向城市。当时的农村改革取得了巨大成功，家庭联产承包责任制在农村全面铺开，粮食产量超过历史最高水平，1983年出现了新中国成立以来首次粮食过剩问题，同时农民收入增长迅速，增幅超过城市居民。受到农村改革成功的鼓舞，以及农村对城市经济体制改革的新要求，改革的重心转向城市经济。

中共十二届三中全会通过了《中共中央关于经济体制改革的决定》，提出了开展以城市为重点的经济体制全面改革战略，标志着改革重心从农村向城市经济转移，把增强企业活力确定为城市经济体制改革的中心环节，将价格体系改革作为整个经济体制改革的关键。1984年改革战略重心的转移并没有马上降低中央对农村工作的重视，1985年和1986年中央仍然连续出台了2个关于农村工作的一号文件。1985年的一号文件把粮食统购制度改为合同收购，拉开了粮食价格市场化改革的序幕，同时国家的支农支出比重从1985年止跌回升，体现了国家对农业工作的持续重视。

国家对农业工作重视度的真正降低和经济工作的全面城市取向始于1992年中央重启的城市经济体制改革。1992年的中共十四大会议提出了建设社会主义市场经济体制的目标，党的十五大确立了把邓小平理论写进党章，确立了党的新的指导思想。中共十四大召开后城市经济改革加速。20世纪90年代是城市经济体制改革的高峰期，经济领域的各项改革政策层出

---

① 中国农业年鉴编辑委员会．中国农业年鉴（1990）［M］．北京：中国农业出版社，1991：144.

② 江苏省统计局，国家统计局江苏调查总队．江苏统计年鉴（1990）［M］．北京：中国统计出版社，1991：321.

不穷，几乎年年都有重大的改革政策出台。城市经济改革在 1994 年和 1998 年形成了两个高潮，1994 年被称为中国经济的改革年，出台了财税制度、金融体制、投资体制、企业制度、住房制度、物价体制六个方面的改革措施。1998 年中央政府又掀起了第二次经济改革的高潮，这一次朱镕基提出“一个确保、三个到位、五项改革”的改革方针，其中五项改革也仅次于 1994 年的六项改革，包括粮食流通体制改革、投资融资制度改革、住房制度改革、医疗制度改革和财政税收制度改革，除了粮食流通体制改革外，其他四项改革措施都与农村问题没有直接关联。

4.5　分税制、财政分权与农业支出力度

20 世纪 90 年代一项重要的国家能力建设对政府财政支农政策产生了重大影响。20 世纪 90 年代前期在经济过热导致的财政赤字、政府债务的重压下，中央政府开始谋求改革，在财政领域影响最为深刻的改革就是分税制改革，分税制重新划分了中央和地方政府的财政收支权限，极大地改变了地方政府汲取财政资源的预期和动机，解决了 80 年代中央财政占全国财政收入和国家财政占 GDP 两个比重持续下滑、中央和国家财政能力减弱的问题。分税制改革确立了中央与省级政府之间新的财政分权体制，重新塑造了地方政府行为动机与财政支出结构。我们的研究表明，分税制与财政分权体制是导致 90 年代我国财政支农比重下降的重要制度因素之一。

西方经典的财政分权理论——蒂伯特模型（Tiebout model）认为，联邦制下的财政分权有助于提高社会总体福利水平，这一效应主要源于两种机制：第一是“用手投票”机制，即选举问责机制，居民选举产生的地方政府不仅有信息优势，而且有激励了解和满足当地公众的需求；第二是“用脚投票”机制，这一机制是通过人口迁移流动来实现的。不同的政府根据地方居民的偏好提供不同税收水平和公共产品组合，居民根据自己的偏好迁移到自己满意的地方（Tiebout，1956；乔宝云、范剑勇、冯兴元，2005）。在上述两种机制的作用下，不同地方政府之间的竞争将刺激地方政府不断主动采取措施来提高公共产品供给的效率，从而有利于社会整体福利水平的上升。一些文献进一步强调了分权带来的信息优势。分权将地方政府更直接地置于居民的监督之下（Dethier & John，1999），分权体制

下政府间的标尺竞争使得选民可以参考其他地区评价本地的政府效率（Baicker，2005）。

近十余年来，关于分权与公共物品供给（政府支出）研究结论与主流的蒂伯特模型并不完全一致，不少研究指出地方政府间竞争可能对社会总福利带来消极影响（Keen & Marchand，1997）。在财政分权体制下，地方政府税收具有外部性。地方政府为流动的工业资本展开税收竞争，其结果是导致所有地区税率的降低，最终导致过低的均衡税率，但地方政府在决策过程中并不会考虑低税率的负外部性。因此最终的后果是所有地方税收能力的不足和公共产品供给的减弱（Wildasin，1989）。同样地，财政支出竞争也会引起外部性问题。地方政府为吸引外部投资而增加公共物品投入，特别是改善与生产性投资相关的公共服务。然而，由于一定时期内地方财政收入是有限的，增加生产性的支出可能挤占社会性的教育、卫生、环境、社会保障等支出（Zodrow & Mieszkowski，1986；乔宝云、范剑勇、冯兴元，2005）。舒尔茨、乌尔施普（Schulze & Ursprung，1999）认为，国家为竞争外国资本，将会使支出更倾向于为私人生产服务的公共支出，却以降低转移性支出与非生产性支出为代价。基恩、马尔尚（Keen & Marchand，1997）的研究也表明，关于资本的税收竞争可能扭曲政府的支出选择，使他们过多地投入基础设施（如商业中心与机场），而过少地投入其他公共物品（如公园和图书馆）。

中国1994年的分税制改革使财政收支向中央政府集中。20世纪80年代财政包干制度下，相比地方政府，中央政府收入的少，支出的也少，收支比重都在下降，地方政府则相反。分税制基础上的财政分权体制形成后，中央的财政收入迅速上升，占据了全国财政收入的半壁江山，支出比重也逐渐抬升。地方政府收入比重急剧降低的同时，支出比重也出现下滑。直到2003年以后，趋势才开始改变，中央政府在收支上的集权开始减弱，地方财政收入小幅提高，从2002年的45%提高到2009年的47.6%，支出比重快速跳跃，从2003年的69.9%提高到2009年的80%（见表4-9）。

中国日益明显的财政支出分权也影响着地方政府公共物品的供给偏好，导致支出结构发生偏离。国外关于财政分权影响的实证研究发现，西方发达国家的财政分权与政府间竞争显著提高了教育、卫生、社会保障等社会福利支出水平。但是中国的情况可能不同。傅勇、张晏（2005）认为，在中国财政分权体制下，支出结构偏向于基础设施建设以吸引外来资本从而提高资本回报。财政分权激励下的地方政府税收竞争又为地方政府提供了“标尺竞争”机制。它以一个自上而下的高度分权结构制造了政府间“为增长而竞争”的发展共识和强大激励。中国的经济增长就是这个机制的产物。1994 年分税制改革后，市县两级政府承担绝大部分地方性公共物品支出责任，因此基层政府面临着巨大的财政收支压力。在财政压力下，地方政府可能会改变其行为逻辑，进而调整财政支出结构，也即优先保障政府基本运转和经济性基础设施建设投资，借此持续吸引外来投资以促进经济不断增长（陈硕，2010），并不断扩大税基，因为经济发展和财税收入增长对地方官员的政治晋升有显著的影响（Chen，Li & Zhou，2005）。对于地方政府而言，“标尺竞争”的重要策略就是竞相吸引境内外投资，即“招商引资”（Landry，2002）。地方政府之间在“招商引资”上的“标尺竞争”是解释中国基础设施投资大规模增长的重要因素（张军，2007），相反地，那些投入产出回报在短期内不明显的公共服务，如教育、卫生、环境保护等，地方政府支出积极性并不高（陈硕，2010）。傅勇和张晏（2007）研究发现，地方政府财政支出结构在财政分权中出现了“重基本建设、轻人力资本投资和公共服务”的支出现象。

表 4-9　中央与地方政府财政收支分权

年份	支出比重（%）		收入比重（%）	
	中央	地方	中央	地方
1980	54. 3	45. 7	24. 5	75. 5
1985	39. 7	60. 3	38. 4	61. 6
1990	32. 6	67. 4	33. 8	66. 2
1995	29. 2	70. 8	49. 4	50. 6
2000	34. 7	65. 3	52. 2	47. 8
2003	30. 1	69. 9	54. 6	45. 4
2005	25. 9	74. 1	52. 3	47. 7
2009	20. 0	80. 0	52. 4	47. 6

资料来源：《中国统计年鉴》（2010）。

然而，当前的研究主要集中在财政分权对基础设施典型生产性支出与教育、医疗、社会保障等社会性支出的检验与比较方面，对地方政府财政支农支出影响的研究较少。支农支出的性质比较特殊，支农支出本质上属于生产性支出，不同于教育、医疗等社会性支出。然而，农业受其自身属性的限制，生产效率和收益利润都无法与工商业相比，这就决定了支农支出的经济效益要低于交通、通信等基本设施建设支出。农业投资市场收益的低下也可能是20世纪80年代以来农业基建投资比重持续走低的重要原因。地方政府财政分权程度对财政支农支出是否存在影响，以及产生怎样的影响是一个亟须分析的问题。搜寻现有的文献，只有少数研究探讨了这一问题。蒋俊朋（2013）在他的博士论文中使用1995—2009年中国各省数据，检验了财政收支分权对各省人均财政支农支出和财政支农支出比重的影响。他的研究发现，财政收支分权对两类财政支农支出都有显著的正向效应，地方政府更大的财政分权激励了政府增加对农业的投入。

本节将探讨分税制改革到21世纪头10年的财政分权和国家财政汲取能力（财政收入占GDP比重）对财政支农比重的影响。通过选取1995—2008年中国省级政府财政支农支出面板数据，设定计量模型，检验财政分权对地方财政支农支出的影响。所有变量的数据来源于各年度的《中国统计年鉴》《新中国六十年统计资料汇编》和《全国地市县财政统计资料》。

4.5.1 变量与模型设定

这部分计量分析的因变量为财政支农力度。在我国，20世纪90年代以后，财政支农支出主要由三部分构成：支援农业生产、农林水利气象和国家农业综合开发支出。前两项支出是固有的支农支出，农业综合开发是国家1986年以后新增的一项农业支出，80年代后期到90年代初，这一项目支出显著增加了财政支农比重。此外，国家农业支出还包括财政对农业基本建设支出。然而，统计年鉴或财政年鉴并没有报告各省的农业基建支出，因此我们没有办法将这项支出计算在农业财政支出里。

我们用两个指标从不同角度测量国家财政支农力度。第一个指标是农业支出占财政支出的比重，这是测量国家支农力度的最直接指标。第二个指标是农业从业人口的人均农业支出。不同于既有研究用总人口的人均支农支出，我们认为使用农业从业人口更加准确，因为农业支出的主要目标群体是从事农业生产人口，这些人口平均得到的农业支出数量在增长，更好地体现了国家支农力度的加强。

这部分计量分析的自变量是财政分权。与大多数分析财政分权对中国政府规模、支出结构与公共服务供给影响的研究不同，我们使用的财政分权指标是省以下财政分权，用省内地市县收支占全省收支比重测量省以下财政分权水平。中国财政支农的主要支出者是地方政府，其中尤以地市、县级政府为最重要的财政支农主体。省以下财政分权能够更为准确地测量中国政府的农业支出与农村公共服务下沉于基层的水平，因此省以下财政分权体制对地方政府的财政支农支出的影响应更为重要。农业支出是一项收益率较低的生产性支出，地方政府只有在财政分权较高，可使用的财政资源更多的条件下才会增加对农业领域的支出，否则可能将会更倾向于把有限的财政资源投入其他更具生产性的支出领域。因此我们预测，财政分权与财政支农力度呈现显著正相关关系，尤其省以下财政分权加大了国家财政支农力度。如图 4-5 所示，平均而言，省内的财政收支分权都经历了一个 90 年代持续下降到 2000 年以后逐步上升的过程，其中省内支出分权的上升趋势十分明显，从 2001 年以后快速提高，分权度约提高了 10%。收入分权 1996—2002 年下降速度较快，2002—2007 年后下降速度放缓，2007 年后开始缓慢上升。

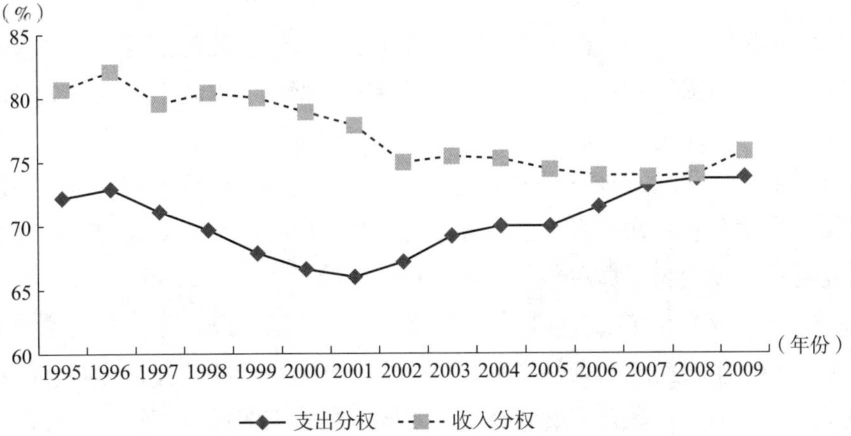

图 4-5　1995—2009 年省以下财政分权平均值

资料来源：《全国地市县财政统计资料》（1995—2009 年）。

控制变量包括财政能力、财政自给率、农业劳动力比重、农业产值比重、粮食产量和外商直接投资占 GDP 比重。首先，国家财政能力用“全财政收入/全省 GDP”来计算。财政能力是国家能力的重要体现，是所有财政支出分配的基础。在国家层面，20 世纪八九十年代财政能力不足是国家推动粮食价格与流通市场化的重要动因之一，也是 80 年代初国家降低农业支出的重要因素，因此这里将控制地方政府财政能力对农业支出的影响。

其次，财政自给率，即全省财政收支差额除以财政支出。分税制改革后，地方政府承担了大多数的财政支出任务，而地方政府财政收入比重却不断下降。地方政府越来越依赖中央政府的转移支付收入，因此地方政府的财政支出分权是建立在转移支付基础上的。转移支付占地方政府财政支付比重越高，财政自给率就越低。财政自给率越低，地方政府越有可能把有限的财政资金投入到那些在短期内能够取得较大经济收益的领域。反之，高财政自给率可能有利于地方政府增加教育、医疗等社会性支出。对于农业支出，财政自给率水平较高的地区，也越有可能增加农业财政支出。

再次，农业劳动力比重和农业产值比重。农业政策的现代化趋同理论认为，随着工业化进程的加快，农业产值比重和农业劳动力比重下降，国家对农业的支持力度也将加大，我们将验证这一理论在中国是否也成立。我们也将分析粮食生产状况对财政支农的影响，用上一年度的粮食产量（自然对数形式）来测量该省面临的粮食生产形势。粮食作为中国最重要的农产品，事关国家粮食安全与社会稳定，一直是中央政府关心的头号农业问题。粮食产量的降低往往影响国家粮食价格政策的调整和农业支出的变动。20 世纪八九十年代的经验表明，每每遇到较大幅度的粮食减产，国家就会增加粮食收购价格，以刺激粮食产量，同时增加农业支出，如建立农业综合开发项目，提高粮食增长潜力。

最后，外商直接投资（FDI）占 GDP 比重。财政分权体制激励了地方政府为经济增长而展开竞争。由于外商直接投资对经济增长具有明显的拉动效应，地方政府就会调整财政支出结构以吸引更多的外商投资，推动本地经济发展。因此外商投资占本地经济的比重也可能影响地方政府的财政支出动机和行为。张军等（2007）研究分析了地方政府 FDI 的数量对地方政府支出的影响。他们研究发现，外商直接投资提高了政府对生产性设施的投资，如基础设施投资。对于农业这种对经济增长贡献较小的领域，地方政府在围绕外商投资的竞争环境下，有可能降低农业支出比重。

我们设定了以下的计量模式：

$$EAGR_{i,t} = \alpha_{i,t} + \beta_1 FD_{i,t} + \beta_2 FC_{i,t} + \beta_3 FS_{i,t} + \beta_4 LA_{i,t} + \beta_5 GA_{i,t} + \beta_6 \text{Ln}G_{i,t} + \beta_7 FDI_{i,t} + \varepsilon_{i.t}$$

其中，i，t 分别表示年份和省份；*EAGR* 表示支农支出比重或劳动从业者人均支农支出；*FD* 表示省以下财政收入（支出）分权；*FS* 表示财政能力；*LA* 指农业从业人员比重或农业产值比重；Ln*G* 是指上一年度粮食产量的自然对数；*FDI* 是上一年度的外商直接投资占 GDP 比重；ε 是误差项。为了决定是运用固定效应模型还是随机效应模型，我们进行了 Hausman 检验，即 Chi-Sq 统计量均在 1%水平上显著大于临界值，说明模型拒绝随机效应（Random Effects），因此应该使用固定效应（Fixed Effects）模型。

表 4-10　变量描述性统计

变量	样本数	均值	标准差	最小值	最大值
支农支出比重（%）	419	7.03	2.80	1.20	18.29
劳动从业者人均支农支出（元）	419	763.76	1774.79	29.05	19328.57
省以下财政收入分权（%）	419	76.51	13.28	2.99	99.07
省以下财政支出分权（%）	419	70.92	10.71	14.60	89.23
财政能力（%）	418	7.05	2.18	3.28	17.52
财政自给率（%）	418	54.83	16.95	17.77	95.49
农业从业人员比重（%）	418	46.88	15.81	4.69	81.83
农业产值比重（%）	418	27.41	12.33	2.05	59.20
上一年度的外商直接投资占 GDP 比重（%）	415	3.30	3.34	0.07	22.74
粮食产量（万吨）	418	1609.92	1165.57	58.00	5245.22

资料来源：历年的《中国统计年鉴》《新中国六十年统计资料汇编》和《全国地市县财政统计资料》。

4.5.2　研究发现

表 4-11 报告了省内财政收支分权对财政支农支出影响的统计分析结果。模型 2 和模型 4 显示，财政支出分权对财政支农支出比重有显著的正向影响：市县政府拥有更大支出权的省份，财政支农支出的比重越高。市

县政府财政支出分权每增加1%，地方财政支农支出比重就上升约0.1%。绝大多数省份的支农支出比重在1995—2008年出现了一个从下降到上升的过程，这一先降后升的趋势在产粮大省，如吉林、江苏、安徽、山东、湖南、河南表现得尤为明显，因此1995—2003年财政分权的下降是地方农业支出比重降低的重要原因。另外，省内财政收入分权对财政支农支出比重影响不显著，这一结果表明地市县政府获得更大份额的财政收入并不能保证他们把财政资金用于农业领域，因此也没有提高地方财政支农比重。

表4-11 省内财政收支分权与财政支农支出比重（1995—2008年）

指标	模型1	模型2	模型3	模型4
省内收入分权	0.013		0.004	
	(0.040)		(0.036)	
省内支出分权		0.125***		0.101**
		(0.034)		(0.042)
农业劳动力比重	-0.035			-0.031
	(0.031)			(0.051)
农业产值比重		0.059	0.062*	0.007
		(0.042)	(0.035)	(0.042)
粮食产量	0.0011*	0.001	0.001*	0.001*
	(0.001)	(0.001)	(0.001)	(0.001)
财政自给率		-0.066*	-0.040	
		(0.037)	(0.040)	
财政汲取能力		0.306*	0.365**	
		(0.174)	(0.164)	
外商投资比重		0.093	0.097	
		(0.067)	(0.081)	
Constant	5.853**	-0.927	3.214	-2.566
	(3.397)	(4.439)	(3.442)	(4.428)
Observations	418	418	415	415
R-squared	0.039	0.077	0.057	0.118

注：*表示在10%的水平上显著、**表示在5%的水平上显著、***表示在1%的水平上显著；括号内数据为标准差；Hausman检验的Chi-Sq统计量均在1%水平上显著大于临界值，拒绝随机效应，故选择固定效应模型（FE）。

财政能力对全省农业财政支出比重有显著的正向影响。地方政府财政汲取能力的增强能够提高地方政府的农业支出力度，提高农业支出在预算支出中的份额。财政自给率对支农支出比重的影响为负，在模型 2 中的负向效应显著，即财政自给率的提高反而略微降低了地方政府增加财政支农支出比重的积极性。这一结果表明，当前地方政府财政支农支出很大程度上依靠中央转移支付，仅靠本级收入可能抑制了地方政府支农的积极性。

根据农业保护政策的现代化趋同理论，一国经济和就业结构中农业比重越小，政府对农业的保护力度越大。从表 4-11 的模型结果来看，中国农业劳动力比重和农业产值比重都对支农支出比重有着一定的影响，在关系上正好出现一正一负的现象。地方政府的农业劳动力比重越高，政府的财政支农比重就越低，这与农业支持政策的现代化趋同理论是一致的。然而，农业产值比重则与财政支农比重呈现正相关关系，但在四个模型中这一正向关系多数情况下并不显著。地区经济越依赖于农业，政府就越可能提高财政支农比重。

无论是全国还是各省，人均农业劳动力支农支出都在 1995—2008 年有了非常大的增长。那么财政分权、财政能力等因素对人均财政支农支出又有何影响？表 4-12 报告了省内财政分权对人均农业劳动力财政支农支出影响的统计分析结果。省内财政支出分权对人均财政支农支出有显著的正向影响。财政支出分权提高了农业劳动力的人均支农支出额，而收入分权对人均支农支出则没有显著影响。各省财政汲取能力对人均支农支出的影响尤其大，地方政府财政收入占 GDP 比重每提高 1%，人均支农支出就提高 900 余元，显然充足的财力是地方政府增加支农支出的基本条件。

表 4-12　省内财政分权、财政能力、农业劳动力与人均支农支出

指标	(1)	(2)	(3)	(4)
支出分权	63.33**		24.93***	
	(29.540)		(17.070)	
收入分权		19.760		-0.044
		(13.990)		(1.780)
农业劳动力比重	-50.41***	9.123	19.61	-9.521***
	(13.540)	(23.680)	(19.860)	(1.836)
农业产值比重	-39.330***	69.740*	72.160**	-6.588***
	(9.461)	(34.460)	(34.070)	(1.270)

续表

指标	(1)	(2)	(3)	(4)
粮食产量	0.198	0.290	0.324	0.097**
	(0.352)	(0.209)	(0.207)	(0.0470)
财政自给率		-18.130	-17.790	
		(12.260)	(12.400)	
财政汲取能力		966.4***	950.7***	
		(302.100)	(311.600)	
外商投资比重		-62.080	-69.410	
		(52.160)	(50.730)	
Constant	-603.1	-9168**	-9923***	590.9***
	(1787)	(3495)	(2859)	(145.8)
Observations	418	415	415	418
R-squared	0.130	0.498	0.498	0.416

注：*表示在10%的水平上显著、**表示在5%的水平上显著、***表示在1%的水平上显著；括号内数据为标准差；Hausman检验的Chi-Sq统计量均在1%水平上显著大于临界值，拒绝随机效应，故选择固定效应模型（FE）。

总之，这一部分的研究表明，财政支出分权显著提高了政府财政支农力度，而收入分权则对财政支农没有显著影响。这一结果说明，地方政府越高的收入自主权并不能确保政府会把更多的财政资金投入农业领域，相反地，由于支出分权赋予了地方政府更大的支出责任，其中就包括中央政府所重视和要求地方政府履行的农业发展责任。由于地方支出分权很大一部分来自中央转移支付，财政支出分权对地方支农支出的正向影响很大程度上源于中央转移支付。此外，文中的统计分析结果还表明，地方政府财政能力是影响政府支农力度的重要因素。地方自有财力越丰厚，对农业的支出力度越强。这一节的发现验证了本书分析框架三个因素之一，即财政体制和能力是影响政府农业政策转型和政府农业支持的重要因素。

4.6 小结

如同其他发展中国家将工业化作为追赶发达国家的战略重心一样，中国将工业化作为社会主义建设的目标。在中共七大的报告中，明确提出中国逐步建立重工业和轻工业，从农业国转变为工业国的目标。如何为工业建设积累资金是工业化要解决的首要问题。新中国成立以后，一穷二白的国内环境和封锁的外部环境使得我国选择了内部积累资金和工业化优先战略，而农业扮演着为工业化提供资金和原料的角色。在财政资源十分有限的条件下，国家的农业政策也以汲取和有限推动为基本导向。另外，吃饭问题无疑是另一个核心问题，只有提高农产品产量，才能保证粮食安全。总之，工业发展依靠农业，吃饭问题更是依靠农业，执政者的农业政策就必然是“汲取—推动”双重导向的。在理性的“汲取—推动”政策中，推动的目的是汲取，汲取的前提是推动。1953 年以后，工业化优先观念、工业建设加速引发的城市粮食问题和城乡粮食供给压力，促使了中央政府启动农业统购统销政策，这一政策为国家工业化提供数千亿元的积累资金。

改革开放后，农业产量前所未有的快速增长和农民实现温饱，表明改革开放后政府对农业实施了十分有成效的推动政策。这些改革措施包括农业生产制度变革、农产品统购价格调整和农业财政投入等方面。改革开放后伴随着人民公社制度的解体和农业家庭联产承包责任制的建立，农业生产力得到了极大的发展，这一制度变革成为改革开放初期最大的农业推动政策。政府希望通过制度变革，包括生产制度与统购价格的提升来振兴农业，以此取代政府的财政投入。正因为农业制度推动的农业增长如此显著，传统的农业推动政策有所放松，表现为对农业财政投入的持续下降，农业基建支出比重也不断降低，农业积累的资金，如信贷资源也更多地用于非农产业。这一时期国家通过发展社队和乡镇企业给农业提供资金，同时强调在农田水利设施建设和运营方面更多地实施市场化经营。农业财政投入和资金支持的不足引发了 20 世纪 80 年代后期农业生产的大幅下滑。粮食减产促使政府在 80 年代重新增加了农业投入。然而这一过程并没有持续太长时间，80 年代后期到 90 年代，由于政策观念的城市导向，改革重心从农村转向城市，农业投入在 20 世纪 90 年代持续降低。特别是分税制改革后，财政体制的变革对政府财政支农力度产生了较大的冲击。

回顾 20 世纪 80 年代和 90 年代的农业推动政策历史，可以明显地发现，观念变迁、财政能力和体制对塑造这一时期农业推动政策发挥着决定性作用。政策观念的变迁及其引发的政策改革诱发了 80 年代初期最重要的农业推动政策，同时，这一时期市场化与权责利下放基层的观念盛行一时，导致这一时期农业政策呈现明显的市场化导向，在农业政策上表现为农业推动政策的不足和农业财政投入比重的持续下滑，大量的农业投入责任转移给了农户、乡镇企业等个人和组织。90 年代以后，国家改革战略议程从农业转向城市，而农村的改革集中在建立市场经济导向的农产品流通体制，其主要目的是为城市经济体制与价格改革服务。在包产到户的所有制改革和农产品价格改革的红利消失殆尽后，改革战略的转移导致最重要的农业推动政策——农业财政投入不断下降。

改革开放后的农业推动政策受到公共财政因素的影响越来越大。20 世纪 80 年代由于财政包干体制导致国家财政能力持续下降，因而财力不足是地方降低农业投入的直接诱因。90 年代后分税制改革使得国家能力得以提升，但是分税制改革引发的财政体制的中央集权趋势，导致了地方财政收支分权的降低，从而削弱了地方财政支农的积极性。因此，财政分权的下降是 90 年代地方政府支农力度持续下降的重要原因。

第5章

5

农产品价格政策的演变：从市场化到价格支持

20 世纪 70 年代末到 80 年代初的农产品价格改革开启了中国农业福利政策建设的第二阶段，即在农业推动政策基础上的市场化转型阶段，从扭曲性的价格走向市场化价格。从 20 世纪 90 年代到 21 世纪初，市场化导向的价格政策进一步转向价格支持政策，开启了中国农业福利政策建设的第三阶段。中国农产品价格政策改革和演变持续时间最长，在农业政策改革中难度最大，而且政策走向频繁反复，在计划体制和市场体制，管制价格和放开价格之间来回往复，并受到国家经济体制改革、通胀问题以及国家财政状况等多种因素的影响。但是总体而言，伴随着我国粮食短缺问题的终结，农产品价格政策的既定目标就是走向市场化。

本章分析了 20 世纪 80 年代到 90 年代我国农产品（粮食）价格政策从偏离市场价的统购政策，转向市场化，再到最终实现价格支持政策的演进过程和影响因素。本章共有三个小节：5.1 节分析了 20 世纪八九十年代农产品价格市场化的转型过程，包括 2 个粮食价格体制的市场化改革历程。5.2 节则分析了 1998 年第三轮粮食流通体制改革后，我国农产品价格支持政策的兴起过程。5.3 节是小结。

5.1　20 世纪八九十年代的农业价格市场化改革

农产品价格和流通体制改革是 1984 年以后启动的经济体制改革的重要组成部分，农产品购销价格和流通领域跨越城乡、工农经济，既关系到农业与农民经济增长，又影响了城市居民消费和工业生产成本，其改革方向与经济体制改革的市场化导向是一致的。20 世纪 80 年代以来，中国经济体制改革的总体方向就是从计划经济转向市场经济，商品生产、流通从计划指导转向市场调节。这一转型体现了计划与市场的关系，以及计划与市场哪一种体制更能促进经济增长的观念转变。

在改革开放前和改革开放之初，主流的经济观念仍然认为市场经济属于资本主义，而社会主义经济是公有制经济，公有制经济体制是计划体制。在其后的改革进程中，国家在社会主义经济所有制和经济管理体制上的观念不断转变，对商品经济、市场经济与非公有制经济的态度从消极转变为积极，对商品经济的认识从"必要的补充"转变为"辅助地位"。经过"以计划经济为主，市场调节为辅"还是"社会主义商品经济"的争论，对经济体制的观念逐渐转向"有计划的商品经济"，从而扭转了商品经济和计划经济的主次地位，最终在1992年提出"社会主义市场经济"，把市场经济确立为中国基本经济体制（见表5-1）。

表5-1　改革开放以来关于社会主义经济体制观念的演变（1979—1992年）

年份	观念提出者	简要内容
1979	邓小平	我们是计划经济为主，也结合市场经济，但这是社会主义的市场经济。市场经济不能说是资本主义的。社会主义也可以搞市场经济[a]
1981	中共十一届六中全会	必须在公有制基础上实行计划经济，同时发挥市场调节的辅助作用[b]
1982	中共十二大	经济计划的综合平衡和市场调节的辅助作用[c]
1984	中共十二届三中全会	社会主义经济是在公有制基础上的有计划的商品经济[d]
1991	江泽民	有计划的商品经济，计划经济和市场调节相结合[e]
1992	邓小平	市场经济不等于资本主义，社会主义也有市场；计划经济不等于社会主义，资本主义也有计划[f]
1994	江泽民	中国经济体制改革的目标是建立"社会主义市场经济体制"[g]

资料来源：a. 邓小平在会见美国不列颠百科全书编委会副主席吉布尼和加拿大麦吉尔大学东亚研究所主任林达光等外国客人时的谈话，载于《邓小平文选》第二卷。

b. 中共十一届六中全会《关于建国以来党的若干历史问题的决议》。

c.《全面开创社会主义现代化建设的新局面》，胡耀邦在中国共产党第十二次全国代表大会上的报告。

d. 中共十二届三中全会《中共中央关于经济体制改革的决定》。

e. 江泽民《在庆祝中国共产党成立七十周年大会上的讲话》，载于《新时期经济体制改革重要文献选编（上）》。

f. 在武昌、深圳、珠海、上海等地的谈话要点（一九九二年一月十八日—二月二十一日），载于《邓小平文选》第三卷。

g. 中共十四大报告：《加快改革开放和现代化建设步伐，夺取有中国特色社会主义事业的更大胜利》。

5.1.1　20世纪80年代第一轮价格体制改革

改革开放之初，以计划经济为主、商品经济为辅的观念在农产品价格与流通体制上表现为“国家统购为主，农村集市贸易为辅”的政策。中共十一届三中全会决议将自留地、家庭副业和集市贸易这些农村商品经济元素定位为社会主义计划经济的必要补充。农民在缴纳农业税、交售国家统购粮食后的余粮可以在集市自由买卖。在农产品流通仍然由政府控制的条件下，国家统购价格是国家调动农民生产积极性、提高农产品产量的主要政策工具。相较于改革开放前粮食收购价格长期停滞的局面，改革初期国家补偿性地大幅提高大多数农产品的收购价格。1979年正值夏粮收割，国家提高粮食收购价20%，超购价则增加50%，其他农产品，如棉花、油料、糖等收购价也有所增加。相对于1978年，油菜统购价提高了26%，皮棉提高了28%，生猪提高了23%（见表5-2），与此同时，农民生产资料平均价格则下降了10%～15%。为了实现对统购和超购后的余粮收集，国家又采取了议价购买的新收购手段。相比于统购和超购的价格，议购价格更接近于市场价格。由于1983—1984年市场价格下降，国家保持不变的超购价与市场价持平，甚至比市场价还高。① 农产品收购价格的大幅上升提高了农民收入和购买力，显著激励了农民农业生产的积极性。有研究发现，在1979—1981年，相比改革开放前十年的粮食价格，中国农民额外获得了462.9亿元的收入（Anderson & Hayami，1986）。麦克米兰等（McMillan，Whalley & Zhu，1989）的研究也认为，这期间22%的农业生产率的提高都直接源于农产品收购价格的提升。

表5-2　主要农产品的国家统购价格（1952—1979年）

单位：元/每公斤

年份	小麦（品种3）	玉米（黄色品种2）	稻米[a]（品种3）	六种谷物平均[b]	皮棉（品种3）	花生	油菜	甘蔗	甜菜	生猪
1952	0.163	0.094	0.113	0.119	1.754	0.327	0.219	0.021	0.330	0.530
1957	0.179	0.116	0.124	0.133	1.713	0.387	0.319	0.023	0.400	0.731

① 夏仲明．三十年粮改的回顾与思考［J］．粮食问题研究，2008（4）：44-48.

续表

年份	小麦（品种3）	玉米（黄色品种2）	稻米[a]（品种3）	六种谷物平均[b]	皮棉（品种3）	花生	油菜	甘蔗	甜菜	生猪
1962	0.235	0.151	0.165	0.180	1.700	0.608	0.455	0.028	0.542	0.915[d]
1965	0.221	0.152	0.169	0.185	1.840	0.608	0.455	0.030	0.546	0.942
1970	0.269	0.182	0.196	0.216	1.856	0.608	0.455	0.030	0.546	0.949
1975	0.269	0.182	0.196	0.218	2.116	0.760	0.560	0.035	0.546	0.989
1977	0.269	0.182	0.196	0.218	2.116	0.760	0.560	0.035	0.060	0.989
1978	0.272	0.176	0.220	0.213	2.305	0.760	0.561	0.035	0.060	0.989
1979	0.330	0.214	0.264	0.257	2.722[c]	0.966	0.715	0.042	0.075	1.251

注：a. 价格为籼稻和粳稻两种产品价格的均值；b. 六种谷物为：小麦、大米、稻米、小米、高粱、大豆；c. 华中和华北价格平均值；d. 1961 年数据。

资料来源：Lardy, N. R. Agriculture in China's Modern Economic Development [M]. Cambridge University Press, 1983: 3.

在计划体制之外，粮食市场也有所放开，市场价格也开始对粮食生产发挥激励效应。1978 年，政府开始允许恢复农村集市。1980 年除了棉花外，其他所有农产品都可以在完成国家收购任务后在自由市场买卖。1982 年开始，解除了对远距离农产品贩运的限制（粮食除外），允许私人收购和运输粮食。国家降低粮食统购量进一步刺激了粮食市场的扩张。如表 5-3 所示，1978—1985 年，向市场销售的粮食比重从 0 上升到 15.8%，粮食流通的市场化水平显著提高。与此同时，国家收购也越来越倾向于市场化。国家统购或定购的粮食占国家粮食收购总量之比从 1977 年的接近 80%，降低到 1982 年的 42.06%，而以超购价和协议价购买的粮食比重从 1979 年的 37%提高到 1984 年的 71%，这两类价格都比统购定购价更接近于市场价。在上述粮食销售市场化措施的刺激下，全国集市数量和集市贸易额迅猛增长，城乡集市数量从 1978 年的 3.3 万个增长到 1986 年的 6.8 万个。[①] 1984 年，自由市场销售的粮食（市场销售加上协议销售的粮食）总量已经占全部销售粮食量的 32%。[②]

① 中国商业年鉴（1987）[M]. 北京：中国商业年鉴社，1988：111.

② 国家统计局. 中国农业年鉴（1989）[M]. 北京：中国统计出版社，1990：612，627.

表 5-3　粮食销售与国家收购量

年份	(1) 销售的粮食			(2) 国家收购（百万吨）	(3) 统购或合同定购（百万吨）	(4) 统购、合同定购比重（%）((3) / (2))	(5) 超购和协议购买比重（%）
	总量（百万吨）	卖给国家（%）	卖给市场（%）				
1977	47.67	100.00	0.00	47.67	37.75	79.19	
1978	50.73	100.00	0.00	50.73	37.75	74.41	
1979	60.10	95.80	4.20	57.57	35.00	60.80	37
1980	61.29	93.10	6.90	57.07	34.33	60.15	42
1981	68.46	92.40	7.6	63.24	30.28	47.88	50
1982	78.06	92.40	7.60	72.09	30.32	42.06	50
1983	102.49	94.40	5.60	96.74			65
1984	117.25	91.70	8.30	107.48			71
1985	107.63	84.20	15.80	90.62	75.00	82.76	
1986	115.16	83.50	16.50	96.15	60.75	63.18	33
1987	120.92	82.00	18.00	99.20	50.00	50.40	43
1988	119.95				50.00		

资料来源：Kueh 和 Ash（1993）。

1980—1984 年的粮食产量超常规增长，而当时对粮食的有效需求不足，产生了粮食过剩问题，对于国有粮食部门来说，当时的粮食面临着收不起、存不下、调不走、销不掉的困境。① 1983 年秋收之际许多省份向中央告急，反映的问题不是缺粮而是缺粮库，地方要求中央从本省调出粮食，而不是调入粮食。1983 年国家共收购粮食 950 亿公斤（贸易粮），比前一年多收 250 亿公斤。农业净征购足够城市人口两年的消费量。1983 年国家粮食库存比上一年增长 37%。1984 年 12 月末库存超过能力一半以上，大量粮食露天存放（300 亿公斤以上），国家已无力将农民要卖的粮食全部收购。②

开放市场、统购价格上调等因素推动的粮食增产过剩，和粮价倒挂体制共同作用下产生了严峻的财政补贴压力。实际上，国家粮食统销价格在 20 世纪 60 年代后一直到 80 年代都基本维持不变。统购价格上调后购销价格差距更大了。国家原则上必须敞开收购农民愿意出售的粮食，在完成统

① 夏仲明．三十年粮改的回顾与思考［J］．粮食问题研究，2008（4）：44-48.

② 高小蒙，向宁．中国农业价格政策分析［M］．杭州：浙江人民出版社，1992：46.

购任务外的粮食要以超购价和协议价购买。国家以超购价和协议价收购的粮食占国家粮食收购量的比例从 1979 年的 37%提高到 1984 年的 71%。一般情况下，超购价低于市场价，但是 1983 年和 1984 年粮食产量猛增，市场价下降，超购价已接近甚至超过市场价，此时对政府而言，要以较高的超购价购买过剩的粮食，同时又要以较低的统销价来供应城市，加上粮食过剩时收购粮食的库存成本，政府的粮食补贴压力越来越沉重。财政的粮食价格补贴规模随之膨胀，1978—1984 年，国家对粮食、棉花、植物油价格补贴额急剧增长，总补贴值从 11 亿元增长到 200 亿元。200 亿元的数额似乎并不太庞大，但 1984 年全国财政总收入也只有 1642 亿元，价格补贴约占预算内财政收入的比重高达 12. 3%（见表 5-4）。所以，1985 年的人民日报社论称，价格补贴对财政带来的负担到了难以为继的程度。①

表 5-4　国家财政中价格补贴支出

年份	财政收入（亿元）	价格补贴总额（亿元）	占财政收入比重（%）	粮油补贴总额（亿元）	占财政收入比重（%）
1978	1132. 26	11. 14	0. 98	11. 14	0. 98
1979	1146. 38	79. 20	6. 91	54. 85	4. 78
1980	1159. 93	117. 71	10. 15	102. 80	8. 86
1981	1175. 79	159. 41	13. 56	142. 22	12. 10
1982	1212. 33	172. 22	14. 21	156. 19	12. 88
1983	1366. 95	197. 37	14. 44	182. 13	13. 32
1984	1642. 86	218. 34	13. 29	201. 67	12. 28
1985	2004. 82	261. 79	13. 06	198. 66	9. 91
1986	2122. 01	257. 48	12. 13	169. 37	7. 98
1987	2199. 35	294. 60	13. 39	195. 43	8. 89
1988	2357. 24	316. 82	13. 44	204. 03	8. 66
1989	2664. 90	373. 55	14. 02	262. 52	9. 85

资料来源：《中国统计年鉴》（1999）。

社会主义商品经济的观念也推动了粮食价格放开与统购政策改革，为农产品价格市场化改革提供了政策基调。1984 年的中共十二届三中全会首次把商品经济的地位提高到社会主义基本经济形态的位置，尽管在商品经

① 尊重价值规律是经济改革的重要一着［N］. 人民日报，1985-05-28（4）.

济前面加上了“公有制基础上的有计划的”限定和条件。按照有计划的商品经济的规划，这次会议指出了农副产品购销倒挂的问题。会议并没有把农产品价格倒挂仅仅作为农业问题，而是将之视为现行价格体系主要的问题之一，认为价格倒挂和其他商品价格问题一样，都是因为价格偏离价值，没有反映供求关系的结果，而解决这一问题的方法就是使商品价格按照等价交换的要求，反映供求关系的变化，也即由市场来调节。尽管会议并没有明确指出农产品购销倒挂问题的具体改革措施，但是从会议召开前中央领导层在起草会议决议的意见来看，中央已经提出了解决的思路。解决这一问题不应该再像以前那样采用降低统购价的方式，因为这样会严重打击农民生产积极性，良性循环的路子是放开价格，让粮食真正成为商品，而国家对消费者进行直接补贴，补贴支出反而会少一点（高尚全，2014）。1984 年底召开的全国农村工作会议提出了建立完善的农产品市场体系，认为这是继家庭联产承包责任制后农村第二步的中心任务，这次会议更为明确地提出了农产品购销体制改革的指导思想，和中共十二届三中全会决议的基本观念一样，即在农村继续进行经济体制改革，在国家计划指导下扩大市场调节，促进农村产业结构合理化，进一步把农村经济搞活。

在发展农村商品经济和突出市场调节的观念指导下，以及在高额价格补贴产生的财政压力推动下，中央政府终于在 1985 年的一号文件《中共中央、国务院关于进一步活跃农村经济的十项政策》中实施了改革开放后的第一次粮食价格改革，即“85 年粮改”。当时向中央主管农业工作的部门提交的一份政策建议备忘录中建议采取积极调整对策，借着粮食过剩的契机，及时结束国家财力刺激农业的超需求增长，相机改革农产品购销体制，使我国农业的持续增长建立在经济规律调节的基础上。中央政府决定对实施 30 余年的粮食统购统销政策作出重大改革（卢锋，2004）。改革的主要思想就是在粮食供给过剩、市场价格较低的有利条件下，多利用市场机制购买粮食。中央政府也决定乘势对粮食统购派购制度进行重大的改革。1985 年 1 月，中央一号文件称农产品统购派购制度的弊端日益显现，已经影响了农村商品生产的发展和经济效益的提高，决定取消粮食统购政策，国家不再向农民下达农产品统购派购任务，改为合同定购。所谓合同定购，即由商业部门在播种季节前与农民协商，签订定购合同，任何单位都不得再向农民下达指令性生产计划。①

最初的国家合同定购不同于国家强制性统购派购，由商业部门在播种季节前与农民协商，签订定购合同，这也就意味着农民可以自由选择是和国家签订定购合同，还是向市场销售。合同定购价并不必然低于市场价，可能高于粮食上市后的市场价，也可能低于市场价。农民签订合同价，等于给自己上一个保险，防止未来市场价过低带来损失。国家商业部门获取合同定购的粮食后，如果不足，可以直接去市场购买，或者以协议价从农民那里购买。因此，新的合同定购政策是粮食流通市场化的重大进展，国家计划逐渐退出，市场对粮食分配逐渐增大。国家也成为市场交易的主体，通过市场买卖来满足粮食出口、城市计划供应，而且通过向市场出售粮食来调节市场。计划的消退还体现在1986年中央政府发布公告，减少中央计划价格的农产品品种，提高地方政府和市场的定价地位。国务院和物价局继续对17种主要农产品制定价格，对11种农产品只提供指导价，地方政府参考指导价自主定价，而其他的农产品价格则由市场确定。这些价格改革政策旨在进一步放松价格管制，逐步使农产品价格走向市场化。对于市场化后可能产生的销售价格上涨的担忧，会议的决议文件中特别强调保证广大城乡居民的生活水平不因价格调整而降低。

1985年粮改的初衷是更多地用市场机制，减少使用财政刺激来调节粮食生产。然而实际上，粮食补贴的财政压力还是迫使政府采取降低合同定购价的方式来降低财政压力。1984年以后，国家暂停提高粮食收购价，1979—1984年各主要农产品的国家统购价格维持不变，国家超购价在1984年后实际上降低了。1985年改革后的粮食定购价改为“倒三七”价格，即新的价格等于统购价的30%加上超购价的70%。从计算方式上看，综合计算后的定购价仍然定得过死，而且价格过低，没有明确地体现种粮成本和市场供求关系。改革后粮食价格回到了改革前的水平，明显低于之前实施的超购价。1986年的粮食价格比1983年低了10%，如1984年宁夏的粮食统购价和超购价格的平均收购价达到0.246元/公斤，而1985年“倒三七”比例价相比下降到0.221元/公斤（陈锡文，1987）。除了价格调低

① 中共中央、国务院关于进一步活跃农村经济的十项政策［Z］. 中华人民共和国国务院公报，1985-02-24；1985年中央一号文件：关于进一步活跃农村经济的十项政策［EB/OL］. http://www.ce.cn/cysc/ztpd/08/ncgg/ngr/200809/24/t20080924_16903087.shtml.

外，国家基于过剩的估计，还减少了定购量，采取了限购政策，在1985年国家和农民签订秋粮合同时，设定了一个收购的封顶数。

表5-5　20世纪80年代主要谷物的国家超购价和议购价变动情况

单位：之/吨

年份	籼稻		粳稻		小麦	玉米
	统购和定购价	超购和定购价	统购和定购价	超购和定购价		
1979	231.4	347.1	297.2	445.8	494.4	321.600
1980	231.4	347.1	297.2	445.8	471.6	321.600
1981	231.4	347.1	297.2	445.8	471.6	321.600
1982	231.4	347.1	297.2	445.8	471.6	321.600
1983	231.4	347.1	297.2	445.8	471.6	321.600
1984	231.4	347.1	297.2	445.8	471.6	321.600
1985	312.0	312.0	401.0	401.0	424.4	289.400
1986	312.0	312.0	401.0	401.0	424.4	289.4/316.4
1987	312/362	312/342	383/440	401/436	424.4	289.4/336.4
1988	312/362	312/352	401/440	401/446	424.4/464.4	289.4/336.4

资料来源：Kueh和Ash（1993）。

“倒三七”的价格实际上给农民释放了消极的生产信号，由于粮食在1984年过剩，市场价大幅降低，卖粮难问题凸显，农民种粮信心大受打击。粮食大省山东省某镇有近10%的农户表示不愿意种责任田，部分农户只种口粮田。正如我们看到的，1984年粮食产量达到历史性高峰的4.07亿吨后，在随后的1985—1988年的四年间，粮食产量一直没有超过1984年的水平，直到1989年才达到4.08亿吨。在此情况下，1981—1985年有效灌溉面积下降了约100万公顷，而机耕面积下降了3053万亩。随着市场价格的逐渐恢复，市场价格和国家收购价格的差距不断拉大，1988年粮食的市场价格已经是国家收购价格的2.4倍了。由于政府合同定购价远低于市场价，农民不愿意把粮食卖给国家，导致国家一度无法完成粮食收购任务。

国家出于财政压力，不愿意承担提高合同定购价的财政成本，因此当粮食产量和国家合同定购出现困难时，粮食收购政策就从先期的市场化改革中退了回去，其结果就是1985年粮食购销制度的市场化改革措施并不彻底，出现了行政干预和市场机制并存的双轨制。1985年国家重新确定合同

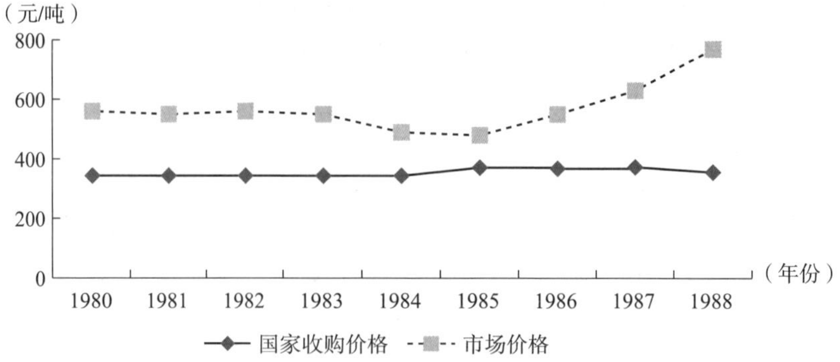

图 5-1 20 世纪 80 年代粮食国家收购价与市场价（1980—1988 年）

注：1. 粮食价格是水稻、玉米和小麦三种粮食平均价；2. 国家收购价是合同定购价、超购和议购价的平均价。

资料来源：作者对历年《中国农业年鉴》报告的粮食市场价格的测算。

定购是一项国家任务，省级以下层层实施奖惩机制，没有完成定购任务的地方政府，必须利用财政资金购买议购粮来弥补。[①] 为了完成合同任务，地方政府对市场进行限制，部分地区即使在收购合同完成后也不允许粮食的自由买卖。同时地方政府封锁地区间的粮食贸易，从而产生了一种名为“放而不开”的现象。计划性收购政策的恢复使国家的农业汲取政策也随之加强，直接的表现就是强制性收购的粮食数量上升。从 1979 年开始，国家计划性收购与合同收购的粮食量显著下降，而市场性的粮食销售量则大幅上升，但 1985 年后计划政策的恢复和强化使国家收购和合同收购量有所回升，远超之前的水平。当然，为了提高粮食产量和国家收购量，国家也实施了一些对农民粮食生产的物质激励措施，除了增加农业财政投入外，也稍微提高了粮食收购价格，如 1986—1988 年的粮食和油料的议购价格大致提高了 8%和 16%。财政负担迫使政府降低了粮食定购和超购价格，尽管在短期内降低了粮油价格补贴，但是也导致了 1985 年以后粮食生产的减退。这一时期的国家农业计划与粮食价格政策大多是为了宏观经济的稳定和国家预算平衡，政策的导向并不是农业生产的稳定增长，反而加剧了农业的波动。政府为了降低财政压力，拒绝进一步提高收购价，甚至降低了超购价和合同价。

① 高小蒙，向宁．中国农业价格政策分析［M］．杭州：浙江人民出版社，1992：71-73.

1988 年和 1989 年国家面临严峻的通胀问题，总体物价指数高涨，粮食市场价格上涨尤为剧烈。国家在 1989 年上调了粮食定购价，粮食的合同定价提高了 16%，油料价格提高了 6.6%，棉花价格提高了 34%。粮食收购价和定购价的上涨进一步拉大了国家购销倒挂的价格补贴额，1985 年国家粮油价格补贴占财政收入比重下降到 9.7%，1986 年进一步降低到 8.0%，但是在粮食价格增幅最大的 1989 年，这一比重又一次上升到 9.7%，而且 1989 年企业亏损额也是整个 20 世纪 80 年代中最高的，国家对企业亏损的补贴高达 598 亿元。中央和地方政府财政负担极为沉重，山东、上海、江苏、浙江等发达省市政府开始征收粮食价格补贴基金来弥补财政压力。为了控制粮食价格增长，控制价格补贴规模，国家转向运用直接的行政干预手段控制粮食价格，进一步收紧了对粮食流通市场的控制。对粮食流通市场的收紧控制无疑是 1978 年以来粮食市场化改革政策的倒退。收紧后，国家直接、间接控制农产品价格的比重提高。1989 年由国家定价的农副产品收购额占农副产品收购总额的 35.3%，1988 年为 24%；1989 年实行的国家指导价的农产品占 24.3%，1988 年则为 19%。完全由市场调节价格的农产品比重从 1988 年的 57%下降到 1989 年的 40.4%。[①]

为了降低财政压力，在收购端采取行政干预的同时，国家开始对粮食销售价格进行市场化改革。国务院农村发展研究中心在河南省新乡市和广西玉林市进行了粮食购销体制改革的试点，提高粮食销售价。1988 年，沿海经济改革的省份，如广东、福建提高定量口粮的销价，广东省将口粮大米由每斤 0.14 元提高到 0.30 元，福建省大米从每斤 0.142 元提高到 0.25 元。江西、山西、云南这些内陆省份对销价的改革仅限于行业用粮和居民定量口粮外的工种粮全部改为议价供应，实际上是提高了这些粮食的销售价。[②] 为了解决购销倒挂问题，越来越多的省市压缩平价粮食的销售，如辽宁省压销的粮食主要是工商业用粮和农村返销粮，把平价粮改为议价供应，议价销售的粮食价格随行就市。1989 年随着粮食收购价的大涨，粮食销售价格大幅度上升，小麦的议销价格上升了 42.4%，大米的议销价格

① 国家统计局城市社会经济调查总队．中国物价统计年鉴（1989）[M]．北京：中国统计出版社，1990：43.

② 国家统计局城市社会经济调查总队．中国物价统计年鉴（1989）[M]．北京：中国统计出版社，1990：140.

上升了51.4%，上升幅度远超收购价。在粮价大幅上涨的条件下，压销平价粮油缓解了地方财政压力，但又加剧了食品价格的上涨。

5.1.2 20世纪90年代第二轮市场化改革

尽管1985年粮食购销的市场化改革被1988年和1989年的通胀中断，但农产品价格与流通的市场化是既定的政策改革方向，因此改革在1991年农产品价格下跌的有利环境下重新启动。在1988年国家调高粮食定购价格，以及“三挂钩”等优惠政策的刺激下，农民种粮热情得以恢复。1990年粮食大丰收，首次超过了1984年的历史最高水平，1991年开始粮食连续三年大丰收，致使全国范围内出现了比1984年更为严重的粮食过剩问题。粮食过剩，市场价格降低再次成为价格市场化改革的有利条件。从1991年开始，国家准备进行第二轮的粮食市场化改革。和1985年改革的推动力量相似，这一轮的改革仍然主要由中央政府确立的社会主义市场经济观念和财政补贴压力所推动，但同样也被通胀中断。

1991年是重启改革的第一年，其标志是中共十三届八中全会通过的关于农业和农村工作的决定，在决定中再次强调了发展农村商品经济的原则和思想，即尊重价值规律，遵循计划经济与市场调节相结合的原则。决议还要求加快粮食购销体制改革，解决粮食收购价偏低和购销价格倒挂问题。于1992年召开的中共十四大会议上的报告不仅确立了社会主义市场经济体制，而且再次强调了农产品价格改革的指导思想：“抓紧进行农产品价格和农村流通体制改革，继续强化市场在农村经济中的调节作用。”① 受到市场经济观念的影响，1993年农产品流通体制的市场化改革进程大大加快。

对于此次粮食生产过剩问题，国家吸取了1985年降价导致粮食减产的教训，没有采用1985年降低收购价的策略。国家首先维持了定购价格不变。既然不能贸然提高定购价，又要保障粮食产量不降低，那就必须采取其他措施。1990年国家率先实施的应急措施是提高收购量，建立了粮食专项储备制度，设立储备基金和风险基金。当年的粮食储备就达到350亿~

① 江泽民在中国共产党第十四次全国代表大会上的报告［EB/OL］央视网，http://news.cntv.cn/china/20120902/102545.shtml.

450 亿斤。[①] 在粮食丰收、市场价下降时，粮食主产区的储备粮食收购价比当地集市粮价高 10%～20%。伴随着国家粮食收储过剩和粮价的下跌，国家财政补贴压力进一步上升，迫使政府加快了粮食价格和购销体制的市场化改革。1985 年粮食市场化改革夭折后，国家只能继续执行购销价格倒挂政策，尽管从 1986 年到 1993 年国家的粮棉油价格补贴数量增长幅度并不大，占财政收入的比重持续降低，如粮棉油价格补贴占财政收入的比重从 1986 年的 8%降低到 1993 年的 5%，但是由于国有粮食部门对粮食收购的增长和原本的库存积累，真正给公共财政带来压力的是粮食部门挂账与财政对粮食企业亏损的补贴。1985 年开始粮食市场化改革，无论是价格补贴还是亏损补贴总额都有所下降，然而 1985 年改革夭折后，价格补贴和粮食企业亏损补贴又重新增长。其中，费用补贴和亏损补贴涨势惊人，截至 1992 年 3 月，全国国有粮食企业财务挂账总额高达 545 亿元，加上粮油价格补贴的 212 亿元，总额占当年财政收入的 22%。尽管粮食企业亏损大部分是由向银行部门借款挂账来维持的，但是这么大的一笔债务，终究要由国家财政来消化，大大增加了国家的财政风险。

当时的中央财政十分困难，以至于中央政府号召全国财政要勒紧裤腰带过日子，指出解决财政困难是整个经济工作的重要环节，各方面都要继续过紧日子。[②] 1992 年中央财政收入不足 1000 亿元，而中央支出却达到 2414.4 亿元，其中补贴地方的有 596 亿元，中央财政赤字超过 1000 亿元，大部分赤字由发行内债和向银行挂账来解决。[③] 受困于财政压力，为了减轻粮食企业亏损挂账，国务院决定在 1992 年提高粮食销售价格，使购销同价。[④] 为了减轻提高销售价格的冲击，对行政事业单位职工、军队武警和大中专学生给予适当的直接补贴。为了解决购销价差造成的政府财政负担，国务院在 1991 年发布《关于调整粮食购销政策有关问题的通知》，要求在销售上减少平价粮油的销售量，平价粮只保证基本口粮和军粮供应。

---

① 张曙光．放开粮价，取消粮票——粮食购销制度变迁研究［EB/OL］．http：//www.usc.cuhk.edu.hk/PaperCollection/Details.aspx？id=545.

② 李鹏．大力调整经济结构努力提高企业效益——1990 年 12 月 1 日在全国计划会议结束时的讲话［Z］．中华人民共和国国务院公报，1991-01-07.

③ 中华人民共和国财政部．中国财政年鉴（1992）［M］．北京：中国财政杂志社，1993：593.

④ 国务院关于提高粮食统销价格的决定（国发〔1992〕15 号）［Z］．1992-03-06.

随后又提高了粮食销售价格，实现购销同价，1991 年 5 月综合每 50 公斤粮食提价 10 元，同时给予城镇职工每月 6 元补贴，把暗补改为明补、从副食品扩展到粮食。① 这一措施意义重大，实现了国家定购和统销价格同价。

与此同时，粮食收购价市场化改革也在地方试点推行。1992 年底，全国约有 20 个省、自治区、直辖市 800 多个县市进行粮食改革试点工作，一些省份试点“管购放销”，而大部分地区试行“购销全放”政策。继广东省 1992 年 4 月 1 日全部放开粮价后，浙江省、江苏省、安徽省、福建省、江西省和上海市也全面放开价格，取消粮票。到 1993 年底，全国 95%以上的市县都完成了放开粮价的改革。② 粮价改革后大大减轻了政府财政负担，扭转了长期以来对城市消费者粮食补贴支出的恶性膨胀局面，如 1991 年全国粮棉油价格补贴为 267.61 亿元，达到改革后的最高值，而 1992 年、1993 年则下降到 224 亿元。将 1991 年和 1993 年进行比较，率先改革的几个省份的财政价格补贴额也有很大幅度的降低。购销价格改革主要改革省市的价格补贴额见表 5-6。

表 5-6 购销价格改革主要改革省市的价格补贴额 单位：万元

省份	1991 年	1992 年	1993 年
广东	119968	71315	95343
浙江	101647	53502	43844
江西	118066	120070	107018
福建	45033	35367	47267
安徽	142030	115212	46500
上海	119089	104308	61999
江苏	184072	229041	54795

资料来源：1991 年数据来源于《中国财政年鉴（1992）》第 919 页，1992 年数据来源于《中国财政年鉴（1993）》，第 609、610、612、614、615、617、624 页。1993 年数据来源于《中国财政年鉴（1994）》，第 367、368、370、372、373、375、382 页。

这次改革比 1985 年改革目标更为彻底，意在全面放开购销价格，实现粮食价格随行就市。1993 年粮食改革文件《国务院关于加快粮食流通体制

① 国务院关于调整粮食购销政策有关问题的通知（国发〔1991〕3 号）[Z]. 1991-01-12.

② 张曙光．放开粮价，取消粮票——粮食购销制度变迁研究 [EB/OL]. http://www.usc.cuhk.edu.hk/PaperCollection/Details.aspx? id=545.

改革的通知》指明改革要“放开价格，放开经营，增强粮食企业活力，减轻国家财政负担，进一步向粮食商品化、经营市场化方向发展”。这次改革不同于 20 世纪 80 年代销价不变、压低购价、减少财政负担的思路，而是把改革的目标指向了平价粮食压销和提高粮食销价，等于把市场化改革引向城市居民销价领域。这次的粮食价格改革是要彻底地使粮食价格和财政补贴脱钩。

然而，像 1985 年粮食改革一样，1994 年的通胀再次影响了 1993 年的粮价市场化改革。继 1988 年通货膨胀后，1994 年又一轮严重的通胀来袭，再加上粮食产量的下降，使经济和农业形势更为严峻。这次自 1978 年以来最严重的通货膨胀产生的原因是投资过旺和农业发展的减退。1994 年固定资产投资增长过快，部分地方和部门投资规模盲目扩大，全社会固定资产投资增长率高达 86.5%。地方政府对粮食生产重视不足，1991—1994 年耕地面积连续四年下降，播种面积也在 1992 年和 1993 年大幅下降，导致 1994 年粮食产量下降了 1138.7 万吨，市场粮价大幅上涨。

受经济过热和粮食产量下滑的影响，1994 年全国商品零售价格和居民消费价格分别上涨 21.7%和 24.1%。以粮食为主导的食品类价格（包括粮食、食用植物油、肉禽及其制品、蛋、水产品、鲜菜、饮食等）全年平均上涨 35.2%，比各类商品平均涨幅高出 13.5%。粮食产量降低需要提高定购价，而提高定购价势必加重价格上涨趋势。两难困境下，国家采取了类似 1988 年的行政强制手段，其政策代价是粮食价格改革又一次倒退。1993 年全面放开价格政策被放弃了，粮食价格体制又恢复了之前的双轨制，在粮食生产和流通方面加强了行政控制。国家对合同定购粮食的收购价恢复实行国家定价，在此基础上才放心大幅度提高合同定购粮食的收购价格，同时议购和集市粮价也有较大上升。国家还加强管制非国有粮食经营主体，中央政府要求国有粮食部门收购全社会商品粮的 70%~80%，清理整顿多元的粮食批发企业，并在交通运输领域对粮食批发企业加强管理。恢复由国家制定粮食定购价实际上是为了降低通货膨胀对粮食价格的影响，继续保持较低的城镇居民消费价格。

为了稳定城镇粮食零售价，国务院于 1995 年 4 月 7 日发布《国务院关于继续做好稳定粮油价格工作的通知》。各地采取积极措施稳定粮食价格，国有粮店平价供应部分粮食的销售价格保持了基本稳定。面粉、籼米、粳米 3 种粮食平均零售价格大体稳定在上一年度每 500 克 1.0 元左右的水平。但从第二季度起，部分地区陆续调整粮食供应办法，减少平价供应，还有个别地方在下半年提高平价粮食销售价格。1996 年国务院决定，在提高粮食定购价格后，提高城镇居民口粮的销售价格，但是仍然坚持粮食销售价格要低于市场价的原则。

5.1.3 20 世纪 90 年代末到 21 世纪初粮食市场化改革的实现

1998 年第三次粮食过剩问题使国家控制的购销体制问题不断恶化，其中最为突出的仍然是国家财政补贴负担沉重，因此在 1998 年粮食市场价大跌的环境下，中央政府再次启动粮食体制改革。改革的主要目标之一是保护农民利益，避免粮食产量波动引起的价格波动。改革的举措是重建国家控制的粮食购销体制。改革的另一个目标就是减轻财政负担，特别是减少粮食企业的巨额亏损。然而，由于政府从未成功垄断粮源，私营粮食收购商禁而不绝，私商经营成本远低于国有粮食企业，粮食销售价格低于国有粮企，因此顺价销售并不顺利，国有企业粮食库存不降反增。以粮食生产大省吉林省为例，粮改后地方财政负担不断加重，粮食风险基金补助大增。1997 年吉林省财政支付风险基金 5.6 亿元，1998 年增加到 12 亿元，2000 年省财政应支付粮食风险基金 14 亿元。1998 年粮食企业超周转库存 360 亿斤，1999 年增长了 110 亿斤，2000 年进一步提高到 554 亿斤，2001 年更高。粮食库存增加的主要原因在于顺价销售困难。一些粮食企业并不积极进行顺价销售，而是乐于领取财政的超储补贴。国家粮食库存也不断增加。2000 年国家不仅增加了粮食风险基金规模，而且还增加了 200 亿公斤的粮食仓储的建库规模。①

由于 1998 年粮食体制改革成效不明显，粮食市场价仍然持续降低，导致粮食企业亏损问题反而更加严重，因此政策退回到 1993 年购销市场化的改革路径上去，在 2001 年实施了“放开销区、保护产区、省长负责、加强调控”新的改革措施，在粮食主销区实行粮食购销市场化改革。最终，2004 年国务院印发了《关于进一步深化粮食流通体制改革的意见》，规定全面放开粮食购销市场，重新恢复购销多渠道经营。至此，二十余年的粮

① 中国农业年鉴编辑委员会．中国农业年鉴（2002）[M]．北京：中国农业出版社，2003.

食市场化改革才基本完成。

5.2　农业价格支持政策的产生

20 世纪八九十年代，汲取和扭曲型农业价格政策逐渐被放弃，国家放松对粮食等农产品的计划管控和价格扭曲政策，逐渐实现了农产品购销的市场化。然而，随着我国经济增长和工业化的发展，农业的先天弱势不断显现。在农业推动政策的促进下，农业产量增长迅猛，粮食过剩问题频繁出现，粮食价格波动频繁，农民收入增长缓慢，工农收入差距逐渐拉大。这些问题客观上要求政府改变农业政策，实施更加有力的农业保护。政府的农业政策从旨在提高农产品产量增长的推动政策和促进农产品流通的市场化政策转向保护农产品价格的价格支持政策。农业价格支持政策旨在降低农产品价格波动的影响，在农产品市场价格较低时，农民以高于市场的价格向国家销售农产品，获得稳定收入。

国家粮食收购的保护价政策始于 1993 年。由于 1993 年的粮食过剩，粮食市场价格下跌，国家要求对议购粮按市场价收购，当市场粮价低于定购粮价时，要按当地政府规定的保护价格收购。保护价的实施范围限于退出国家定购和专项储备的粮食。在未放开粮食收购价的地方，对原定购粮要执行国家定价。已经放开粮食收购价格的国家收购，在市价低于保护价时按保护价格收购，保护价参照定购价制定。1993 年国务院制定粮食收购保护价格的基准价为：每 50 公斤北方冬小麦 32.5 元，南方冬小麦 31 元，关内玉米 21 元，关外玉米 20 元，大豆 45 元，早籼稻 21 元，中籼稻 26 元，晚籼稻 28 元，北方粳稻 35 元，南方粳稻 31.5 元。[①] 因此，当时的保护价实质上是定购价，尽管在市场价下跌严重的部分时间里定购价高于市场价，但在总体上定购价仍然低于市场价。1993 年的保护价政策实施的效果十分有限，一部分原因是 1994 年粮食价格疯涨，通胀严重，市场价格远超过定购价。此外，部分地区保护价实施效果并不好。部分地区由于粮食风险基金不足，财力有限，特别是农业大省财政普遍困难，无力按保护价

---

① 国务院关于建立粮食收购保护价格制度的通知［EB/OL］. 人民网，http：//www.people.com.cn/item/flfgk/gwyfg/1993/112207199311.html.

大量收购，而且地方政府也担心保护价收购会加剧粮食企业亏损。

1994 年和 1996 年大幅度地提高了粮食定购价，从而使之高于当时的市场价，在这种意义上，1994 年和 1996 年的定购价发挥着保护价的作用。正是由于这两年高于市场价的保护价对农业生产的刺激效应，导致粮食生产在 1995—1998 年连续四年大丰收，这是 1998 年粮食空前过剩的主要原因。1998 年实施的保护价政策也是真正意义上的价格支持政策，因为这一年粮食市场价格降低到 1993 年以来的最低点，而以不变价格计算，这一年的粮食价格为 1978 年以来的最低点。1998 年的粮食保护价也事实上高于市场价。

和 1993 年制定保护价政策的目的一样，1998 年的粮食改革内容加入保护价政策也是在粮食市场价格持续几年下降、农民收入增长减速的背景下作出的。由于价格下降过猛，1997—1999 年农民人均纯收入实际增长率年均只有 4. 2%，远低于 1996 年的 9%。中央政府也感到价格下跌、农民增产不增收的压力。在 1998 年的中央农村工作会议上，中央直指近几年来农产品销售不畅、价格下跌和农民收入增长速度下降这几大问题，要求把增加农民收入作为农村工作的重心。因此，尽管粮食保护价可能增加国有粮食企业的财务负担，增加政府的财政压力，但是中央政府仍然要求按保护价敞开收购，同时采取诸如垄断粮源、收购资金封闭运行、粮食企业内部改革等手段消除保护价政策对企业亏损的不利影响。

然而，由于地方政府是实施粮食收购保护价的主体，国有粮食企业的费用和收购资金利息也主要由地方政府粮食风险基金承担，因此政府的财政补助能力也就决定了保护价实施的力度与覆盖的范围。在将粮食定购价和保护价定价权下放到省一级政府之后，1998 年为了使保护价更接近于市场价，保证国有粮食企业顺价销售粮食，减低财政补贴规模，各地纷纷降低了保护价水平。绝大部分地区对粮食定购价格和保护价格都作了下调。小麦、稻谷、玉米 3 种粮食收购价格总水平（按定购价和保护价平均计算）下调了 6%左右，其中，定购价格由上年每 50 公斤 71 元降为 66. 3 元，下调约 7%；保护价由 63 元降为 59. 7 元，下调约 5%。[①]

同样是出于财政减负的目的，在保护价政策实施之初，地方政府常常

① 中国农业年鉴编辑委员会．中国农业年鉴（1998）［M］．北京：中国农业出版社，1999.

收缩保护价范围。1999年国家收缩了保护价覆盖范围，东北三省及内蒙古东部、河北北部、山西北部的春小麦和南方早籼稻、江南小麦较大幅度调低了收购保护价水平，并从2000年新粮上市起退出保护价收购范围。同时放开定购价格，定购价格可以调低到保护价。2000年和2001年，国家又进一步收缩粮食收购保护价的覆盖范围，规定从2000年新粮上市起，长江流域及其以南地区的玉米退出保护价收购范围。① 由于1998年粮食体制改革成效不显著，粮食市场价仍然持续降低，粮食仓储企业亏损问题反而更加严重，于是国家在粮食主销区实行粮食购销市场化改革。粮食主产区尽管也还在实施保护价敞开收购政策，但是保护价范围进一步缩小。2001年自新粮上市起，晋冀鲁豫等地区的玉米、稻谷退出保护价收购范围。中央政府把保护价收购范围限定在长江中游地区的中、晚稻谷，东北地区的优等稻谷，黄淮海地区的小麦以及东北地区和内蒙古东部的玉米（张志栋，2014）。2002年，国家将粮食保护价收购覆盖范围限定为粮食主产区，主销区和大部分产销平衡区都被排除在保护价政策实施之外。总的来看，各主产区出台的粮食收购保护价水平比上年有所降低。2003年再次缩小了保护价的收购范围，这次削减主要是省内部分区域退出保护价收购。总而言之，受财政压力的影响，在保护价政策实施之初（1998—2003年），国家保护价不仅实施的范围不断缩小，而且水平也在不断降低。

然而，粮食问题总是对农业政策产生显著的扭转作用。1999年以来的持续粮食减产和农民收入下滑问题扭转了保护价紧缩的颓势。1999—2003年，粮食产量、粮食种植面积全面下滑。2004年，国家粮食产量已经倒退到不足1991年的水平，是1990年来的最低水平，农民收入增长也陷入低谷。粮食减产和农民增收滞后问题迫使中央改变保护价政策缩减的初衷，开启了2004年新一轮的粮改，这次改革不仅彻底实现了粮食价格和流通体制的市场化，而且还将保护价政策和粮食直接补贴政策结合起来，增加对农民的支持与补贴。2004年国务院印发的《关于进一步深化粮食流通体制改革的意见》，规定全面放开粮食购销市场，重新恢复购销多渠道经营，实施对农民的粮食直补政策。同时粮改政策要求继续对短缺的重点粮食品

① 国务院办公厅发出通知今年部分粮食品种退出保护价收购范围［N］. 人民日报，2000-02-28(2).

种在粮食主产区实行最低收购价政策。从此，最低收购价取代了90年代的保护价政策，正式成为中国的粮食价格支持政策。

进入21世纪以后，国家财力，特别是中央财力的猛增是2004年粮改与国家提高粮食保护价，巩固农业价格支持政策的重要因素。1998年之所以出现粮食收购保护价水平降低、覆盖规模缩减现象，除了改革成效式微，粮食企业亏损继续增长等财政负担加重因素外，最主要的原因就是中央和地方的财政能力还未有大的突破，尽管在1994年实施了分税制改革，但是1998年全国财政还未突破1万亿元，中央财政收入刚刚和地方财政齐平。但是，进入21世纪后，中央财政状况就大大改善。2000年全国财政收入达到13395亿元，中央财政收入占52%，到2004年全国财政猛增到26396亿元，其中中央财政收入为14503亿元，占全国的比重提高到55%，这加大了中央对地方的财政补助力度。在2001年，中央政府就扩大了对粮食主产区粮食风险基金的补助规模，当时中央和地方对粮食风险基金筹资的责任分摊是1∶1.5，地方负主要筹资责任。2004年以后，中央对地方粮食风险基金补助规模越来越大，2009年以后中央干脆取消了粮食主产区粮食风险基金配套责任。曾经困扰财政多年的价格补贴问题随着财政盘子的扩张也早已不再突出，2006年价格补贴占财政支出的比重降低到不足2%。

如图5-2所示，根据OECD国家农业生产者支持测算的数据，中国农业价格政策在2000年之前还存在价格负向支持阶段，即农产品政策价格低于市场价，农业处于价格扭曲和政策性汲取状态。但是在2000年以后，农业价格支持水平由负转正，表明农业价格开始受到政策性支持。在2004年以后，除了2008年受到金融危机影响外，其他年份农业价格支持力度增长迅速，到2012年农业价格支持水平已经超过7000亿元。

5.3 小结

本章论述了20世纪80年代到2004年我国农产品价格政策的演变过程及其背后的影响因素。总结起来，这个过程经历了两个阶段：第一阶段是市场化转型阶段，即从统购统销政策转向价格和流通的市场化，这一阶段改革从80年代初到2004年，经过四次粮食购销体制改革才最终实现。第二阶段是在市场化改革的基础上走向农产品价格支持政策。相对于不断反

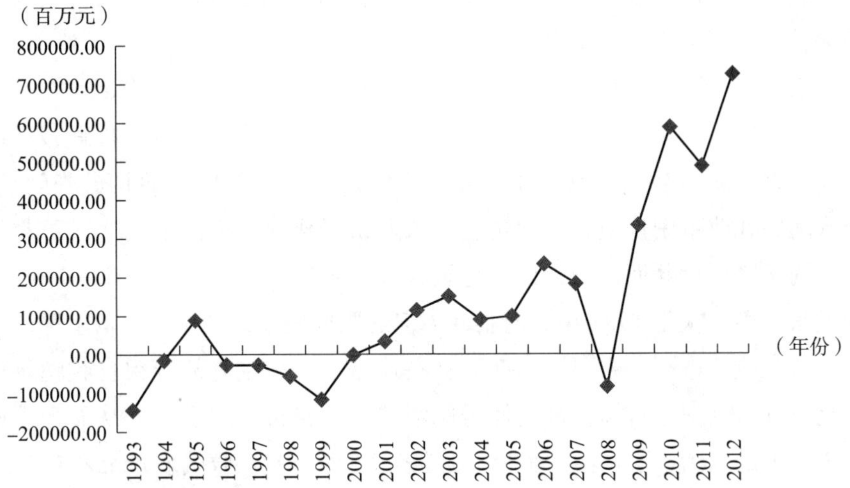

图 5-2 中国农业价格支持水平变化情况（1993—2012 年）

资料来源：OECD Producer and Consumer Support Estimates database.

复，几次夭折的市场化改革，价格支持政策的形成和发展相对顺利，从 1998 年粮食流通体制改革开始到 2004 年最低收购价政策的最终确立，是粮食市场化改革水到渠成的结果。

观念、问题压力和公共财政三个因素都对农业市场化改革和价格支持政策的发展产生了重要影响，特别是对曲折的市场化改革的影响尤为关键。首先，市场导向改革观念的确立奠定了农产品价格与流通体制市场化改革的基础。尽管市场化改革受到问题压力与财政因素的阻碍而几经挫折，但是一旦解决通胀问题，市场化改革的既定路径就会恢复，持续推动着农产品购销价格和流通体制的市场化进程。

其次，财政因素在农产品市场化改革过程发挥着不可替代的作用。国家对粮食购销的财政补贴压力对推动农产品市场化改革发挥着重要的作用。20 世纪 80 年代初国家推动粮食流通体制的市场化改革，除了市场观念的主导性作用外，财政压力也是一个重要的诱因。国家提高粮食收购价格刺激了农业的巨大增收，粮食过剩问题随之产生，国家粮食收购成本不断攀升，更严重的是粮食购销价格倒挂产生了巨额的财政补贴和国有粮食企业亏损，从而给国家带来了巨大的财政包袱。在财政补贴和财务亏损压力下，国家加快了粮食购销价格体制市场化改革，逐步废除统购统销制度，放开私人购销市场，同时以接近市场价的合同定购价收购粮食，在销售端扩大市场价粮食的销售范围。

最后，问题压力也在农产品市场化过程中发挥着独特的作用。在改革历程中，问题表现为多方面，包括宏观经济层面的通胀问题、粮食减产问题和粮食过剩问题等，但是在改革过程中发挥作用最明显的是通胀问题。通胀问题在改革中扮演着负面角色，农业市场化改革中的前两次改革都被当时的通胀所打断而回归到计划与国家管制体制，第一次是 1988—1989 年的通胀，第二次是 1994 年的通胀。为何通胀问题下的消费品价格上涨会打断市场化改革进程？主要原因在于：在通胀下，无论是放开粮食收购价格还是放开粮食销售价格，都会使居民消费品价格进一步上涨，从而让政府面临巨大的政治社会风险。另外，通胀也使得国家在收购农产品中产生更大的财政成本，这也是中央和地方政府难以承受的。因此在通胀环境下，最关键的是稳定农产品购销价格。这也就可以解释为何在 1988—1989 年的通胀时期，政府压低粮食定购价，同时收紧了对粮食流通体制的控制，国家直接和间接控制价格的农产品比重迅速上升。1993 年粮改本来计划实施彻底的市场化改革，但是 1994 年的通胀使得居民消费品价格上涨 20% 以上，计划手段再次回归，包括粮食收购价格的国家定价和粮食流通领域的国家垄断比例上升，其主要目的也是维持城市粮食销售价的稳定。

第6章

农业税收政策的调整

6

本书第 5 章分析了农产品价格政策从改革前的统购统销体制逐渐走向市场化，并最终在 2004 年以后转向农业价格支持政策的过程。然而，作为农业汲取政策的最后遗留，我国农业税收政策改革却相对滞后于农业生产、农产品价格与流通制度。在帝制时代，农业是国家赋税的主要来源。新中国成立以来，特别是改革开放以来，工业化进程的加速使得国家财政收入结构发生了根本性的转变，以增值税、营业税和企业所得税为代表的第二、第三产业税收成为国家财政收入的主体，农业相关税收在税收结构中的比例日益降低。但是直到 21 世纪初，延续 2000 余年的农业税才被正式废除。农业税费改革为何在其他汲取性的农业政策逐渐退出的情况下却依然坚持到最后？我国农业税费改革过程如何，背后的影响因素是什么？这是本章分析的主要问题。

本章共分四节：6.1 节分析了 20 世纪 80 年代到 90 年代初农民负担加重的成因，重点分析了国家财力虚弱和农村公共物品供给的市场化对农民负担的影响，6.2 节分析了 20 世纪 90 年代中后期农业负担加重的成因及中央政府采取的治理措施，重点分析了 1994 年分税制改革导致的基层财政困难对农民税费负担的直接影响。6.3 节分析了 2000 年以后农业税费改革启动的原因，以及基层财政能力和中央转移支付在改革过程中的作用。6.4 节是小结。

6.1　公共物品准市场化供给与农民负担

在人民公社制度下，生产队决定了农民生产经营和收益分配权，相应的农业税（如公粮）也由生产队负担，因此农民个体感受不到农业税费负担。公社制度瓦解后，生产所得按照“先交够国家的，后留足集体的，剩下的都是自己的”这一原则分配，原来由社队集体承担的国家农业税、村提留和乡统筹及其他农业税费负担开始由农民直接承担，这时农民才切身感受到纳税负担（刘明兴、陶然、徐志刚，2007）。在农业税费改革前的很长时间里，农民承担的农业税费包括国家征收的农业税正税，集体征收的村提留乡统筹（即“三提五统”）①、劳务负担和项目众多的杂项收费。改革开放初期，中央政府实施农民休养生息策略，减轻了农业正税负担。1979 年，党中央发布了《中共中央关于加快农业发展若干问题的决定》，从 1979 年起减少征购粮食 50 亿斤，同时提高了税收的起征点：水稻地区口粮为 400 斤、杂粮地区为 300 斤，每人平均口粮在起征点以下的生产队免征农业税。农业税率从 1979 年的 3.54%降低到 1985 年的 2.73%。② 在农业正税负担逐渐减轻的背景下，20 世纪 80 年代提留统筹，以及其他各项收费不断增加，成为农业税费的主要构成，其总额是农业正税的数倍，是农民负担的主要来源。

农业正税之外的税费根源于 20 世纪 80 年代以来农村公共物品供给的准市场化。农村公共物品的供给本应由公共财政负担，然而基层财政能力的薄弱限制了政府的投入，导致农村公共物品的经费主要通过农业收费和农民集资等形式落在农民身上，相当于由农民自己直接支付。在 20 世纪 80 年代的简政放权改革、中央与地方财政“分灶吃饭”的财政体制改革下，公共物品的供给责任也随之大规模地下放到地方政府。“分灶吃饭”的财政体制使得地方政府的财政收入增幅高于中央财政，更提高了地方政府承担公共物品生产的责任。在地方政府，上级政府与下级政府之间同样实施财政包干制度，将基层公共物品的供给责任下压到基层政府，特别是农村公共物品供给下沉到县乡政府身上。1979—1985 年，政府支农支出比重持续下降。对农业生产和农村经济增长最为重要的农业基本建设投资占政府总基建投资的比重在整个 20 世纪 80 年代都呈现不断降低的趋势，80 年代末占基建投资总额的比重不足 3%。80 年代中期后，国家财政虽然提高了农业支出的比重，但是更多地要求地方配套和农民个体自筹。

① “三提五统”指三项村提留（即公积金、公益金、管理费）和五项乡统筹（乡村教育费、计划生育费、民兵训练费、乡村道路建设费、优抚费）。劳务负担包括义务工和劳动积累工。杂项负担包括各种收费、集资、摊派、罚款等。

② 中华人民共和国财政部《中国农民负担史》编辑委员会．中国农民负担史（第 4 卷）[M]．北京：中国财政经济出版社，1994.

基层政府以自筹资金提供公共物品，实际上与农民形成一种准市场买卖关系。与农业四税相比，各种收费与义务工具有更鲜明的准市场性质。农民直接缴纳的税收有四种，即农业税、牧业税、屠宰税和耕地占用税。政策与法规基本没有规定这些税收收入的支出用途，它们作为地方政府的预算内收入，广泛用于各类政府支出。而包括“三提五统”在内的收费则明确规定了用途，依据 1991 年国务院颁布的《农民承担费用和劳务管理条例》，村提留中的公积金需用于农田水利基本建设、植树造林、购置生产性固定资产和兴办村集体经济这样的生产性支出；公益金用于五保户供养、特别困难户补助、合作医疗保健以及其他集体福利事业；管理费用于村干部报酬和管理开支这类行政支出。乡统筹则用于乡村两级的教育事业、计划生育、优抚、民兵训练、修建乡村道路等民办公助事业。农村教育费附加则用于乡村教育经费筹集。农村义务工主要用于植树造林、防汛、公路建设、修缮校舍等。

集资、摊派收费包括各种服务性收费、生产性收费，如各种各样的社会化服务体系、各级各部门的集资摊派和“达标升级”集资。在 20 世纪 80 年代，国家不断下达一号文件推动农村商品经济发展，促使乡镇企业蓬勃发展，农村对公共物品和发展资金的需求量也与日俱增，然而财政对农村投资跟不上农村经济增速，也低于财政收入增速，导致农村公益事业欠账越来越严重，资金缺口加大，这就势必加剧基层农村公共物品供给的准市场化现象。通过对全国不同省份地区的调查发现 80 年代到 90 年代初农村收费项目种类繁多。1984 年有关调查表明，山东省 99 个乡的农民不合理负担有 11 类 96 项；江苏南通市有 98 项 18194 万元，占农民总负担的 30%左右；宁夏青铜峡市邵西村一个村就多达 36 项 98214 元，占农民总负担的 26.9%；吉林东辽县宴平乡有 24 项 72312 元；河南禹县文殊乡陈东村不合理负担和摊派占农民总负担的 22.18%；辽宁省铁岭县凡河乡长沿沟村为 29.12%（赵云旗，2007）。我们可以从已废除的集资收费项目中窥探农村公共服务供给的准市场化程度。中央政府 1993 年下发的《关于涉及农民负担项目审核处理意见的通知》，取消了 37 项中央和国家机关涉及农民负担的不合理集资和收费项目（见表 6-1），其中大多数是为提供农村基本公共物品向农民征收的。这些基本公共物品包括农村医疗卫生、文化服务、农田水利以及其他基本公共物品。按照公共服务的属性，它们应该由政府财政承担，但却通过集资收费的方式由农民支付。

表 6-1　1993 年中央取消的农村集资收费项目

基本公共服务类	文化服务类	农田水利类	其他公共物品类
农村教育集资	乡镇文化站经费	基本农田建设集资	农村改水集资
农村鼠防集资	农民看电影集资	县乡两级农村水利建设发展基金	农村改厕集资
乡村医疗卫生机构建设	乡镇以下广播网络维护费	农机管理费	农村办电集资
乡村医生补助	乡镇文化站经费	林政管理费	森林资源更新费
血吸虫病防治集资	—	水利工程修建维护管理费	绿化费
乡村医生补助	—	农村水电建设基金	农村集体电话杆线设备更新费
		—	治安联防费
		—	—
		林区管理建设费	—

资料来源：中共中央办公厅、国务院办公厅《关于涉及农民负担项目审核处理意见的通知》（中办发〔1993〕10 号），1993-07-22。

我们以农村教育经费为例说明农村公共物品的准市场化特点。20 世纪八九十年代农村的教育经费很大一部分来自乡村教育费和农民教育集资，“人民教育人民办”的教育筹资方针得到了当时教育委员会主任李铁映的支持。李铁映在回答为什么提“人民教育人民办，办好教育为人民”这一方针时说：“政府各级财政都很困难，没有钱。所以农民出劳力，还出一点资源，比如砖头、木材等，村子里出土地，然后政府再出点钱，群众再捐一点钱，把校舍盖起来了。我首先支持这件事情。”① 中央并不反对教育集资，认为教育集资有必要且发挥了积极作用，教育集资专用于危房改造和修缮、新建校舍，推动了农村“两基”（到 20 世纪末基本普及九年义务教育、基本扫除青壮年文盲）工作的开展，但反对少数地方存在的要求过急、过高，集资数额过大，乱集资、乱收费，甚至打着教育的旗号将集资款挪作他用的现象，强调教育集资必须坚持依法、自愿、量力原则。② 为

① 李铁映．中国教育改革发展探索——李铁映论教育［M］．北京：人民教育出版社，2014.

② 国家教育委员会，国家计划委员会，农业部，财政部．关于印发《农村教育集资管理办法》的通知［EB/OL］．http：//www.people.com.cn/item/flfgk/gwyfg/1997/206014199701.html.

此，中央部委在 1997 年制定了《农村教育集资管理办法》，目的在于规范乡镇政府的教育集资行为。

1985 年之前，农村大多实行“三结合”建设校舍（国家拨款、群众集资、学校勤工俭学收入）。例如，安徽省太和县在 1981 年至 1985 年，国家拨款 268. 8 万元，群众筹集 1133. 1 万元，学校勤工俭学自筹 134 万元兴建校舍，群众集资占校舍建设资金的绝大部分。[①] 1984 年 12 月国务院发出了《国务院关于筹措农村学校办学经费的通知》，第一条规定就是“开辟多种渠道筹措农村学校办学经费。除国家拨给的教育事业费外，乡人民政府可以征收教育事业费附加，并鼓励社会各方面和个人自愿投资在农村办学”。[②] 在地方，县对乡（镇）实行教育经费包干，将预算内教育经费下放给乡（镇）包干使用，不足部分由乡（镇）通过征收教育费附加等办法自筹解决。乡镇政府提留人均收入的 1%作为地方教育费附加，由乡（镇）财政管理。实际上，中央政府将教育事业费附加的征收权、附加率和计征办法决策权都一并打包授予了乡镇政府，赋予其在征收教育费附加上极大的自主权。“各地教育事业费附加率和计征办法，不强求统一，可由乡人民政府每年按本乡经济状况、群众承受能力和发展教育事业需要决定，只需要报上一级人民政府批准便可。”对这笔收费的约束，中央只简单规定防止按人头、地亩摊派计征。1985 年，中央发布了《关于教育体制改革的决定》，强调教育经费要增长，“在今后一定时期内，中央和地方政府的教育拨款的增长，要高于财政经常性收入的增长，并使按在校学生人数平均的教育费用逐年增长”。[③] 中央政府下拨的教育事业费重点发展师范教育和补助贫困地区，其他地区的经费则由自己解决。国家实施教育分级管理，一方面农村中小学教育由乡镇负责，乡财政收入应主要用于教育，另一方面则鼓励地方自主办学和捐资办学以应对教育拨款的不足。

1986 年义务教育法规定了九年制的义务教育标准，国家对地方下达落

---

① 太和县地方志编纂委员会. 太和县地方志［M］. 合肥：黄山书社，1993：313.

② 国务院关于筹措农村学校办学经费的通知（国发〔1984〕174 号）［EB/OL］. http：//www. moe. gov. cn/s78/A05/s8344/moe_ 696/201001/t20100129_ 954. html.

③ 中共中央关于教育体制改革的决定［EB/OL］. http：//www. moe. gov. cn/jyb_ sjzl/moe_ 177/tnull_ 2482. html.

实普及九年义务教育（简称“普九”）的指令，从当年开始实施，1996年前后进行达标验证。对于“普九”政策，县乡政府承担主要的支出责任，农民集资的支出占“普九”经费的多数。江苏省作为一个财政发达省份，在1986年到1995年的“普九”支出中，全省投入的经费合计有167.8亿元，其中政府投入78.98亿元，占46.8%（袁云亭，2008）。考虑到乡镇财政能力有限，乡镇政府财政支出的比重可能更低。1992年以来，“普九”达标在全国铺开，尤其是1996年前后“普六”“普九”验收的强大压力迫使乡村两级大规模地向农民集资和社会借贷。1997年四川省仁寿县面临着上级政府要求全县51个“普六”“普九”尚未达标的乡镇必须在当年全部达标的任务，因此全县至少要增加农民负担和负债2000多万元。①

尽管早在1986年全国人大六届四次会议通过的《中华人民共和国义务教育法》就规定实施义务教育，小学和初中学生免收学费。时任国务院副总理兼国家教委主任李鹏在全国人大六届四次会议上对《中华人民共和国义务教育法（草案）》进行相关说明时指出：“至于是否征收少量杂费，问题比较复杂，原则上应该逐步做到免收杂费，但应视当地财政状况逐步实施，可由省、自治区、直辖市人民政府按实际情况在实施办法中决定。”②《义务教育法实施细则》第十七条则规定：实施义务教育的学校可收取杂费。1986年，原国家教委等四部委制定《关于实施〈义务教育法〉若干问题的意见》指出：“有条件的地方可以免收杂费。条件尚不具备的地方，要向家长作好解释工作，并在当地财政状况许可时，免收杂费。”③可见，政府收取义务教育杂费是不得已而为之，因为地方政府没有足够的财力实施学杂费全免。

20世纪八九十年代农民非税负担总额可以通过基层政府的自筹资金规模来估计。1990年，我国乡镇财政总收入为485亿元，比1986年增长1.1倍，平均每年递增20%，其中预算内收入361亿元，预算外收入31亿元，自筹资金92亿元，分别比1986年增长了86%、181%和241%（孙潭镇、

① 顺民意，得民心——四川仁寿县委书记赵国基改善干群关系的故事［N］．人民日报，2000-01-12（3）．

② 曹振文．对筹措农村义务教育经费问题的管见［J］．教育与经济，1987（3）：7-9．

③ 国务院办公厅转发国家教育委员会等部门关于实施义务教育法若干问题意见的通知（国办发〔1986〕69号）［EB/OL］．https：//www.66law.cn/tiaoli/147592.aspx．

朱钢，1993；谭秋成，2006）。自筹资金在乡镇财政收入中的比重不断加大。黄佩华（Wong，1997）的研究表明，全国范围内，自筹资金占乡镇政府总收入的比重从 1986 年的 11. 7%增长到 1992 年的 21. 5%，财政支出中源于自筹资金的比重更高，达到 26. 5%（见表 6-2）。乡镇政府财政收入中实际的制度外收入的比例可能远比统计数据要高。① 越是经济发达尤其是乡镇企业发达的地区，乡镇财政收入中自筹资金占比越高，其中很大的比例来自乡镇企业上缴的费用。

表 6-2　乡镇政府财政收支占比（1986—1993 年）　%

项目	1986	1987	1988	1989	1990	1991	1992	1993
预算内收入	83. 3	82. 7	80. 0	75. 9	74. 6	72. 0	71. 5	73. 8
预算外收入	5. 0	4. 7	5. 6	6. 0	6. 4	6. 9	7. 1	6. 5
自筹资金	11. 7	12. 6	14. 4	18. 1	19. 0	21. 1	21. 5	19. 8
预算内支出	77. 5	76. 6	74. 3	69. 4	69. 0	66. 3	65. 9	67. 6
预算外支出	6. 4	6. 1	7. 0	7. 2	7. 4	7. 7	7. 6	7. 0
自筹资金	16. 2	17. 3	18. 7	23. 4	25. 6	25. 6	26. 5	25. 4

资料来源：黄佩华（Wong，1997）。

1993 年中央取消了 37 项主要针对农民的公共物品集资收费项目，意味着中央政府开始在改变农村公共服务准市场化供给上走出了重要一步。此后，中央保留给各部门继续执行的收费项目已经大幅减少，且大多是针对具体服务事项的行政性收费，如居民身份证费、户籍管理证件工本费、劳动合同鉴证费、安全卫生检验检疫费和排污费等，然而由于农村主要公共物品由地方政府供给，特别在分税制改革后财政压力加剧的背景下，地方政府并未改变原有的准市场化策略，农民负担在 1993 年整顿后迅速反弹。

6. 2　分税制与农民税费负担

1993 年分税制改革后农民负担进一步加重（赵云旗，2007）。进入 20

① 孙潭镇和朱钢（1993）、樊纲（1995）、林万龙（2002）等人的个案调查表明，自筹资金占乡镇财政收入的比例最高地方可达 91%，最低的也在 40%以上。

世纪90年代以后，农民负担呈现上升趋势，并在1997年达到历史性顶峰（陈俭、段艳，2010）。1994—1997年农民直接上缴国家有关部门的负担年均数是1990—1993年平均数的9倍（国家统计局农调总队，2003）。1994年的分税制改革是农民负担加重最主要的制度因素（张艺雄，2004；Chen，2008）。分税制改革使财政收入从地方政府向中央政府集中，削弱了地方政府的财政权力，但是并未明确划分中央政府与地方政府之间的事权责任，大量公共支出尽管由中央和地方政府共同承担，但地方政府仍要面临更多的事权责任。尽管分税制改革后，中央政府加大了对地方政府的转移支付力度，但是中央政府的转移支付很大比例上归省市政府所有，而县乡基层政府所获有限。省级政府凭借人事任命等行政权力，不仅向下级政府汲取财政收入，而且还有较大的空间向下级政府安排行政任务和事权责任。在行政层级的最底层，县（市）级财政向乡（镇）索取，乡镇财政则向村挤压，最后的负担再次压在农民身上，造成农村“三乱”问题更加严重（贾康、白景明，2002）。

分税制改革造成地方各级政府普遍的财政损失，1993年地方财政一般预算收入占全国财政总收入的比重高达78%，1997年暴跌到49.3%。但是省级政府凭借其优势地位，通过抽取下级财政转嫁了部分损失，因此其财政损失并不太大。省本级财政比重从1993年的12.8%小幅下降到1997年的10.3%，而县级政府的损失则大得多，1993年县本级财政收入占全国财政收入的比重还达到18.5%，1997年则大幅下降到11.1%，降幅达到7.4%。分税制改革前的1987年到1993年，县财政收入占全国的比重是上升的，然而分税制改革打断了这一上升势头。省本级政府的财政优势还体现在分税制改革后的地方财政体制中，省本级财政收入占地方财政收入的比重逆流而上。从1987年到1993年，省本级财政收入占地方政府财政支出的比重从23.8%下降到16.4%，1994年后则止跌上升，提高到1997年的20.9%（见表6-3），到2000年进一步增长到28.8%。在中西部地区，县乡财政收入恶化的趋势更为明显。以陕西和四川两省为例，1994—1999年，陕西省县级财政收入占地方财政收入的比重由54.6%下降到51.6%；四川省县乡财政收入占全省地方财政收入的比重从1994年的60.8%下降到了2001年的45.8%（韩俊、唐卡，2003）。

上述变化趋势清晰地表明，分税制改革后，省级政府也将市县政府财政收入向本级政府集中，导致本级财政收入比重逐年增长。省级财政收入占地方政府比重快速上升的同时，承担的支出责任却并没有显著增加，省本级财政支出占地方财政总支出的比重在 1993 年为 24.5%，到 1997 年只是略微增加到 25%。

表 6-3　地方各级政府财政收支占全国比重　　%

年份	地方合计		省本级				县本级		
	收入	支出	收入	支出	收入占地方收入比	收支比重差额	收入	支出	收支比重差额
1987	66.5	62.6	15.8	21.1	23.8	-5.3	16.1	20.2	-4.1
1989	69.1	68.5	10.7	19.3	15.5	-8.6	16.5	21.3	-4.8
1991	70.2	67.8	9.9	15.7	14.1	-5.8	17.7	22.7	-5.0
1993	78.0	71.7	12.8	17.6	16.4	-4.8	18.5	22.3	-3.8
1995	47.8	70.8	8.7	16.9	17.6	-8.2	11.1	21.2	-10.1
1997	49.3	71.1	10.3	17.8	20.9	-7.5	11.1	20.8	-9.7

资料来源：根据历年《全国地市县财政统计资料》整理。

省级财政集权加剧了县乡财政困难，分税制改革使县级政府面临越来越大的财政压力。在财政收支责任的分配上，县级政府的支出比重远高于收入比重。如表 6-3 所示，1993 年县级政府收支比重之差仅为-3.8%，到 1997 年差额就拉大到-9.7%了，而省级政府的压力明显小很多，1993 年收支比重之差仅为-4.8%，1997 年也仅增加到-7.5%。2000 年地方财政净结余高达 134 亿元，而县、乡财政赤字却不断增加（何成军，2003）。县级财政收支失衡越来越严重，从 1994 年到 1999 年，县财政收入增长了 51%，而支出则剧增了 101.4%。收支差距的拉大导致了县财政的自给率不断降低，在分税制改革的前一年还达到 78%的较高水平，到 1997 年就不足 50%了（贾康、白景明，2002），特别是贫困地区县级财政收不抵支的矛盾尤为突出（李秉龙，2002）。转移支付不足和分配不平衡使其不能完全解决县财政，特别是贫困地区县乡财政财力不足问题，财政之外剩下的就基本上靠预算外收入和自筹经费来解决。

分税制实施后，县级政府感受到了因分税制带来的上级政府财政汲取的压力，也开始改革包干制，仿照上级政府利用行政权力加强财政收入的上移。很快，到1995年，县级政府已经在46.8%的乡镇实施了税收体制改革（赵阳、周飞舟，2000）。财政困难的县政府不约而同地把税收体制改革作为财政纾困的重要手段。在改革前的包干制度下，县与乡财政共同协商下的收入基准和支出上限在一定程度上保证了乡财政收支平衡。然而正如前文所述，县政府为了防止乡财政自利，设计了新体制。在新体制下，县政府变得更加自利，乡政府一方面不得不增加税收，另一方面无法逃避与县政府分享税收，导致乡镇财政状况普遍恶化。无论新老制度，乡镇政府始终处于被动的不平等地位。老包干制或许还有使乡镇政府自利或耍滑头的机会，那么新的混合体制使县级政府对乡镇政府的控制更深了。

分税制以后乡镇财政支出增速惊人。1997年的乡镇总支出是1986年的8.2倍，这意味着全国乡镇财政支出一直以年均22%左右的速度增长，不但超过乡镇财政收入的增长速度，而且超过全国和地方财政支出的增长速度（张军，2000）。以农村义务教育为例，在20世纪80年代农村公办学校的教师工资主要由县政府支付，但到80年代末90年代初，乡镇开始承担这笔费用。尽管县政府也会支付一定的教育财政补贴，但到90年代中后期，县政府的补贴急剧降低。义务教育支出成为乡镇政府最大的支出项目。国务院发展研究中心2002年对中部几省的调查，展现了基层教育财政的负担分配情况。湖北省襄阳县过去10年教育经费中各级财政预算拨款占40.7%，其中，乡级财政占到了34.4%，县财政占到了6.3%，省级以上财政专款仅占0.1%。同样，对江西省泰和县的调查发现，其2000年教育经费总额为6966万元，各级财政预算拨款占59%，其中县财政占13.3%，乡级财政占到了45.7%。河南省鄢陵县2000年教育经费中，各级财政预算拨款占57.5%，其中县财政占9.2%，乡级财政占到48.3%（韩俊、谢扬，2004）。从上述三个县的情况看，教育支出约占县级财政支出的50%左右，而在乡镇一级则占75%左右。分税制改革以来，乡财政状况不断恶化，财政赤字率不断攀升。1995年，我国赤字乡镇占乡镇总数的28%（赵云旗，2000），到1999年，在全国45000个乡级财政中，需要上级补助的乡镇高达52%（何成军，2003）。

表 6-4　分税制改革前后农民税费负担情况（1990—2000 年）

年份	税费总额（亿元）	农业各税（亿元）	农业税占税费总额比重（%）	提留统筹及其他收费（亿元）	“三提五统”（亿元）	其他收费负担（亿元）	农民人均税费（元）	税费负担占上一年度农民纯收入比重（%）
1990	469	88	18. 7	381	333	48	55. 8	9. 3
1991	519	91	17. 5	428	364	64	60. 8	8. 9
1992	603	119	19. 8	484	373	111	71. 1	10
1993	687	126	18. 3	561	380	181	80. 7	10. 3
1994	958	231	24. 1	727	461	266	112. 0	12. 2
1995	1155	278	24. 1	877	548	329	134. 3	11
1996	1248	369	29. 5	879	611	268	144. 4	9. 2
1997	1379	397	28. 8	982	703	279	159. 2	8. 3
1998	1399	399	28. 5	1000	730	270	161	7. 7
1999	1363	424	31. 1	939	670	269	156. 6	7. 2
2000	1359	465	34. 2	894	620	274	168. 4	7. 6

资料来源：农业各税包括农业税、牧业税、耕地占用税、农业特产税和契税等数据来源于《中国统计年鉴》（2001），第 248 页。“三提五统”及其他收费数据来源于各年度《中国农业年鉴》。本书使用的用于计算农民人均税费负担的农村人口数据来源于《中国统计年鉴》（2001），第 91 页。农民纯收入数据来源于《中国统计年鉴》（2001），第 304 页。

这一时期，农村收费项目名目繁多，从中央政府清理或取消的收费项目数量上就能看出端倪。1993 年 5 月 26 日，国务院授权农业部宣布取消要求农民出钱出物出工的 43 项达标升级活动，纠正涉及农民负担的 10 种错误的收费与管理办法。同年 6 月 20 日，国务院召开全国减轻农民负担工作会议，取消了 37 项中央国家机关涉及农民负担的集资基金和收费项目。1997 年全国共清理出涉及农民负担的项目 17389 个，其中县乡两级清理出的项目占清理总数的 80%。1999 年通过检查清理，各地仅取消不合理的收费项目就有 7831 个。2000 年，农民承担的税费总额达 1359 亿元，比 1990 年的 469 亿元增长了 1. 89 倍。其中，农业税收负担增长 4. 28 倍，“三提五统”总额增长了 86%，集资摊派收费等其他收入增长 4. 70 倍，农民人均负担增长 2. 01 倍，农民税费负担占农民收入的比重最高达到 12%（陈俭、姚会元，2008）。

观察表 6-4 的农民农业税费负担各年度增长率，我们可以发现，农民的各项负担正是在 1994 年，即分税制改革后的第一年大幅增长，1994 年的增幅是 20 世纪 90 年代最大的，农民税费总额增长了 39.4%，其中农业税增长了 83.3%，“三提五统”增长了 21.3%，其他收费负担增长了 47.0%，农民人均税费负担则增长了 38.8%。由于农业税率是固定的，随意加征的可能性并不大，县乡政府将目光投向屠宰税和农业特产税。中央设立农业特产税的目的是以农养农，用经济作物的资源来补贴粮食种植。尽管屠宰税和农业特产税的征收对象只是那些从事牲口屠宰和经营经济作物的农民，但这两种税率远高于农业税。县乡政府为了提高两种税的征集量，强制向所有农民平摊，如按田亩征收农业特产税。除了农业税，其他征税同样存在平摊征收的问题，如对江苏南通 8 个乡（镇）21 个村 109 户农民的调查发现，按人头征收生猪屠宰税、按户头征收车船牌照税的现象十分突出（黄志冲，2000）。

表 6-4 提供的农民负担项目中，可能严重低估了名目众多的其他类型集资、摊派等收费数额，从而导致总的农民税费负担比官方统计的数字高得多。农业各税有法定的税率，“三提五统”也相对稳定，国务院规定农民承担的“乡统筹”“村提留”的费用不得超过农民上年人均纯收入的 5%。只有各种杂项收费没有固定税率定额，因此极难得到监督与控制。这笔收费总额增长迅速，而且种类庞多杂乱，下达收费命令的部门众多，县乡政府乱收费现象普遍（黄延信，1994）。这些收费的实际数量远超官方的统计数字。更为准确的数字应该来自农民自己报告的数字。一项对 2000 年湖北省 7 个县 62 个农民家庭的调查表明，尽管当地乡镇政府官方计算了其他收费负担占农民总税费负担的 33%左右，但是对农民的实际调查却发现，其他各项收费占农民家庭总负担的比重超过 49%（傅光明，2001）。另一项对浙江省 10 个县的调查同样发现，即使在乡镇企业发达的浙江省，乡镇企业利润和管理费上缴县乡财政，农民负担也并没有因此降低，1998 年其他收费负担同样占总税费负担的 47%（柴彭颐、周洁红，1999）。关于杂项收费负担占农民总的税费负担的比重，安徽省调查得出的数字是 43%，李昌平提供的数字是 54%，因此可以得出农民其他负担的比重有 40%~50%（李昌平，2001）。2001 年《农民日报》的一篇报道也称，在 2000 年受调查的农民交的总杂费比上一年度增长了 21%之多（徐增阳、任

宝玉，2002），这一增幅显然比我们在表 6-4 中报告的全国 1.9%的增长率要高得多。

因此，如果按照各种其他摊派、集资、返款等收费占 40%～50%的比重来计算，重新计算后的其他收费总额和加总后的农民税费总额比统计数据要多得多。比如按照 40%的比重算，在农业各项税收、“三提五统”的数据不变的前提下，2000 年其他各项杂费收入将达到 724 亿元，而不是统计数据报告的 274 亿元，总的农业税费总额达到 1809 亿元。如果按照 50%的比重算，各项杂费收入将达到 1086 亿元，总的农业税费总额达到 2171 亿元，那么人均税费负担为 269 元，税费负担占农民纯收入的 12.2%（官方的统计为 7.6%）。

6.3　20 世纪 90 年代末的农业税费改革

在改革开放的最初两年，中央秉持休养生息的农业政策原则，在减少粮食征购量、大幅提高农产品收购价格的同时，也注重减轻农民的不合理负担。然而，1978 年、1979 年清理整顿后，农民负担抬头，不断积累加重，到 20 世纪 80 年代中期已相当严重。在农民收入增速超过农民负担增长的 80 年代初期，中央政府尽管承认农民负担问题，但还没有把它提到特别重要的政策议程上来，所以鲜见中央政府发文要求减轻农民负担。然而从 80 年代中期开始，农民负担问题凸显，这一时期中央政府开始专门发文要求制止增加农民不合理负担。1984 年，中央重新关注这一问题，在当年的一号文件《关于 1984 年农村工作的通知》中强调制止对农民的不合理摊派，减轻农民额外负担，除提留统筹之外，任何部门不得另行向农民摊派任何费用。1985 年中共中央和国务院发布了《中共中央、国务院关于制止向农民乱派款、乱收费的通知》（以下简称《通知》）。中央政府意识到农民负担已经积累到比较严重的程度了，承认农民除了依法纳税和合理上交的集体提留外，还要缴纳各种摊派款项，同时还有名目繁多的乱收费、乱罚款、乱集资，远远超出了农民的负担能力。中央要求各部门和地方党政领导对减轻农民负担进行一次彻底检查，采取果断措施，切实加以解决，并且也要求最近几年内应每年清查一次。文件还提出用收取公共事业统筹经费来满足乡村公共事业建设资金的需要，以此避免以公共事业的名义向农民乱摊派。这一文件也首次提出用“检查清理”作为减轻农民负担的政策工具，而这一项工具则是90年代治理农民负担沉重问题的主要手段。

然而1985年清理政策并没有遏制农民负担加重的趋势，1985—1990年，针对农民的收费项目剧增，但政府各职能部门仍然把本属于公共财政承担的服务推给农民，截至1990年，仅由国务院各部委下达文件向农民征收的各项收费项目就高达149项。中央再次在90年代初密集出台文件加以整顿。此时中央重新界定了农民负担过重问题，1985年的《通知》将农民负担的“三乱”问题的危害界定为“损害党群关系、工农关系和影响党的农村经济政策进一步落实的突出的消极因素”，1990年2月中央出台《国务院关于切实减轻农民负担的通知》升级了农民负担问题的危害性，甚至将其上升到影响农村社会稳定的层面，认为“如此发展下去，必将影响农村经济的发展和社会安定”。与此同时，治理农民负担的政策目标也更为清晰，表现为以文件的形式明确限定了农民合理负担的项目和适用范围，并明确规定了农民负担的比例。治理负担过重问题的政策工具仍然是“清理”，但明确了实施清理的主体和期限，如国务院有关部门要在1990年6月底以前，“对过去下发的有关文件进行清理，今年各地要组织力量，对农民负担进行一次全面的清理和整顿。今后，各级农业行政主管部门或农村工作部门每年要检查一次农民负担情况，并向同级人民政府报告”。①

中央政策同时精细了“清理”的具体措施，1990年9月出台的《中共中央、国务院关于坚决制止乱收费、乱罚款和各种摊派的决定》规定对现有的收费、罚款、集资项目的清理原则是区别不同情况加以处理。凡符合国家审批规定又合理的予以保留，继续执行，但对其中标准过高的要降下来。不合理的要取消，重复收取的要合并。不符合审批规定的收费项目，应立即停止执行。同时也提高了行政收费项目制定的门槛，规定收费项目和集资项目的审批权集中到省级以上主管部门和农民负担监督管理部门。对于摊派则一律制止。中央成立治理“三乱”领导小组，要求地方也建立相应的领导机构，明确不同部门在治理“三乱”中的职责。要求加强对收

① 国务院关于切实减轻农民负担的通知［EB/OL］. http：//www.law-lib.com/law/law_view.asp？id=55897.

费、罚款、集资、摊派的监督检查，使之制度化和常态化。总之，1990 年的两项文件出台，明确了农民合理负担项目，提高了收费集资项目门槛，构建了以“清理”为中心的农民负担治理政策工具体系，使治理工具更加清晰精细。为了加强上述两个政策文件的法律效力，提高政策执行权威，1991 年国务院颁布实施了《农民承担费用和劳务管理条例》（以下简称《条例》），使农民负担管理上升为行政法规，使农民负担监督管理工作法制化，提高了政策实施的强制性。《条例》制定后，各省市陆续制定了与《条例》相配套的细则法规。为了保证各地贯彻落实 1991 年的《条例》，1992 年国务院办公厅又出台了《关于进一步做好农民承担费用和劳务监督管理工作的通知》。

然而，1990—1992 年集中整治的效果并不太理想，相当多的地方和部门行动迟缓，有的至今对中央的指示置若罔闻、按兵不动；有的甚至采取暗中干预的做法进行抵制。有些已明令禁止或多次被批评的不合理负担仍在推行。① 由于中央的减负政策与乡村政府利益并不一致，乡村干部使用选择性政策执行策略，规避或扭曲对中央政策的执行。一些研究表明，一些村干部通过高估村民的人均收入或家庭收入来操纵《农民承担费用和劳务管理条例》的执行，导致出现一些表面上符合农民税费负担不超过其上一年人均纯收入的 5%，而实际上远高于这一比例的情况（O’Brien & Li，1999；林毅夫、陶然、刘明兴等，2002）。在缺乏足够财政资源的情况下，为了让基层乡镇政府完成与上级政府签订的关于税费征收任务等硬指标，地方政府存在放松甚至默许或纵容基层乡、村干部乱收费的现象（Edin，2003）。

1993 年初，中共中央办公厅、国务院办公厅联合下发了《关于切实减轻农民负担的紧急通知》（以下简称《紧急通知》），在这项通知中，中央将农民负担问题摆在政治稳定的新高度，减轻农民负担不单纯是经济问题，而且是政治问题，它关系到国民经济的发展和农村乃至全国的政治稳定。将农民负担问题界定为政治稳定问题是之前没有过的。同年 6 月 20 日，国务院在京召开了全国减轻农民负担工作电话会议，取消 37 项收费项目。② 一个月后，中共中央办公厅和国务院办公厅再次联合发出《关于涉

① 中共中央办公厅、国务院办公厅关于切实减轻农民负担的紧急通知［EB/OL］. http：//www. people. com. cn/item/flfgk/gwyfg/1993/112401199321. html，1993-03-19.

② 杜伟立 . 国务院减轻农民负担取消 37 项收费项目［J］. 中国经济信息，1994（1）：7.

及农民负担项目审核处理意见的通知》，对于122项涉及农民负担的强制、摊派和搭车收费行为的项目，取消、暂缓执行、修改或坚决予以纠正。在1993年中央下发的《关于切实减轻农民负担的紧急通知》中，中央政府首先采取了“先暂停、再清理”的紧急性政策工具，涉及要求农民负担费用的各种摊派、集资、达标活动和行政事业性收费，以及在农村建立各种基金等，不论是哪一级政府或哪一个部门制定的文件或规定，一律先停止执行，然后再进行清理。其次更加明确了减负政策的目标对象，即指出了导致农民负担加重的各种摊派、集资、达标收费及罚款等方面的许多文件来自中央国家机关和省级国家机关。因此，清理文件首先从中央国家机关开始。党中央、国务院严令中央国家机关各有关部门一把手负责，立即行动起来，在6月底以前把涉及农民负担的文件清理完毕。① 在《紧急通知》发布后，中央机关部门的确按规定时间清理出大量不合理的收费集资项目，中央批准了农民负担项目审核处理意见，并在同年下达《关于涉及农民负担项目审核处理意见的通知》，公布了取消、暂缓执行、需修改纠正和继续执行的收费、集资和达标升级项目。这次清理规模浩大，仅在中央部门层面就取消37项涉农收费和集资项目，修改17项收费项目，取消了43项要求农民出钱、出物、出工的达标升级活动。②

中央特别强调对农村涉农恶性案件的查处。1993年《紧急通知》强调“要严肃查处因农民负担过重而引起的恶性案件，发现一件，查处一件，一件也不能放过”。同年4月最高人民法院向地方各级人民法院下发《关于及时审理因农民负担过重引起的案件的通知》，要求法院依法受理，及时审判，切实保护农民的合法权益。③ 从1995年开始，中央农业、监察、法制等有关部门开始联合汇总报告全国发生的涉农致死的恶性案件，中共中央办公厅、国务院办公厅则将报告通告给地方政府。

经过20世纪90年代初中央对农民负担过重的整治，特别是1993年密集出台严厉政策，地方政府也受到震动，开展了一些清理整顿工作，有18

① 中共中央办公厅、国务院办公厅关于切实减轻农民负担的紧急通知［EB/OL］. http：//www. law-lib. com/law/law_ view. asp？ id=55897.

② 中共中央办公厅、国务院办公厅关于涉及农民负担项目审核处理意见的通知［EB/OL］. http：//www. law-lib. com/law/law_ view. asp？ id=56513.

③ 最高人民法院关于及时审理因农民负担过重引起的案件的通知［EB/OL］. http：//pkulaw. cn/fulltext_ form. as px？ Gid=6205&Db=chl.

个省、自治区清理了涉及农民负担文件，如山西省废止违反国务院《条例》的文件 499 个，项目 897 个。农民负担减轻取得了一定的成效，1993 年全国减轻的农民负担达 100 亿元以上，人均减少 10 元以上。[①] 农民各项负担与 1992 年相比，增幅有明显下降。然而，尽管中央政府为了减轻农民税费负担，转变了在农村公共物品供给的准市场化供给模式，但由于主要公共物品由地方政府供给，特别是分税制改革后财政压力加剧，致使农民负担在 1993 年整顿后迅速反弹，只要有收费项目存在，县乡政府就有变通和违规操作的空间，中央减负政策的执行仍然是个棘手的难题。中央承认农民负担过重的问题还没有从根本上解决，明令取消的收费项目仍然在变通名目实施。县乡政府擅自出台加重农民负担的项目，到 1994 年增幅重新反弹，达到新的峰值。因此，中央政府再次开启新一轮的农民负担治理。1994 年后是中央出台治理农民负担政策最多的时期，中央几乎每年都出台几项治理文件（见表 6-5）。

表 6-5　20 世纪 90 年代中央政府及其部门下发的治理农民税费负担的政策文件

年份	文件名	发布部门
1990	国务院关于切实减轻农民负担的通知	国务院
1990	中共中央、国务院关于坚决制止乱收费、乱罚款和各种摊派的决定	中共中央、国务院
1990	农业部贯彻落实《国务院关于切实减轻农民负担的通知》的意见	农业部
1991	农业部关于贯彻实施《农民承担费用和劳务管理条例》的通知	农业部
1991	农民承担费用和劳务管理条例	国务院
1992	农业部发出关于贯彻实施《农民承担费用和劳务管理条例》几个具体问题的通知	农业部
1992	国务院办公厅关于进一步做好农民承担费用和劳务监督管理工作的通知	国务院
1993	中华人民共和国农业法	全国人大
1993	最高人民法院关于及时审理因农民负担过重引起的案件的通知	最高人民法院
1993	关于切实减轻农民负担的紧急通知	中共中央办公厅、国务院办公厅

① 中国农业年鉴编辑委员会．中国农业年鉴（1994）［M］．北京：中国农业出版社，1995：131.

续表

年份	文件名	发布部门
1993	司法部关于认真贯彻《农民承担费用和劳务管理条例》的通知	司法部
1994	关于农业系统涉及农民负担收费项目修改意见的通知	国家计委、财政部
1994	监察部关于进一步加强执法监察切实抓好减轻农民负担工作的通知	监察部
1995	关于严禁在农副产品收购中代扣代缴各种款项向农民乱摊派的通知	国务院
1995	农业部、监察部关于全面推行农民负担监督卡制度的通知	农业部、监察部
1996	关于进一步做好减轻农民负担工作的通知	民政部
1996	关于制止向农民乱集资修建公路的通知	交通部
1996	关于转发《农业部　监察部　财政部　国家计委　国务院　法制局关于当前减轻农民负担的情况和今后工作的意见》的通知	中共中央、国务院
1996	关于在农业丰收的形势下认真做好当前减轻农民负担工作的通知	国务院
1996	关于切实做好减轻农民负担工作的决定	中共中央、国务院
1997	关于认真学习贯彻《决定》精神做好当前减轻农民负担工作的通知	农业部
1998	关于进一步做好减轻农民负担工作的紧急通知	财政部
1998	关于切实做好当前减轻农民负担工作的通知	中共中央、国务院
1999	国务院办公厅转发农业部、监察部、财政部、国家计委、法制办关于1998年农民负担执法检查情况报告的通知	国务院
1999	国务院办公厅转发农业部、监察部、财政部、国家计委、法制办《关于做好当前减轻农民负担工作的意见》的通知	国务院
2000	中共中央、国务院关于进行农村税费改革试点工作的通知	中共中央、国务院
2000	关于取消农村税费改革试点地区有关涉及农民负担的收费项目的通知	财政部、国家计委、农业部
2000	国务院办公厅转发农业部等部门关于巩固大检查成果进一步做好减轻农民负担工作报告的通知	国务院

资料来源：作者整理。

20世纪90年代末，农民税费负担达到改革开放后的最高水平，全国涉农信访数量也居高不下。从1990年开始，中央政府就三令五申要求县乡政府减轻农民税费负担，采取了清理整顿、执法检查等各种政策工具保证减负政策落实，然而历年的政策文件出台后，要么收效甚微，要么短期减负，过后快速反弹，既有的政策总是面临着治标不治本的困境。根据 1998 年确立的税费改革意见和安徽省四县试点经验，中央政府在 2000 年开启农村税费改革。中央认为税费改革旨在堵住加重农民负担的口子，是减轻农民负担的治本之策，而且是改善干群关系，维护农村稳定的重要举措。[①]根据农村税费改革的文件，改革的主要内容可以概括为“三取消，两调整，一改革”，农民只需要向政府缴纳两税（农业税及特产税）及其两附加，其余的一切收费项目都被取消。改革的目标不仅在于减轻农民税费负担，而且希望通过减少政府的“三乱”收入来迫使基层政府精简机构和人员，在自我瘦身的基础上减少行政成本，转变政府职能，从而根除农民负担反弹问题（李芝兰、吴理财，2005）。当乡镇政府没钱发工资的时候，机构将不得不精简，再加上通过强化财政预算管理，就能防止乡镇因为贪污浪费、盲目扩大人员规模所带来的“三乱”屡禁不止问题。中央政府预料到税费改革将减少乡镇财政收入，因此规定了基层政府要有相应的配套改革措施，核心内容是基层政府机构和职能改革。中央政府期望减少的税费收入可以通过缩减机构人员与职能改革来自我消化。中央政府认为，如果控制了基层乡镇机构规模，严格限制编制，杜绝贪污浪费，税费改革后的财政收入是可以支撑乡镇运行的。同时建立对乡镇财政转移支付制度，对于支出基数大于收入基数的乡镇，县（市、区）可采取定额补助或者转移支付等形式给予适当补助。

多数研究表明，2000 年以来的农村税费改革显著减轻了农民负担，特别是农民的政策内税费负担（田秀娟、周飞舟，2003；徐志刚等，2008）。刘明兴、徐志刚等（2008）的一项调查表明，与税费改革前的 2000 年相比，到 2004 年，农民人均负担水平下降了一半，主要体现在政策内税费负担上。税费改革后，农民的人均政策内负担水平下降了 76 元，下降幅度高达 73%（刘明兴、徐志刚等，2008）。税费改革的确对乡镇财政造成了不小的损失和缺口，对经济不发达的农业乡镇财政的影响尤为强烈。乡镇财力普遍大幅下降，财政缺口进一步扩大。税费改革造成政策内收入的减

① 温家宝在安徽全省农村税费改革试点工作动员会上的讲话［N］. 人民日报，2000-04-15(2).

少，尽管包含附加税在内的农业税收有所增加，但是由于取消了乡统筹费和农村教育集资，总体上制度内收入仍然降低了，而农村制度外收入被取消，导致乡镇财政收入减少得更多。由于村级财政缺乏其他收入，税费改革前主要依赖村提留和其他收费项目，改革后村提留由农业税附加代替，其他收费项目被取消，结果导致了村财政收入大幅降低，降低幅度高于乡镇财政。祝保平（2001）的调查显示，安徽省 10 个乡镇 160 个行政村因税费改革，平均每个村减少的制度内财政收入约为 3.3 万元，占改革前收入的 63%。考虑到改革前村的收费、集资等自筹收入的取消，改革后村财政收入减少更多。安徽省在税费改革后，中央准许的乡镇财政收入只包括少数几个：农业税及其附加、少数几种收费，如耕地水电费、“一事一议”收费。对于乡镇财政制度外收费取消后的损失，中央政府在改革初始并未理会，因为这些收费本来就是不合理的，是基层政府机构盲目膨胀和干部腐败浪费造成的，中央政府不可能来弥补这项损失。如何消化这些损失，税费改革时中央政府开出的药方就是机构精简、减少支出。

然而，基层农业税收的损失和财政能力的不足阻碍了税费改革的顺利进行。2000 年中央提出试点时，有 4 个省报名试点，然而当各省知道中央的补贴无法弥补改革导致的财政损失和缺口时，除了安徽省外，其他省份都退出了试点，另外有 8 个省也只选择了 32 个县进行局部试点，而江苏省凭借雄厚的财力自主决定在全省范围内进行改革试点。按照上级对税费改革配套措施的部署，乡镇政府执行机构精简任务。然而机构精简在基层遭到了很大抵制，实际上并没有取得预期的成效。内设机构虽然进行了合并，看似减少了机构数量，但只是形式上将几个办公室合并为一个综合性办事机构，人员还是原办公室的人员，只是进行合署办公而已，人员数量却并不一定减少（李芝兰、吴理财，2005）。由于税费改革对乡镇财政收入造成的损失很大，资金的匮乏是导致行政编制缩编成效不显著与机构改革停滞不前的重要原因。

财力不足已成为农村税费改革，乃至农民减负效果可持续性的主要障碍。税费改革以及取消农业税后，农民负担尽管得到了显著减轻，但增加农民负担的根源仍然没有消除，农民负担抬头的苗头已有显现。农民乱收费的主体开始从基层政府转向职能部门，收费的名目开始由行政事业性收费转向经营服务性收费。农民建房、外出务工、计划生育以及殡葬等方面乱收费现象仍然比较严重，且收费名目多、标准高、不规范，一些村级组织也向农民乱收费、乱集资，农民负担反弹的压力很大。①

2002年税费改革试点推广到全国20个省份。2003年改革试点在全国范围内展开。2004年启动免征农业税和降低农业税税率试点，当2005年扩大了免征农业税和降低农业税试点面时，全国已经有28个省份免征农业税。2006年中央正式决定在全国农村废除农业税。既然让基层政府通过机构改革自行消化财政收入缺口的效果有限，中央政府只得改进配套办法，即在继续强调农村基层政府机构与职能改革的同时，加大了对乡镇税费改革专项转移支付。中央财政通过新增一项专项转移支付，即"农村税费改革转移支付补助"来填补县乡两级财政因为税费改革造成的财政缺口。中央政府的农村税费改革转移支付对推动税费改革起到了很大的作用。2000年安徽省全省税费改革试点时，中央财政核定安徽省补助11亿元；2001年，针对安徽方案实施后新出现的减收因素，将补助增加到17亿元（包括中小学教师工资补助），并对其他省份106个试点县（市）转移支付补助16亿元，还对全国21个省发放农村教师工资补助50亿元。为了确保农村中小学教师工资的发放，中央财政从2001年起每年安排50亿元，对中西部困难地区给予补助。2002年，国务院新增16个省份扩大改革试点。财政部制定了《农村税费改革中央财政转移支付办法》，详细规定了中央转移支付金额的计算方法。不同区域中央政府补助的比例也不同，中西部粮食生产区中央财政补助100%，非粮食生产区补助80%；东部粮食生产区（含福建）补助50%，非粮食生产区不予补助。为了弥补取消"三提五统"和"两工"（农村劳动积累工、义务工）后农村公益事业建设资金"一事一议"筹资能力的不足，2008年中央实施"一事一议"财政奖补试点，由中央财政和地方财政安排奖补资金。

中央的农村税费改革转移支付在税费改革试点到全面取消农业税阶段（2001—2006年）增长迅速，从2001年的80亿元增长到2006年的751亿元。农业税费改革完成之后，这项支出就基本稳定在750亿~770亿元。由

① 温家宝．不失时机推进农村综合改革，为社会主义新农村建设提供体制保障［J］．求是，2006（18）：3-9.

于农村税费转移支付是由税费改革导致的净减收额确定的，因此2006年之后这项支出就基本固定（见图6-1）。相反，2008年建立的“一事一议”奖补资金却增长很快，从2008年的10亿元增长到2013年的270亿元。2008年以后，在所有中央政府弥补县乡财政收入缺口，提高基层政府财力水平的转移支付中，最大一项由税费改革转移支付变为义务教育转移支付，这项支出从2008年到2013年增长了近4倍（见表6-6）。

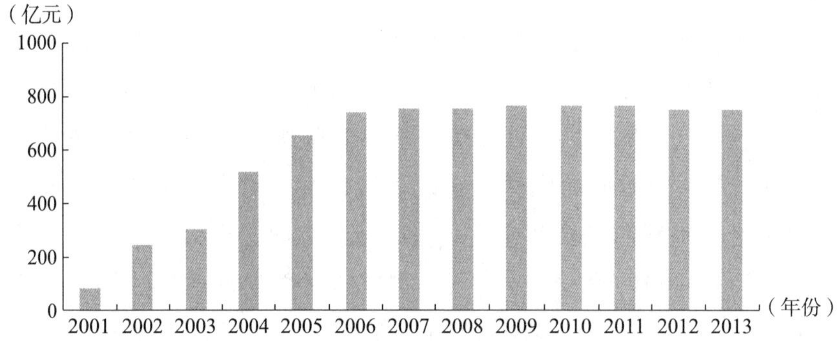

图6-1 2001—2013年农村税费改革转移支付

资料来源：财政部2001—2013年中央对地方税收返还和转移支付决算表。

表6-6 税费改革后中央缓解县乡财力紧张转移支付项目

项目	2008	2009	2010	2011	2012	2013
（1）财力性转移支付（亿元）	8746.21	11317.20	11319.89	18311.34	21429.51	24362.72
（2）农村税费改革转移支付（亿元）	762.54	769.47	769.47	769.46	752.60	752.60
（3）村级公益事业“一事一议”奖励资金（亿元）	—	10.00	—	184.71	245.63	270.22
（4）义务教育转移支付（亿元）	419.36	893.56	947.59	1085.00	1593.25	1663.77
（5）县级基本财力保障机制奖补资金（亿元）	438.18	547.79	682.53	775.00	1075.00	1525.00
产粮大县奖励（亿元）						318.01

续表

项目	2008	2009	2010	2011	2012	2013
(2) + (3) + (4) + (5)（亿元）	1620.08	2220.82	2399.59	2814.17	3666.48	4211.59
(2 + 3 + 4 + 5) / (1)（%）	18.52	19.62	21.20	15.37	17.11	17.29

资料来源：财政部 2008—2013 年中央对地方税收返还和转移支付决算表。

6.4　小结

本章主要探讨 20 世纪八九十年代农民税费负担以及 21 世纪初农村税费改革的过程。财政能力和财政体制是导致八九十年代农民农业税费负担加重的重要原因。80 年代由于国家财力的虚弱和地方财政包干制的分权改革，地方政府特别是基层政府承担着大量农村公共物品的供给责任。县乡政府通过准市场化方式把农村公共物品的筹资责任转移给农民个体，体现为农业正税之外基层政府征收的提留统筹收费和种类繁多的杂项收费与集资摊派等，这些收费负担远高于农业正税，成为农民税费负担的主要构成。从 20 世纪 80 年代末到 90 年代初，中央政府开始清理农村的不合理收费和集资项目。到了 90 年代，分税制改革使得地方财政更加困难。中央政府加大了对地方财政收入的汲取，提高了中央收入的比重，而省市政府则同样加大了对县乡政府的财政汲取力度，同时提高了县乡政府的支出责任和事权负担。在分税制改革后，县乡基层政府财力不足问题更加突出，财政收支矛盾恶化。在财政压力下，基层政府再次把汲取之手伸向农民，这一时期农业各项税费负担空前增长，占农民纯收入比重超过 10%。农业税费负担的加重及其引发的农民问题直接推动中央政府实施治理措施，但是在八九十年代，这些治理措施大多数是治标性的检查、清理、整顿，呈现运动式治理特点，农业税负呈现周期性“治理—税负减轻—再膨胀—再治理”循环，其根源是没有根本解决地方财力短缺问题。

此外，财政问题还影响了 2000 年税费改革的效果，只有解决基层财政问题才能巩固减轻农民税费负担的治理成效。2000 年的农业税费改革，特别是 2004 年后全面废除农业税，使得基层财政再次受到强烈的冲击，中央希望农业税费改革迫使基层政府精简机构和改变职能，但是这一目标没有完全实现。基层财力的缩减对税费改革产生了明显的阻力，尽管基层政府已经无法征收农业税费来弥补收入，但是仍然可能增加其他收入，如农村经营性服务收费和生产性收费，农民负担反弹问题依然存在。为了应对这一问题，中央政府进行了配套性财政改革，加大对县乡政府的财政转移支付和对农村的财政投入，一方面以“农村税费改革转移支付”等财力性转移支付来弥补县乡两级政府因农村税费改革而扩大的财力缺口，另一方面使得农村公共物品供给回归公共属性，改变了过去长期的农村公共服务付费供给的准市场化模式。

农民负担问题则对推动农业税费改革起到了根本性作用。20 世纪 80 年代到 90 年代初的农民税费负担虽然不断加重，农民问题也相当突出，但中央政府通过定期清理整顿就能应对。然而 1994 年分税制改革后，农民税负空前加重，涉农事件频发，中央政府意识到传统的清理整顿措施已经难以从根本上解决农民税费负担问题，需要对农村税费进行根本性的改革，于是从 1998 年开始试点并在 2000 年全面启动农村税费改革，改革措施也不是采取前期清理整顿、执法检查等容易反弹的传统工具，而是主要采用“取消”的方式，让基层政府再无理由和依据征收农业税费。税费改革显著降低了农民税费负担，农村信访数量大幅降低（王习明，2005），显著提升了农民对基层政府的信任（肖唐镖、王欣，2011）。

第7章

中国农业补贴政策的兴起

7

根据农业福利政策的现代化趋同理论，农业补贴政策标志着农业福利政策的兴起。美国、日本、法国等主要发达国家在 20 世纪四五十年代以后进入农业福利政策行列。农业补贴政策与国家的发展阶段，特别是现代化水平、产业结构、国家财政能力以及农业利益群体等因素有着密切的关联。自 2004 年以后，我国建立农业补贴政策，标志着我国农业福利政策进入初创阶段。本章主要分析中国农业补贴政策的产生和发展历程，并重点从农民收入问题、国家财政能力、国家农业政策观念与发展战略转型三大因素探讨中国农业补贴政策兴起的政治经济动因。

本章共分 5 节：7.1 节分析了中国农业补贴政策兴起的农民收入问题、国家财政能力两大推动因素；7.2 节分析了农民收入问题和财政能力如何推动国家农业政策观念和农业发展战略的重大转型，为农业补贴制度的建立奠定了基础；7.3 节回顾了中国农业补贴政策的主要内容和演变过程；7.4 节是农业福利政策的新发展；7.5 节是小结。

7.1　农民收入问题与国家财政能力

在 1978—2000 年的这段时期内，中国农民收入在 20 世纪 80 年代初高速增长，90 年代后增速持续下滑。1978—1984 年是农民收入增长的黄金期，年均增速高达 17.7%，而 1985—1988 年年均增幅骤降到 5.5%，1989 年受高通胀的影响，农民实际收入负增长。整个 90 年代农民收入增幅一直低位徘徊，年均增幅仅为 5.2%，其间的 1996 年到 2000 年农民收入增速一路下滑，2000 年实际增幅仅为 2.1%（见图 7-1）。2001—2003 年，农村纯收入的实际增长率虽然赶上了 1997—1999 年的水平，但仍然只有 4%左右的低增速。直到 2003 年新一届政府上台后，一系列新的农民增收减负政策出台，农民收入才扭转局面开始加速增长。2003—2007 年，农民实际纯收入增幅从整个 90 年代的 5.2%提高到 6.8%。2007—2012 年，农民收入年均增幅进一步提高到 9.9%，比年均 GDP 增速还高 0.7%。2003—2012 年，农民纯收入增幅年均达到 8.4%。

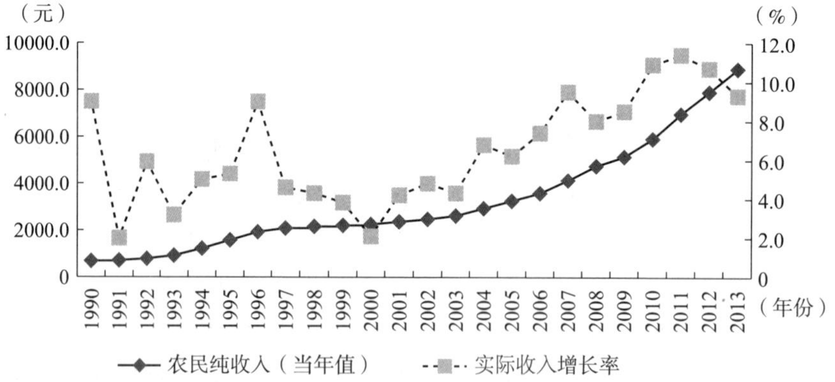

图 7-1　农民人均纯收入与实际收入增长率（1990—2013 年）

资料来源：历年《中国农业年鉴》。

生产成本增幅高于销售价格增长，是 20 世纪 90 年代农民收入增长缓慢的直接原因。对 90 年代的农民而言，种粮食、从事农业生产是一个收益微薄，甚至是亏本的行业。从农业生产的成本收益来看，整个 90 年代，农业生产成本上升快于农产品收购价的增长，10 年平均下来，粮食收购价和经济作物售价年均增长分别为 6.4%和 6.8%，而同期农业生产资料价格年均增幅达到 7.3%，这就决定了农业生产的利润较低。从国家对 1990—1993 年全国 21 个省份的农民生产成本和收益调查数据来看，农民的种粮（包括水稻、小麦、玉米）平均所得扣除物质管理费用和农业税，除了 1993 年为盈利状态外，其他三年均为亏损，其中亏损最严重的是 1992 年，每生产 100 公斤粮食，就亏损近 30 元。按照 1991 年三种粮食平均亩产 350 公斤计算，农民种粮每亩一年亏损约 105 元。1990 年的调查表明，21 个省的小麦生产有 16 个省份出现亏损，平均每亩亏损 32.5 元；21 个玉米生产省份中，亏损的省份有 14 个，每亩亏损 7 元；20 个水稻生产省份中有 13 个省份亏损，即使 20 个省份平均下来，每亩水稻也仅盈利 4.5 元。①

① 中国农业年鉴编辑委员会．中国农业年鉴（1994）［M］．北京：中国农业出版社，1995：554.

表 7-1　扣除成本和农业税后的种粮利润（1990—1993 年）

单位：元/每百公斤

项目	1990	1991	1992	1993
销售收入	71.51	63.07	47.91	96.5
物质费用（含农业税）	82.87	84.69	76.95	94.74
利润	-11.36	-21.62	-29.04	1.76

资料来源：《中国农业年鉴》(1994)。

尽管在 20 世纪 90 年代，农业部只提供了 1990—1993 年的种粮成本和费用的数字，但根据表 7-2 报告的粮食收购价和农资价格增幅情况，以及 2000 年以后才全面启动的农业税费改革，我们可以很肯定地说，整个 90 年代种粮亏损应该不是个别现象。2000 年中国人民银行陕西省蓝田县分行对小麦生产的一项调查表明，每亩小麦农资费用（含人工费）是 227 元，农业税 35 元，总共的物质费用 262 元，即使在丰年的情况下，小麦亩产约 300 公斤，每亩收入也只有约 250 元，每亩小麦也会亏损 12 元，在农业税之外的乱收费则使种粮农民每亩多付 15 元，那么最终种粮农民每亩要亏 27 元（林之诠、胡涛，2000）。在南方水稻种植区，农民每亩土地的利润可能高些。1994 年一项在中国西南地区村庄的调查表明，该村农户人均 0.7 亩的耕地上，水稻种植收入，加上少量的棉花、油菜和副业收入，人均纯收入不过是 370~380 元，而村办企业一年的工资有 5000~7000 元，是种粮收入的数倍。因此，20 世纪 90 年代种粮食已经不是为了挣钱，而主要是为了满足口粮所需（周振丰、孙参，1992）。

表 7-2　20 世纪 90 年代农产品与生产资料价格变动情况

项目	粮食收购价增幅（%）	经济作物收购价增幅（%）	农业生产资料价格涨幅（%）
1990	-6.81	11.87	5.5
1991	-6.20	1.59	2.9
1992	5.29	-3.47	3.7
1993	16.70	12.57	14.1
1994	46.59	44.41	21.6
1995	28.99	22.49	27.4
1996	5.80	5.69	8.4

续表

项目	粮食收购价增幅（%）	经济作物收购价增幅（%）	农业生产资料价格涨幅（%）
1997	-9.80	-1.99	-0.5
1998	-3.31	-8.79	-5.5
1999	-12.91	-16.30	-4.2
平均	6.43	6.80	7.34

资料来源：《中国农业年鉴》（1991—2000）。

由于农民种粮利润低，甚至面临种粮亏钱的风险，大量农民逃离土地进城务工。随着越来越多的农民从事非农生产，或者完全脱离农业生产，户籍上的农业人口人均纯收入结构中，以农业生产为主的经营性收入比重逐年降低，从1990年的75%降低到2000年的63%，而工资性收入则从20%提高到31%。值得注意的是，农业生产中最主要的种植业收入比重也从48%减少到34%，农民种植业收入最终在2002年被工资性收入超过，这也意味着中国农民已经不再像几千年来那样依赖种田获取收入了。从事非农生产的农民的收入显然高于纯农户。2000年的一项调查表明，纯农户、农业兼业户、非农业兼业户和非农业户的人均纯收入分别为1933元、1980元、2850元、5153元，多数时间脱离和完全脱离农业生产的农户纯收入是纯农户的2倍和2.7倍，而农业兼业户的农户比重已经接近半数。①

20世纪90年代到2003年的农民收入增幅下滑问题开始威胁国家粮食安全。1990—1994年初农民收入增长缓慢，加上1993年出现的粮食过剩而引发的卖粮难问题，国家粮食种植面积减少了5900万亩。由于1994年和1995年大幅提高粮食收购价的刺激效应，粮食产量屡创新高，粮食种植面积连续四年增长，恢复到了1990年时的规模，然而1998年粮食过剩和其后几年粮改政策的失误，不仅使粮食收购价格大幅下降，农民收入增幅持续走低，而且农作物播种面积、粮食种植面积以及粮食产量也全面下降。从1999年到2003年，粮食产量减少了8200万吨，粮食种植面积萎缩了2.1亿亩，农作物播种面积也减少了6000万亩（见图7-2）。

① 中国农业年鉴编辑委员会．中国农业年鉴（2002）[M]．北京：中国农业出版社，2003：397.

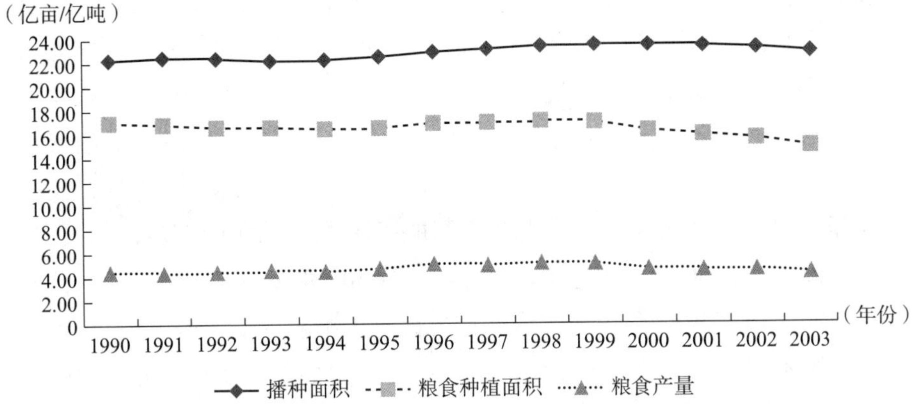

图 7-2　20 世纪 90 年代播种面积、粮食种植面积和粮食产量

资料来源：《中国统计年鉴》(2003)。

在 2002 年 1 月召开的中央农村工作会议上，中央把农业政策的首要目标重新转向增加农民收入上，时任国务院副总理的温家宝在会议上作了题为《以增加农民收入为基本目标，大力推进农业和农村经济结构战略性调整》的报告，提出“多予，少取，放活”作为中国农业工作的指导思想。[①]也正是在这一年，中国农业补贴政策开始登上历史舞台，粮食直补政策开始在粮食主产区试点实施。为了加速提高农民收入，无论是通过加强农业投资力度，还是实施新型的农民补贴政策，都需要国家财政的巨额投入。在 20 世纪 90 年代初全国和中央财政资金十分有限的条件下，即使农民收入增长缓慢问题突出，大幅增加支农支出也面临财政压力。推动农业政策的转型需要依靠雄厚的财政资源。从农业保护主义的基本理论和普遍规律来看，对农业实施保护政策的基本条件是国家财政的充分支持。农业保护主义政治经济学的经典理论——现代化趋同理论早已揭示了农业保护程度和经济结构转型与现代化水平呈现正相关关系。一国经济发展阶段步入工业化后期，国家的农业政策从汲取与歧视取向转向农业保护，这一政策取向的转型在欧美发达资本主义国家和日韩等“二战”后经济腾飞的国家尤为明显。农业保护政策的走向是农业福利政策，而农业福

① 中央农村工作会议提出“多予，少取，放活”[EB/OL]. 中国新闻网，http://www.chinanews.com/2002-01-07/26/152466.html.

利政策实行有利于农民收入再分配的农业补贴政策。政府为提高农业从业者收入，直接向农民进行现金支付。在过渡到农业福利政策之前，农业长期以来都是自由放任的，或者是资源汲取的对象，而农业福利政策则要求政府投入巨额资金对农业从业者进行直接支付，显然这需要雄厚的国家财政能力作为基础。

新中国自 1949 年后就树立起了强烈的工业化趋向的国家发展观念，改革开放前用了近 30 年时间把中国农业产值从 50%降低到 20 世纪 70 年代末期的 30%，改革开放后的 20 年农业产值比重再次减少了 20%，到 20 世纪末，中国不仅基本实现了工业化，而且人均收入也超过 1500 美元，中国正式步入中等收入国家。改革后中国工业化进程的加速源于经济的高速增长，经济增长和工业化水平的提高对国家能力的最显著贡献就是财力收入的巨大扩张。特别是 1994 年分税制改革以后，中国扭转了 20 世纪 80 年代财政包干制所导致的财政收入占 GDP 比重，以及中央财政收入占全国财政收入比重双双下滑的局面。1994 年以后，中国国家财力出现了超高速增长的趋势，分税制实施后的头十年全国财政收入年均增长率高达 18%，第二个十年年均增长率更是达到 20%。

中国国家财政能力的超高速增长集中表现为财政收入增速远高于经济增长率（见图 7-3），1993—2012 年的 20 年里经济增长率年均为 10%，而财政收入的增长则高达 20%，这一现象已经引起了很多学者的关注（董再平，2006；高培勇，2006）。中央与地方政府征税的动力如此之强，以至于每年的财政决算数都高于年初的预算数，最高的年份如 1993 年、2011 年，收入决算比预算数高了 13%～15%，在财政收入急剧膨胀的 1999—2007 年，国家超收了 2.1 万亿元的财政收入，这相当于 2003 年一年的全国财政收入。中国国家财政收入的超高速增长几乎与经济增长是同步的，从 80 年代开始，中国经济就呈现出“膨胀—收缩—再膨胀—再收缩”的周期性规律，1993—1999 年是中国经济增速放缓期，同期财政增速也逐年降低，从最高时的 24%降低到 14%，随后的 1999—2007 年是中国经济新一轮繁荣期，这段时间不仅经济增速逐年递增，年均增长高达 10%，而全国财政收入更是历史性地从 1 万亿元扩张到 5 万亿元，是改革以来财政收入增长最快的时期，年均增长超过 20%。2008 年受全球金融危机的影响，中国经济增速放缓，财政收入增长率在 2009 年出现一个大滑坡后，不断波动，尽管如此，财政收入增长率仍然在 10%以上。作为测量国家财政汲取能力的财政收入占 GDP 比重，在 20 世纪 80 年代后期不断降低，在分税制改革的刺激下止跌回升。2007 年以后国家财政汲取能力持续提高，财政收入占 GDP 比重在 2007 年超过 20%。

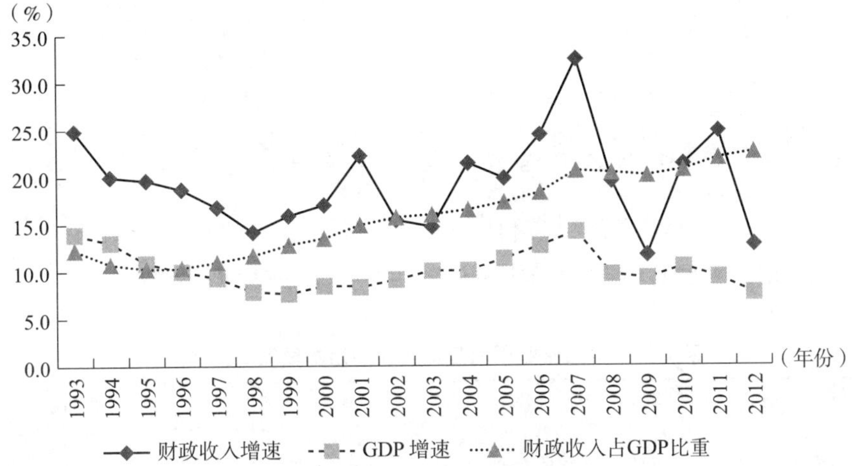

图 7-3　经济与国家财力增长（1993—2012 年）

资料来源：《中国统计年鉴》（2012）。

中国国家财政能力的增长不仅体现在财政收入的膨胀上，还体现在中央和地方财政分配上。分税制改变了中央和地方的财政能力格局，扭转了 20 世纪 80 年代以来中央财力比重持续降低的不利地位。90 年代中期以后，中央财政收入比重提高，而地方比重则持续降低。然而这一局面在 2005 年后开始转变，地方财政收入的比重开始上升，这表明地方财政分权度显著提高。中央政府把更多的事权下放给地方政府的同时，也更加注重将财权留给地方政府。值得注意的是，在 90 年代中期后中央加大了对地方转移支付的力度。如图 7-4 所示，自 1997 年开始，地方财政收入比重逐年下降，而同期中央政府对地方转移支付占中央财政收入的比重却在不断增加。2007 年以后，中央财政并未因为地方财政收入分权的提高而减少对地方的转移支付力度，反而继续增加对地方转移支付比重。地方财政收入占比和中央转移支付占中央收入同时上升，这表明中央将更大的财力赋予地方政府。

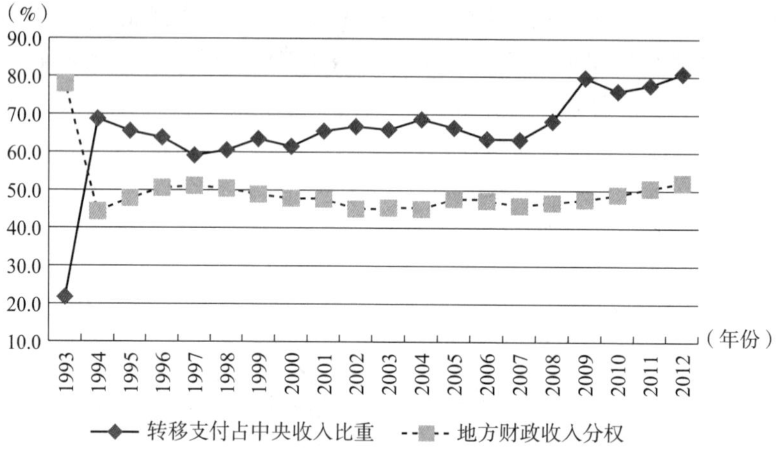

图 7-4 中国国家与地方财政能力指标（1993—2012 年）

资料来源：《中国统计年鉴》(2012)。

表 7-3 中国农业福利政策兴起前后的国家财政能力

年份	全国财政收入增幅（%）	财政超收（%）	财政收入占 GDP 比重（%）	超收额（亿元）	转移支付占中央收入比重（%）	转移支付增速（%）	地方财政收入分权（%）
1993	24. 8	113. 1	12. 3	503. 7	21. 8	-43. 2	78. 0
1994	20. 0	109. 6	10. 8	457. 1	68. 7	338. 7	44. 3
1995	19. 6	109. 7	10. 3	552. 0	65. 5	6. 1	47. 8
1996	18. 7	107. 8	10. 4	536. 0	63. 8	7. 4	50. 6
1997	16. 8	102. 9	11. 0	243. 6	59. 1	4. 9	51. 1
1998	14. 2	101. 8	11. 7	174. 2	60. 5	16. 3	50. 5
1999	15. 9	105. 9	12. 8	637. 6	63. 5	23. 3	48. 9
2000	17. 0	105. 1	13. 5	650. 0	61. 5	14. 0	47. 8
2001	22. 2	110. 9	14. 9	1609. 1	65. 6	28. 9	47. 6
2002	15. 4	105. 0	15. 7	900. 7	66. 8	22. 4	45. 0
2003	14. 7	105. 8	16. 0	1189. 1	66. 0	11. 9	45. 4
2004	21. 4	111. 8	16. 5	2781. 7	68. 7	26. 0	45. 1
2005	19. 8	108. 1	17. 3	2369. 9	66. 5	10. 5	47. 7
2006	24. 4	111. 1	18. 3	3930. 8	63. 5	17. 6	47. 2
2007	32. 4	116. 4	20. 6	7228. 4	63. 4	34. 3	45. 9
2008	19. 5	104. 8	20. 4	2808. 4	68. 2	26. 7	46. 7
2009	11. 7	103. 5	20. 1	2315. 6	79. 7	24. 7	47. 6

续表

年份	全国财政收入增幅（%）	财政超收（%）	财政收入占 GDP 比重（%）	超收额（亿元）	转移支付占中央收入比重（%）	转移支付增速（%）	地方财政收入分权（%）
2010	21. 3	112. 4	20. 7	9165. 4	76. 1	13. 0	48. 9
2011	24. 8	115. 8	22. 0	14154. 5	77. 7	23. 3	50. 6
2012	12. 8	103. 2	22. 6	3634. 4	80. 8	13. 7	52. 1

资料来源：历年《中国财政年鉴》“全国公共财政预算、决算收支”和“中央公共财政预算、决算收支”。

国家和地方财政能力的增长推动了中国农业福利政策的兴起。1993 年全国财政总数只有 4348 亿元，城市进行的经济体制改革，如国企改革、金融体制改革、住房改革等都需要财政的配套支持，仅 4000 多亿元的财政收入无法对农业增加更多的支出。然而到 20 世纪 90 年代末，全国财政收入就增长到 1 万亿元，是 1990 年的 3 倍多。但是由于 1 万亿元的财政资金并不充沛，特别是地方政府财政收入依然紧张，且地方政府反对取消农业税这个重要的地方税收资源，所以当时出台的《关于切实做好减轻农民负担工作的决定》，并没有提出废除农业税，而是提出先进行税费改革探索，取消不合理的农民负担。到了 2003 年全国财政超过 2 万亿元，2005 年超过 3 万亿元，中央财政收入也已经接近 2 万亿元，此时全面铺开了农业税费改革，并最终废除农业税。作为改革的配套政策，中央对受农业税费改革影响大的省份进行农业税费改革转移支付。财政能力的大幅增长使中央政府更有能力增加对“三农”领域的投入。这一时期也正是中国农业福利政策经历了从试点到全面推行、农业福利政策逐步兴起的阶段。每项农业福利政策，都意味着中央和地方财政增加财政资金的投入，没有近 10 年的财政大幅扩张，21 世纪的农业福利政策的实施可能要往后推迟。

7.2　新的农业政策观念的形成

自 1986 年中央下发第五个农业一号文件《关于一九八六年农村工作的部署》后，国家经济发展战略和政策观念关注的重心就从农村转移到城市上来，对农业政策的影响表现为中央一号文件在此后长达十几年时间里不再聚焦“三农”问题，与此同时，国家财政的支农支出比重逐年降低。

受其影响，20 世纪 90 年代农民收入和农村经济形势不断下滑，农民收入增长乏力，城乡差距不断拉大，农村社会矛盾则日益突出。2003 年后调整执政观念，重塑国家发展战略，其突出的标志是科学发展观和和谐社会思想的提出。在 2003 年 10 月召开的中共十六届三中全会上提出了科学发展观的“五个统筹”具体内容，“五个统筹”中排在第一位的就是统筹城乡发展。① 党的十七大报告更系统地阐述了科学发展观，提出了“八个统筹兼顾”，在八个统筹中，统筹城乡发展同样处于八个统筹中的首位。也正是在党的十七大上，科学发展观被写入党章，成为新的指导思想。统筹城乡发展观的提出说明新的中央领导层要改变 20 世纪 90 年代以来国家发展的城市重心趋向，政府新的执政理念重新把“三农”问题摆到经济的支柱和各项工作的重中之重的地位。

表 7-4　1993 年以来历次中央农村工作会议提出的农业政策观念和农业政策目标

年份	农业政策观念	政策首要目标
1993	全面加强基础地位，农业作为经济工作的首位	深化粮食购销体制改革
1994	农业摆在首位	保供给，抓好“米袋子”“菜篮子”
1995	加强农业基础，重视和优先发展农业	确保农副产品有效供给
1996	国民经济的首位	农田水利基本建设
1997	继续加强农业基础地位	稳定粮食产量
1998	进一步加强农业的基础地位	增加农民收入和保持农村稳定
2000	强化农业基础地位	农业和农村经济结构战略性调整，提高农产品质量
2001	巩固和加强农业基础	继续推进农业结构的战略性调整，全面提高农业的素质和效益
2002	“多予，少取，放活”	增加农民收入
2003	统筹城乡经济社会发展，全党工作的重中之重	增加农民收入
2004	全党工作重中之重，坚持“多予、少取、放活”的方针，两个趋向	加大对农村投入力度

① 中国共产党十六届三中全会公报（全文）［EB/OL］. http：//news. eastday. com/epublish/gb/paper148/20031014/class014800003/hwz1026450. htm.

续表

年份	农业政策观念	政策首要目标
2005	全党工作的重中之重。新农村建设的任务，坚持"多予、少取、放活"，特别是要在"多予"上下功夫，真正实行工业反哺农业、城市支持农村的方针	把国家建设资金的投入更多地转向农村
2006	全党工作重中之重思想丝毫不能动摇，统筹城乡经济社会发展，实行工业反哺农业、城市支持农村和"多予、少取、放活"的方针	巩固、完善、加强支农惠农政策，切实加大农业投入，积极推进现代农业建设
2007	始终坚持全党工作重中之重	加强农业基础建设，进一步促进农业发展农民增收，坚持并完善农业支持保护和补贴制度
2008	农业农村经济发展是首要任务	保持农业稳定发展、农民持续增收
2009	坚持统筹城乡发展	稳粮保供给、增收惠民生
2010	牢固树立"重中之重"战略思想	加快水利改革发展
2011	建设社会主义新农村，是关系改革开放和现代化建设全局的重大任务	增强农产品供给保障能力
2012	统筹城乡，以工促农、以城带乡、工农互惠、城乡一体的新型工农关系，重中之重的战略思想不能动摇	继续抓好农业生产，稳定发展粮食
2013	全党工作重中之重，坚持工业反哺农业、城市支持农村和"多予、少取、放活"方针	确保我国粮食安全
2014	农业现代化是国家现代化的基础和支撑	加快推进农业现代化，保障粮食安全

资料来源：历年中央农村工作会议，http：//www. gov. cn/test/2009-10/27/content_ 1449713. htm.

科学发展观对农村建设、农业发展和农民收入增长的政策，与和谐社会思想中关于农村的社会保障制度，终于在 2005 年融合成为国家"三农"发展战略纲领，成为 21 世纪"三农"建设的最高政策观念，即"社会主义新农村建设"。2006 年的中央一号文件为社会主义新农村建设制定了实施意见，明确了新农村建设的几个主要领域和任务，既包含了科学发展观中统筹城乡发展思想要求的农业发展、农民增收政策，也涵盖了和谐社会观念所要求的农村社会事业建设任务，同时也包括了提高国家财政支农资金增幅，将基础设施建设投入重点转向农村等这样的农业推动政策的内容。在促进农民持续增收的任务中，文件把农业和农民的直接补贴政策作为主要的政策工具之一，要求各级财政加大对农民的三项补贴力度。①

7.3 农业补贴政策的兴起

“三农”问题使新的政策观念将重点放在农民收入问题上，农业补贴政策的兴起则是这一政策观念的直接产物。2004 年中央下发了 1986 年后的首个农业一号文件，立足于如何促进农民增收。20 世纪 90 年代以来农民收入增幅持续走低，农民实际收入徘徊不前。这一年的一号文件承认当前农业和农村发展中的矛盾和问题很多，但最突出的依然是农民增收困难，表现为全国农民纯收入多年增长缓慢，种粮农民增产不增收，城乡居民收入差距不断拉大。农民增收困难可能引发粮食安全问题，如影响粮食生产和农产品供应，进而威胁国家粮食安全以及制约国民经济增长。农民增收问题并不仅是经济问题，同时也是重大政治问题。在提高农民收入，特别是农民农业生产经营收入的种种政策工具筐中，政府设计了新的更为直接的农民增收政策，即农业补贴。在一号文件里，中央明确规定要建立对农民的直接补贴制度，农业补贴政策的政策目标群体主要是种粮农民和企业，之所以选择这一政策，是因为抓住种粮农民的增收问题，就抓住了农民增收的重点。中央同时也认为补贴政策还能保证国家的粮食安全，因为这一政策有利于调动农民的种粮积极性，因此也就抓住了粮食生产的根本。②

2004 年全国启动农业补贴政策，也有节省财政成本降低国家价格补贴的考虑。在实施农业补贴前，20 世纪 90 年代中期开始的粮食保护价政策是国家对种粮农民的主要价格支持方式。但是保护价政策成本巨大，国家需要向官方的粮食收购部门提供巨额的财政补贴，特别是 1997—2001 年粮食丰收，粮价下跌，在对农民粮食进行敞开收购的原则下，国有粮食收购企业库存剧增，销售不畅，积存的粮食要么低价出口，要么坐等变质损失，仅每年的粮食存贮成本就十分高昂，而且部分粮食收购企业还往往负

---

① 中共中央、国务院关于促进农民增加收入若干政策的意见［EB/OL］. http：//news. xinhuanet. com/zhengfu/2004-02/09/content_ 1304169. htm.

② 农业部产业政策法规司课题组 . 粮食补贴方式改革探讨［J］. 农业经济问题，2003（5）：4-9.

债以高于市场价的保护价收购粮食，因此粮食企业亏损额不断攀升，国家财政不得不对粮食企业的贷款利息和存粮保管费予以补贴。1998 年的粮改目的也正是试图通过垄断粮食购销、加强粮食企业财务管理来消化企业亏损，但改革的效果并不显著。设计新的补贴方法，主要的思路是减少对流通环节粮食企业的补贴，而增加对生产环节农民的补贴。

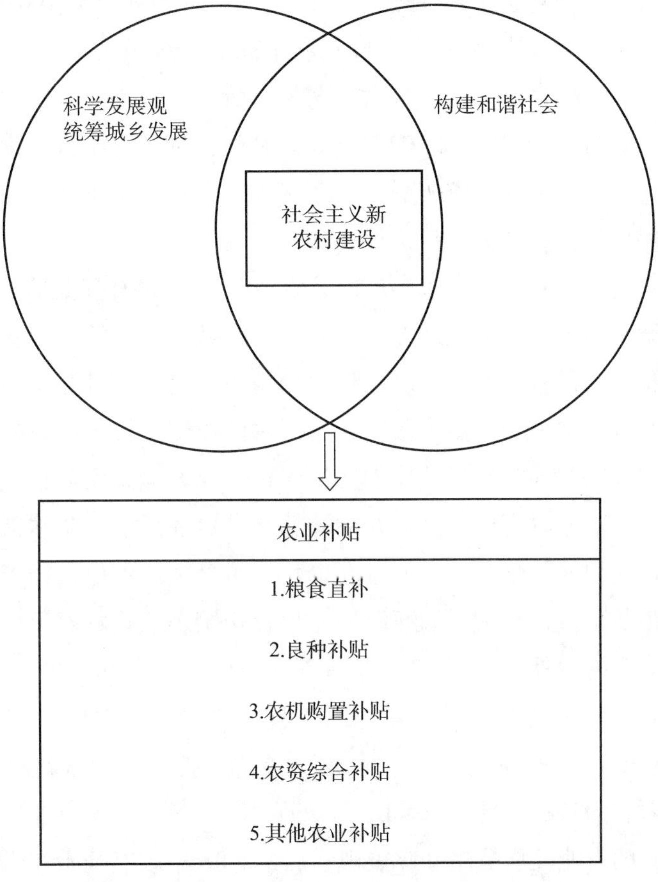

图 7–5　观念与农业补贴政策体系

2002 年国家开始在安徽、吉林、河南和湖北等粮食生产大省试点粮食直补，当时采用了两类不同的补贴方式。安徽、吉林两省试点直接固定补贴方式，取消粮食收购保护价，放开购销市场，补贴额与粮食产量和交售量脱钩，按照往年交售的商品粮数量、计税面积与常年产量两种方式来计算补贴。河南、湖北两省实施间接补贴方式，继续实施保护价收购粮食，补贴与粮食交售数量挂钩，但是对收购量进行限制，将对农民的补贴放在收购价格中，即“价差补贴”。安徽省来安县和吉林省东丰县以往年的商品粮数量为标准计算对农户的补贴，安徽省天长市根据计税面积和常年产量各占50%来测算应补贴的商品粮数量，安徽、吉林两省将补贴的商品粮数量乘以粮食价差确立补贴额。安徽省两地以当年保护价与上年市场收购价之间的价差，即0.055元/斤作为补贴标准，东丰县依据2002年新粮集中上市预期市场粮价与保护价的价差水平测算，统一为0.045元/斤。河南、湖北两省将粮食补贴融入粮食收购保护价款间接地支付给农民：河南省根据保护价与市场粮价之间的差价测算补贴标准，再将价差乘以保护价收购量确定补贴额；河南省按照当年市场价与保护价水平计算价差，湖北省按照上年市场价和当年保护价计算价差。

中央政府根据安徽、吉林等地的试点经验，于2004年正式全面实施粮食直补政策，确定了三种向地方政府发放资金数额的计算方式，即分别按照计税面积、计税常年产量，以及粮食种植面积确定直补数量。但是对于农户的直补方式，中央则要求粮食主产区省区原则上按种粮农户的实际种植面积予以补贴，同时建议其他省（区、市）结合当地实际情况选择具体的补贴方式，地方政府出于便于补贴计算和发放的考虑，基本都选择了按照粮食种植面积的补贴方式。但也有少数非粮食主产省份选择了按农民交售的商品粮数量进行补贴，如新疆地方粮食购销企业收购农民粮食，按照一定的标准实施价外补贴。[①]这一补贴方式类似于2002年湖北省的试点方法。福建省种粮农民与国有粮食部门签订订单后，凭农户“售粮卡”和“订单收购码单”，全部通过“一卡通”或“一折通”一次性兑现给售粮农户。江西省的补贴标准是每50公斤补贴10元。[②]

确定新的农业发展战略和政策观念后，2004年政府开始在全国范围内推行粮食直补政策，粮食直补方式也基本上采取了安徽、吉林两省的办法，即与农民当年的粮食生产和交售数量脱钩的固定补贴标准，大多数地

---

① 新疆公布粮食直补计划及小麦信息参考价格［EB/OL］. http：//www.gov.cn/fwxx/sh/2006-06/14/content_ 309747.htm.

② 福建省粮食局、福建省财政厅、中国农业发展银行福建省分行关于下发2010年我省储备订单粮食直接补贴实施意见的通知（闽粮法〔2010〕100号）［EB/OL］. http：//www.fjgrain.gov.cn/show.aspx？ctlgid=453220&Id=494263089763.

区的补贴都基于往年的农业税计税面积或实际播种面积来计算。补贴资金采取年初预拨的方式，通过“一卡通”或“一折通”的形式，在春耕前直接发放到农民手中。各地方对农民粮食直补的每亩补贴标准由地方政府自主决定，由于直补资金来源于各地筹资建立的粮食风险基金，所以粮食风险基金的规模决定了粮食补贴标准的高低。尽管强调直补向粮食产区倾斜，但是粮食主产区和非主产区、主产区与主销区、主产区的不同省份之间的补贴标准仍存在着很大的差异。特别是粮食主销区大多是经济发达、政府财力雄厚的省市，补贴标准远远高于主产区。如表 7-5 所示，在全国范围内正式实施粮食直补政策的 2004 年，粮食主销省份——上海和北京的粮食直补标准是全国最高的，每亩补贴高达 50~60 元和 60~80 元，而其他几个粮食主产区的补贴标准只有 7~20 元，最高的江苏省有 20 元，这源于江苏省雄厚的地方财力，最低的河北省只有 7 元。全国范围内，补贴最低的省份是甘肃省，每亩只有 2.47 元，只有上海市的 1/30。

表 7-5 部分地区粮食直补与农资补贴标准

2004 年		2009—2012 年		
省区市	粮食直补（元/亩）	省市县	粮食直补（元/亩）	农资补贴（元/亩）
北京	50~60	北京[1]	小麦：70； 玉米：32	小麦：60； 玉米：55
上海	60~80	天津[2]	30	43
江苏	20	辽宁普兰店市[3]	16.9	53.1
辽宁	18.8	山东[4]	14~15	49~50
黑龙江	15	江西[5]	11.8	53.2
河南	12.3	湖南[6]	13.5	80.6
湖南	11	山西[7]	小麦：10； 玉米及薯类：5	小麦：55； 玉米及薯类：55
山西	10	广东省仁化县[8]	8	57
天津	10	青海[9]	30.2	44.8
宁夏	10	湖北房县[10]	6.2	63.1
重庆	10	江苏海安[11]	水稻：20	水稻：15； 小麦：10

续表

2004 年		2009—2012 年		
省区市	粮食直补（元/亩）	省市县	粮食直补（元/亩）	农资补贴（元/亩）
陕西	8	河南安阳[12]	17	96.7（全省统一标准）
河北	7	河北正定[13]	17	102
甘肃	2.47	四川旺苍县[14]	5.8	64

资料来源：2004 年各省市区补贴数据转引自：王海全，龚晓．粮食直补的尴尬：主产区低于主销区［J］．中国国情国力，2006（1）：25-27.

1.《关于 2013 年北京市粮食直补和农资综合补贴政策实施意见》，https：//wenzilu. com/article/onoPQ/；

2. 天津农业科技信息网：2011 年天津市粮食直补和良种补贴情况，http：//www. tjagri. ac. cn/index. php？ m=content&c=index&a=show&catid=64&id=33123；

3. 辽宁省财政厅：全省各地粮食直补工作进展情况（之三），http：//www. fd. ln. gov. cn/web/detail. jsp？ id=8a98819d2badb485012f7072539e1eba；

4.《山东省人民政府办公厅关于认真做好 2008 年对种粮农民补贴工作的通知》（鲁政办发〔2009〕16 号）；

5.《江西省财政厅关于拨付 2011 年粮食直补及农资综合补贴资金的通知》（赣财建〔2011〕35 号）；

6. 财政部：各地财政大力支持春耕备耕生产顺利开展，http：//www. gov. cn/gzdt/2013-03/20/content_ 2358413. htm；

7~9. 财政部：各地财政多措并举助力春耕生产，http：//www. gov. cn/gzdt/2012-03/05/content_ 2083671. htm；

10. 财政部：各地财政积极筹措资金保春耕，https：//www. 163. com/news/article/8S8MLKOR00014JB5. html；

11. 江苏海安市人民政府：农资综合补贴管理和使用情况，http：//www. haian. gov. cn/hasrmzf/czzxzjglhsyqk/content/E5161197C36547EBA62837F670E78FD9. html；

12. 安阳政府网：全市 111 万农户喜领粮食和农资综合补贴 5.35 亿元，http：//www. anyang. gov. cn/sitegroup/root/html/ff8080812b8fc534012bc908b0576b80/20130722104115595. html；

13.《正定县人民政府关于印发 2012 年正定县粮食直补和农资综合直补实施方案的通知》（正政〔2012〕3 号）；

14. 问政四川，广元市旺苍县人民政府的官方回复，http：//ly. scdaily. cn/bbs/thread. php？tid=2737880&display=&typeid=1&act=type&page=3.

除了粮食直补，2004 年建立的三项补贴中还包括农机购置补贴和良种补贴，2006 年农业补贴体系中又加入了农资综合补贴，形成了最初的四项农业补贴。如果说粮食直补旨在提高农民种粮收入和保证国家粮食安全，那么农机与农资综合补贴的目的则在于降低农民种粮成本，提高种粮利润，以及提高农业机械化水平。农资综合直补是国家对农民生产资料支出补贴的主要形式，其主要功能是降低农民农业生产的成本，间接地提高农民经营性收入。农资综合补贴项目出台的背景是 20 世纪 90 年代以来，化肥、农药、薄膜等农资价格的上涨，直接的契机是 2006 年国家调高了农用柴油价格，在出台调价政策时就考虑给予补贴，减轻对农民种粮成本的影响，后来财政部考虑到化肥、农药、农膜等其他农业生产资料价格上涨也会影响种粮农民成本，因此补贴项目中把其他生产资料也加入进去，就形成了农资综合直补。① 农资综合直补资金也主要投向粮食主产区，各省补贴资金也向产粮大县倾斜。和粮食直补一样，农资综合直补的补贴计算标准也是按照农户的土地承包面积或原计税面积核算。中央财政根据年初预计农业生产资料全年价格变动情况，计算全年数额后，将补贴资金全部拨付到地方，地方财政部门再一次性将补贴发放到农户。发放后就不再根据农资价格的变动进行调整了。

农资综合补贴源于下拨的中央预算资金，2006 年总额达到 120 亿元，超过了良种和农机具补贴数额，仅次于粮食直补，但农资综合直补增长迅速，在四项补贴中的比重越来越大，迅速成为农业补贴的主体，是国家投入最多的农业补贴项目。然而由于粮食直补是基于种粮面积测算的固定补贴，粮食产量、销售量对补贴额影响不显著，很多学者和政府官员都认为粮食直补对粮食增产的推动作用并不显著（杜辉、张美文、陈池波，2010），财政部因此决定将 2007 年新增的 156 亿元农资直补新增资金的分配直接与粮食产量、商品量和优质稻生产挂钩。实际上在 2007 年以后，农资直补资金确立了因素法分配原则，在保证存量资金分配不变的前提下，新增资金按四个因素予以分配，其中最主要的因素是与各地的平均粮食播种面积、产量、商品量等因素挂钩，使补贴随着种植面积和产量的增加而增加。

20 世纪六七十年代，政府部门提高了对农业机械化和电气化的重视度，在重工业中对农用机械工业的投资不断增长，但是到了 80 年代，农业机械化投资反而逐年降低。2003 年第一个一号文件在加强主产区粮食生产能力建设的主要措施中，专门提出要提高农业机械化水平，对购置和更新大型农机具给予一定补贴。农机购置补贴的主要政策目标正是提高中国农业的机械化水平，借此提高粮食生产能力。农机购置的补贴政策也被写入

① 朱志刚就 2007 年对种粮农民农资综合直补政策答问［EB/OL］. http：//www. gov. cn/jrzg/2007-05/21/content_ 621610. htm.

2004 年 6 月通过的《中华人民共和国农业机械化促进法》中。为了保证补贴资金在下拨过程中不被挪用，财政部和农业部规定补贴资金实行省级集中支付制度，即中央财政将支付资金直接拨付到省级财政，便不再往下级财政下拨了，农民凭与供货方的购机协议，只缴纳扣除补贴金额后的差价款即可提货，差价款由省农机部门统一与供货方结算。2013 年部分省级政府改革农机补贴支付方式，将原来的价差补贴改为对农民直接支付，即"全价购机、县级结算、直补到卡"。农牧民先全价购买补贴机具，在经相关部门核实后，财政部门将补贴资金以"一卡通"形式，直接将补贴资金兑现到农牧民手中，这项改革使农机购置补贴成为一项新的农民直补项目。

良种补贴最早源于 2002 年国家在东北三省和内蒙古实施的大豆良种推广补贴试验项目，当时补贴的目的是提高大豆亩产量，振兴中国的大豆产业，当然也是为了提高种植大豆农民的经济收入。2004 年良种补贴的农作物从大豆扩展到水稻、小麦、玉米四个主要的粮食作物，其政策目标也扩展为降低用种成本、提高农作物单产和农民收入等多重目标。与粮食直补标准相似，良种补贴也采用按照良种种植面积发放，如在 2004 年高油大豆、优质专用小麦、专用玉米每亩补贴 10 元，水稻良种补贴则在不同区域和不同品种间达到每亩 10 元或 15 元。[①] 随着良种补贴的农作物品种的扩大，良种补贴也逐渐成为普惠性的补贴项目，特别是良种补贴中的水稻油菜补贴，并不区分是否是良种，实际上已经成为另一种形式或"加强版"的粮食直补。因此，良种补贴的主要功能也变得更趋向于增加农民收入，起到了进一步补贴种粮农民收入的作用，对棉花、油菜的良种补贴也使得农业补贴的对象从粮食扩展到经济作物。2009 年财政部和农业部修改了良种补贴资金的发放方式，良种补贴方式不指定全国统一标准，而是因良种品种而定，水稻、玉米、油菜采用现金直接补贴方式，通过"一卡通"或"一折通"方式发放，对小麦、大豆、棉花采用现金直接补贴或售价折扣补贴方式。良种售价折扣补贴需要省级农业、财政等部门组织良种的统一招标，由中标单位实行统一供种，供种单位登记销售清册，购种农民签字确认。省级财政部门按中标单位的供种量预拨 70% 补贴资金，其余 30% 的

① 中国农业年鉴编辑委员会．中国农业年鉴（2004）［M］．北京：中国农业出版社，2005.

补贴资金由省级财政部门根据农业部门审核确认的供种清册和无种子质量问题书面意见，在播种后与中标单位结算。

粮食直补资金从粮食风险基金中列支。2004 年建立全面推行粮食直补政策后，粮食风险基金的主要用途从支付省级储备粮油的利息、费用补贴以及陈粮价差亏损补贴、粮食出口补贴和消化粮食财务挂账等粮食方面的开支转向对种粮农民的直接补贴。2006 年中央要求粮食主产区将种粮直接补贴的资金规模提高到粮食风险基金的 50%以上。粮食风险基金由中央和地方财政共同承担，根据 1998 年制定的《关于完善粮食风险管理基金管理的办法》，中央和地方按照 1∶1.5 的比例配套资金，地方占大头儿。中央对粮食主产区的粮食风险基金补助，由地方包干使用，但是包干后各地节余的基金不能挪作他用，只能用于粮食方面的支出。由于粮食主产区财政能力较弱，中央财政从 2001 年开始逐步提高了对地方粮食风险基金的补助额，在 2009 年一号文件中提出逐步取消主产区粮食风险基金配套，到 2011 年已经全面取消了粮食主产区 7 个省的配套额，当年粮食主产区的粮食风险基金完全由中央财政补助。[①] 因此，需要地方配套的粮食风险基金总额已经非常少了。2012 年中央拨付的粮食风险基金补助款已达 315 亿元，地方配套的资金仅有 67 亿元，中央和地方筹资比重从 2009 年的1.3∶1提高到 4.7∶1。[②] 因此，粮食直补资金也主要由中央支付。

农资综合直补资金则完全由中央财政专项转移支付一次性全部提前拨付到各省，农作物良种补贴也由中央财政下拨。2018 年前的农业部首先会同财政部下达包括补贴金额在内的年度良种补贴实施指导意见，省级农业与财政部门编制实施方案，各级农业部门和财政部门层层上报良种补贴面积，再组织汇总上报到农业部和财政部，最后中央财政根据上报的补贴面积和固定的补贴标准，计算出补贴款项，再将补贴款项下拨到各省。

农机具购置补贴除了中央下拨的补贴外，江苏、安徽、重庆等地方还配套了地方补贴，在中央补贴的基础上对农民购买农机具进行累加补贴。2004—2006 年，地方配套投入的补贴资金要高于中央补贴的资金，三年间

---

① 主产区粮食风险基金地方配套全面取消［EB/OL］. http://www.mof.gov.cn/zhengwuxinxi/caizhengxinwen/201103/t20110318_506356.html.

② 2012 年粮食风险基金中央补助款 315 亿元［EB/OL］. http://www.gov.cn/jrzg/2011-12/05/content_2011544.htm.

中央财政共投入补贴资金 9.7 亿元，带动地方各级财政投入超过 23 亿元，中央与地方投入比例为 1 ∶ 2.3，但是在 2007 年以后中央提高补贴额。2007 年中央补贴额增长到 20 亿元，地方配套有 13 亿元，此后中央补贴额就远远超过地方配套额，成为农机补贴的主要资金来源（见图 7-6）。

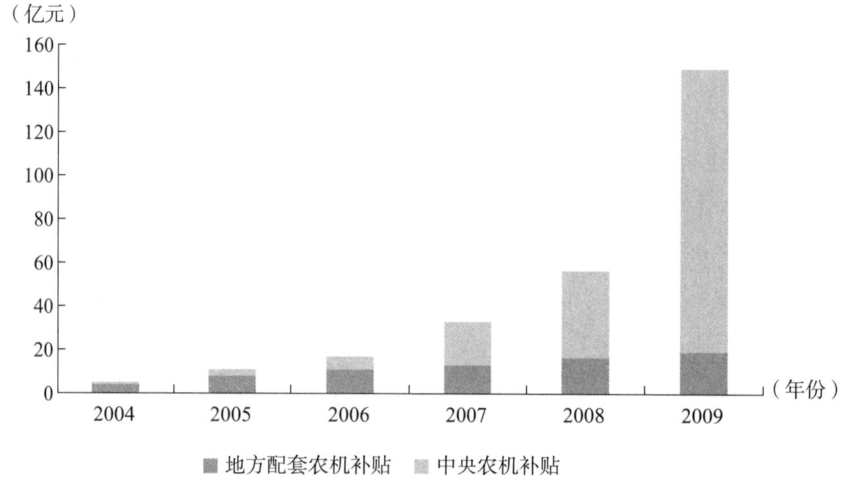

图 7-6　中央和地方农机具购置补贴额对比（2004—2009 年）

注：中央政府农机具购置补贴数据来源于历年《中国农业年鉴》；地方政府农机补贴数据来源：2004 年数据源于中国人大网：《关于 2004 年中央决算的报告》，http://www.npc.gov.cn/wxzl/gongbao/2005-07/28/content_ 5341685.htm；2006 年数据来源于《农机购置补贴政策基本覆盖全国主要农业县》，http：//www.gov.cn/jrzg/2007-05/15/content_ 614992.htm；2007 年数据来源于《中央财政今年安排农机补贴 40 亿元》，人民日报，2008-02-28（02）；2008 年数据来源于《中国农业年鉴》（2008）第 84 页；2009 年数据来源于《农业部：总结经验措施全面落实农机购置补贴政策》，http：//www.gov.cn/gzdt/2010-06/26/content_ 1638176.htm

除了上述四种主要的农业补贴项目外，2006 年国家启动了若干项新的农业补贴项目，这些项目虽然补贴金额小于四项补贴，但它们和四项补贴一起构成了中国新兴的农业福利政策体系，这些补贴包括农业保险补贴、畜牧良种补贴、能繁母猪补贴、生猪良种补贴以及渔业柴油补贴等。这几项补贴中多数是对畜牧业良种以及其他农业生产资料的补贴，为了保持各补贴项目补贴对象的统一性，把四项补贴中排除在外的渔业、畜牧业生产资料也纳入农业补贴体系中，这几项农业补贴项目是四项农业补贴的重要补充。从近几年这几项补贴的数量及其变化来看，渔业柴油补贴和农业保险补贴数额较大，其中渔业柴油补贴量增长很快，补贴量最高，除了农资综合直补外，已经超过了农业四项补贴中的其他三项补贴。

农业保险补贴始于 2007 年中央在 6 个省、自治区（内蒙古、吉林、江苏、湖南、新疆和四川）推行的试点。中央投入了 21.5 亿元补贴额，补贴对象包括种植业和畜牧业。2008 年试点从 6 个省、自治区推广到 16 个省、自治区以及新疆生产建设兵团，补贴额增长到 60.5 亿元。到 2012 年初，农业保险补贴的品种已经覆盖了包括水稻、小麦、玉米、棉花、油料、马铃薯、青稞、天然橡胶、糖料、能繁母猪、奶牛、育肥猪、牦牛和藏系羊等在内的 14 种农林牧业品种。[①] 2012 年中央投入的补贴金额已经高达 144.6 亿元，接近粮食直补。农业保险的付费原则类似于新农合和新农保，财政部、省级财政部门、农户等共同负担农业保险保费，而且针对东中西部不同地区种植、养殖和森林的不同品种，中央和地方政府分摊的比重不一，总体来说，在地方财力较弱和农民收入较低的中西部地区，中央负担的比重较大；养殖业保险比种植业保险和林业保险得到政府（特别是中央政府）的补贴比重更高。

2006 年国家为了弥补农用柴油价格上调所产生的农业生产成本上升压力，在实施农资综合补贴的同时，也制定了渔用柴油补贴政策，对渔船燃油进行补贴，当年中央财政支付了补贴资金 28.9 亿元。2009 年中央制定了渔用柴油补贴的专门办法，确定了补贴条件、标准、资金来源和数额，规定只有当成品油出厂价格高于 2006 年价格（汽油 4400 元/吨，柴油 3700 元/吨）时才启动补贴政策，低于这一价格则不予补贴。根据 2009 年财建〔2009〕1 号文件的规定，对从事近海捕捞、内陆捕捞及养殖并使用机动渔船的渔民和渔业企业，中央财政全额负担。这也意味着渔用柴油补贴完全由中央财政负担。

畜牧良种补贴是国家良种补贴体系的重要组成部分，和良种推广补贴一样，它的补贴项目和内容也非常广泛。截至 2012 年，畜牧良种补贴项目中包含了奶牛良种繁育补贴、生猪良种补贴、肉牛良种补贴、绵羊良种补贴和牦牛良种公牛补贴五个子项目。畜牧良种补贴的资金也主要来自中央下拨，农业部和财政部先确定各项目的省补贴金额，将资金拨付到省级财

---

① 财政部关于进一步加大支持力度做好农业保险保费补贴工作的通知（财金〔2012〕2 号）[Z]. 2012.

政部门，省级畜牧财政部门再将补贴项目层层分解到县，并将补贴资金随之拨付到县财政部门。当补贴资金到达县财政部门后，县畜牧部门确定供精单位，供精单位按照扣除补贴后的价格向养殖者提供精液，财政部门根据相关凭证，如采购合同、销售发票等与供精单位核算补贴资金。因此，畜牧良种补贴与部分农作物良种补贴发放方式类似，属于销售折扣补贴。

从补贴数量来看，2004 年以来中央政府拨付的四项农业补贴总额增长迅猛，从 2004 年的 145.5 亿元增长到 2012 年的 1653 亿元（见表 7-6）。补贴初期（2004—2006 年）还是以粮食直补为主，这项支出占补贴总量的 62%，但是自 2006 年启动农资综合补贴项目后，农资综合补贴的数量和比重就逐年上升，已经成为最大的农业补贴项目，2012 年占四项补贴比重达到 65%。导致农资综合补贴总量和比重增长的主要原因是，不同于粮食直补仅按种植面积计算，农资综合直补的新增部分与粮食种植面积和产量挂钩，这就意味着粮食产量越高，每年新增的农资补贴也就越多，这就使农资综合补贴总额不断攀升。尽管部分地区的粮食直补标准随时间有所上调，但是上调幅度都很小，而全国粮食种植面积相对稳定，因此粮食直补总量自 2008 年以来一直较为稳定。

表 7-6　中央财政四项农业补贴总量及比重（2003—2014 年） 单位：亿元

项目	2003	2004	2005	2006	2007	2008	2009	2010	2011	2012	2013	2014
粮食直补	0	116	132	142	151	151	151	151	151	151	151	140.5
农资综合补贴	0	0	0	120	276	638	716	724.7	860	1078	1071	1077.1
良种推广补贴	3	28.5	38.7	39.7	63.8	98.6	174	204	220	209	226	207.23
农机具购置补贴	0	1	3	6	20	40	130	155	175	215	217.5	227.55
总计	3	145.5	174	307.7	511	928	1171	1235	1406	1653	1665.5	1652.4
占中央财政收入比重（%）	0.03	1.00	1.05	1.50	1.84	2.84	3.26	2.91	2.74	2.94	2.77	2.56
占农业 GDP 比重（%）	0.02	0.68	0.77	1.28	1.78	2.75	3.32	3.05	2.96	3.16	2.9	2.8

续表

项目	2003	2004	2005	2006	2007	2008	2009	2010	2011	2012	2013	2014
占全国农林水支出比重（%）	0.26	8.59	9.71	14.24	15.01	20.42	17.42	15.19	14.15	13.81	12.5	11.66
占地方农林水支出比重（%）	0.30	9.38	10.58	15.64	16.53	21.91	18.29	15.95	14.77	14.41	13.0	12.12

注：粮食直补、农资综合补贴、良种推广补贴数据来源于财政部网站公布的各年度全国财政决算。历年农业生产总值、全国和地方农林水支出，全国与中央预算收入数据来源于《中国统计年鉴》。

自 2004 年起逐步建立以农作物良种补贴、种粮农民直接补贴、农机具购置补贴和农资综合补贴（农业四项补贴）为主的农业补贴体系，其主要目标之一就是提高农民种粮积极性、促进粮食生产。随着政府财政投入力度的持续加大，农业四项补贴的规模从 2004 年的 145.5 亿元增加到 2013 年的 1665.5 亿元（许庆、陆钰凤、张恒春，2020）。但是，这些补贴政策的局限性也不断显现。首先，农业补贴没有和粮食产量直接挂钩，对粮食增长作用不明显。除农机具购置补贴外，其他农业补贴都不是按粮食实际耕种面积发放的，主要是基于农户承包面积或农业税费改革前的计税面积发放。随着城镇化进程的加速，大量农村劳动力脱离种植业，但是他们仍然可以凭借承包的土地获得补贴。相反，实际从事粮食生产的种粮大户、家庭农场等新型农业经营主体反而难以获得补贴（许庆、陆钰凤、张恒春，2020；黄季焜等，2011；Huang et al.，2013），这就偏离了国家设计农业补贴制度推动粮食生产、提高种粮农民收入的初衷。其次，对农民收入增长而言，补贴制度的作用更是有效。尽管政府每年投入的四项补贴总额相当巨大，但是分摊到单个农户的数额偏少，而且这些补贴不足以弥补农业生产资料价格上涨对粮食生产利润和农民生产积极性的不利影响。2015 年粮食直补、农资综合补贴、良种补贴三项补贴 1619.8 亿元，人均补贴额 269 元，仅占农民人均纯收入的 2.5%。在农村经济发达的江苏省，三项补贴收入占农民收入的 1%不到（王锋，2017）。尽管前期的很多研究都认为农业补贴对调动农民种粮积极性有一定的促进作用，但是更多的观点指出，补贴对农民扩大种粮面积、增加粮食产量的激励效应只会存在于政策实施初期，这一作用会很快递减甚至消失（黄少安等，2019）。

随着农业产业结构的调整与经营方式的转变，自2003年建立的现有农业补贴政策在实施过程中开始出现各种问题，农业补贴制度对提高农民收入和激励农业生产的积极性相对有限。对农业补贴制度进一步完善已到了十分必要的程度。

7.4 中国农业福利政策的新发展：2013年以来的农业补贴政策

2013年以来中国农业福利政策的新发展，延续着观念转型对农业政策影响的既有逻辑。2012年党的十八大以来，在以习近平同志为核心的党中央坚强领导下，党和国家事业发生历史性变革、取得历史性成就，中国特色社会主义进入新时代。我国的农业发展战略也建立了一系列新理念、新思想和新战略，[①] 其中重要的一项战略就是“坚持把推进农业供给侧结构性改革作为主线，加快推进农业农村现代化”。农业供给侧结构性改革在2015年中央农村工作会议上首次被提出，改革的主要内容是提高农业供给体系的质量和效率。2016年中央农村工作会议把推进农业供给侧结构性改革作为农业农村工作的主线。农业供给侧结构性改革的现实背景是我国农业的主要矛盾由总量不足转变为结构性矛盾。矛盾的主要方面在供给侧：第一，农产品库存量过剩，粮食加工转化率不足。第二，化肥农药不合理使用，环境负面影响突出；第三，农业生产成本过高，农业效益和竞争力不足；第四，农产品质量不优、生产结构不尽合理，不能满足消费者更高的需求。农业供给侧结构性改革为解决我国农业结构性矛盾提供了系统性的方案和举措。

2016年后，农业供给侧结构性改革战略推动了农业补贴政策的深入改革。2016年12月31日印发的《中共中央　国务院关于深入推进农业供给侧结构性改革加快培育农业农村发展新动能的若干意见》（以下简称《意见》）系统阐述了农业供给侧结构性改革的主要思想和内容。《意见》的第11点“集中治理农业环境突出问题”、第26点“深化粮食等重要农产品价格形成机制和收储制度改革”、第27点“完善农业补贴制度”、第29点“加

① 韩长赋.用习近平总书记“三农”思想指导乡村振兴［EB/OL］. http：//theory. people. com. cn/GB/n1/2018/0328/c40531-29892998. html.

快农村金融创新”等，分别把轮作休耕补贴制度，目标价格与生产者价格补贴、“三补合一”农业补贴政策改革以及农业保险保费补贴政策纳入农业供给侧结构性改革体系之中。[①] 上述补贴政策改革无一不是遵循农业供给侧结构性改革的战略思路。

表 7-7　2015 年以来历次中央农村工作会议对农业供给侧结构性改革的论述

年份	主要内容
2015	保障国家粮食安全 加快消化过大的农产品库存量 发展适度规模经营 降低生产成本，提高农业效益和竞争力 提高农业供给体系质量和效率 增加市场紧缺农产品的生产 农业支持政策要向规模经营主体倾斜
2016	优化产品结构 提高农产品质量 发展农业适度规模 加快科技创新，增强农业发展动能 促进融合发展，优化产业结构 推行绿色生产方式
2017	坚持质量兴农、绿色兴农 夯实农业生产能力基础，确保国家粮食安全 农村一、二、三产业融合发展体系 积极培育新型农业经营主体
2018	夯实粮食生产能力基础 突出优质、特色、绿色等调整优化农业结构 推动农村各产业融合发展
2019	保障重要农产品有效供给 完善农业补贴政策，保障农民种粮基本收益 现代农业设施建设
2020	推动品种培优、品质提升、品牌打造和标准化生产

资料来源：2012—2020 年中央农村工作会议［EB/OL］. 共产党员网，https：//www. 12371. cn/special/lczyncgzhy/.

首先，农业供给侧结构性改革强调夯实粮食生产能力基础、保障国家粮食安全，同时加大对粮食适度规模经营的支持力度。然而，2004 年以来实施的农业“三项补贴”政策已经演变成为农民的收入补贴，而真正从事

① 中共中央　国务院关于深入推进农业供给侧结构性改革加快培育农业农村发展新动能的若干意见［EB/OL］. http：//www. gov. cn/zhengce/2017-02/05/content_ 5165626. htm.

粮食生产的种粮大户、家庭农场、农民合作社等新型经营主体却很难得到支持。农业“三项补贴”政策对调动农民种粮积极性、促进粮食生产的作用逐年降低。因此，“三补合一”的农业支持保护补贴旨在增强农业补贴的指向性、精准性和实效性，加大对粮食适度规模经营的支持力度，同时也维护了拥有耕地承包权的农民利益，加强了耕地地力保护。

其次，临时收储政策对玉米、大豆、棉花等农产品市场价格产生了严重的扭曲效应，削弱了国内农产品的市场竞争力，改革临时收储政策是农业供给侧结构性改革的重要内容。玉米等重要农产品的价格形成机制和收储制度改革，是推进农业供给侧结构性改革的重头戏。[①] 目标价格和生产者补贴政策旨在将政府对生产者的价格补贴转变为直接支付补贴，减轻国内外价格“倒挂”，提升农产品竞争力。同时，改革也缓解了农业资源配置扭曲现象，促进了农业结构调整，保障了农民基本收益。

再次，发展农业保险是农业供给侧结构性改革的重要任务。农业保险保费补贴制度则是发展政策性农业保险制度的重要支持。农业供给侧结构性改革的重要目标就是提高农业供给体系的质量和效率，不仅要保证农产品供给数量充足，而且要提高农产品品种和质量与消费者需要的契合度。但是农产品生产环境面临着各类自然灾害和国内国际市场价格变动带来的风险，使得农民增收面临着巨大的波动和不确定性。特别是对于种植面积大、农业投资额度高的新型农业经营主体而言，农业生产风险带来的潜在损失也最为突出。政府保险保费补贴政策激励农业生产者积极投保，有助于农业保险实现全流程覆盖和全要素保险保障，提高了农民和新型农业经营主体抗风险能力和市场竞争能力，为农业供给侧结构性改革撑起“安全网”。

最后，耕地轮作休耕制度是落实习近平生态文明思想和关于农业供给侧结构性改革指示精神的具体举措。[②] 轮作休耕是针对我国粮食和农业生产连年丰收，但是结构性矛盾突出、资源错配和供需脱节等问题的重要解决措施。轮作休耕的主要目标是减轻玉米和稻谷的库存压力，优化

---

① 韩俊．玉米收储制度改革是农业供给侧结构性改革的首场硬仗［EB/OL］. https：//m. thepaper. cn/newsDetail_ forward_ 1612585_ 1.

② 农业农村部　财政部关于做好 2019 年耕地轮作休耕制度试点工作的通知［EB/OL］. http：//www. moa. gov. cn/gk/zcjd/201906/t20190625_ 6319177. htm.

种植结构，增加有效供给，保护耕地地力和土壤、水资源环境。通过轮作休耕补贴，保证耕地得到休养生息。实现种地养地结合、农业可持续发展的同时，也保证农民收入不降低。

7.4.1　2016 年“三补合一”的农业支持保护补贴

2012 以后，农业补贴制度体系与政策设计不断完善。2015 年，财政部、农业部印发了《关于调整完善农业三项补贴政策的指导意见》，选择在安徽、山东、湖南、四川和浙江等 5 个省开展“三补合一”试点，将农作物良种补贴、种粮农民直接补贴和农资综合补贴合并为农业支持保护补贴。2016 年《关于全面推开农业“三项补贴”改革工作的通知》开始在全国范围内展开农业“三项补贴”改革。农业支持保护补贴的政策目标除了粮食安全和农民收入两个基本目标外，还更加注重耕地地力保护和粮食适度规模经营。

第一，加强耕地地力保护。新的补贴政策将原来农作物良种补贴、种粮农民直接补贴以及 80%的农资综合补贴资金用于支持耕地地力保护，用于耕地地力保护的补贴资金，其补贴对象原则上为拥有耕地承包权的种地农民，这一改革基本维持了原农业补贴的现状与稳定（柯炳生，2018）。但是，政策明确撂荒地、改变用途等耕地不纳入补贴范围。耕地地力保护补贴以绿色生态为导向，提高农作物秸秆综合利用水平，引导农民综合采取秸秆还田、深松整地、减少化肥农药用量、施用有机肥等措施。《关于全面推开农业“三项补贴”改革工作的通知》中对于耕地地力保护补贴的补贴方式有着明确的表述：“补贴依据可以是二轮承包耕地面积、原计税面积、确权面积或粮食种植面积等，具体以哪一种类型面积或哪几种类型面积为依据，由各地区结合本地实际自定；补贴标准由地方根据补贴资金总量和确定的补贴依据综合测算确定。”耕地地力保护补贴每个地区的标准都不一样，根据每年补贴资金规模以所在地区分配的资金额度除以耕地实际面积计算，一般金额在 40～200 元不等。绝大部分省份都是首先确定补贴资金总额，然后将补贴资金总额逐级分解，即由省到市、由市到县、由县到乡、由乡到村，最后由村分解到户（耿仲钟、肖海峰，2018）。各地耕地地力保护补贴标准见表 7-8。

表 7-8　各地耕地地力保护补贴标准（2021 年）

省市地区	补贴标准
湖南省	175 元/亩（计税面积种植双季稻）
山东省	不低于 134 元/亩
海南省	约 45 元/亩
河南省南阳市卧龙区	108.65 元/亩
山东省平度市	138 元/亩
甘肃省临泽新华镇	142.39 元/亩
河南省新乡县	102.62 元/亩
黑龙江省牡丹江市	56.7 元/亩
河北省宁晋县	96.12 元/亩
江西省	112 元/亩
安徽省	60~100 元/亩
辽宁省	70~90 元/亩

资料来源：根据各地财政部门公布的数据整理。

第二，促进粮食适度规模经营。随着中国工业化、信息化、城镇化和农业现代化进程的深入，农村劳动力大量转移，新型农业经营主体占据着越来越重要的地位，农业补贴对象也应转向新型规模化农业经营主体。根据 2017 年第三次全国农业普查，2016 年末，全国规模农业经营户 398 万户，农业经营单位 204 万个，农业经营单位数量较十年前增长 417.4%，特别是农民合作社数量大幅度增加。2016 年末，农民合作社数量达 91 万个，占农业经营单位的 44.6%。规模化农业经营户和农业经营单位实际耕种的耕地面积占全国实际耕种面积的 28.6%。[①] 2016 年的“三补合一”将原来农资综合补贴资金的 20%，加上种粮大户补贴试点资金和“三项补贴”的增量资金，统筹用于支持粮食适度规模经营，重点向种粮大户、家庭农场、农民合作社、农业社会化服务组织等新型农业经营主体倾斜，即“谁多种粮食，就优先支持谁”。“三补合一”政策全面铺开后，用于粮食适度规模经营的补贴资金以 2016 年的规模为基数，每年从农业支持保护补贴资金中予以安排，以后年度根据农业支持保护补贴的预算安排情况同比例调

① 国务院第三次全国农业普查领导小组办公室，中华人民共和国国家统计局．第三次全国农业普查主要数据公报［R/OL］．http：//www.stats.gov.cn/tjsj/tjgb/nypcgb/.

整。同时，对粮食适度规模经营的补贴鼓励各地创新支持方式，要求采取贷款贴息、重大技术推广与服务补助等方式予以支持，不鼓励对新型经营主体采取现金直补。用于粮食适度规模经营的补贴资金，重点支持建立健全农业信贷担保体系，中央财政下达地方用于支持粮食适度规模经营的农业支持保护补贴资金统筹用于资本金注入、担保费用补助、风险补偿等方面。① 主要目的是通过贷款担保等合作机制，解决新型经营主体在粮食适度规模经营中的“融资难、融资贵”问题。

为了进一步激励种粮大户扩大生产规模，降低种粮大户生产成本，在耕地地力保护补贴之外，各地制定了种粮大户补贴政策，补贴对象即种粮大户。目前有两种补贴方式，一是将种粮大户补贴和耕地地力保护补贴分开，单独对种粮大户设置补贴额度；二是对种粮大户的补贴建立在耕地地力保护补贴的基础上进行叠加补贴。种粮大户的标准各地也不同，如重庆市界定的种粮大户指同时具备以下条件的自然人、法人、专业合作组织或其他组织：一是相对集中成片承包耕地或租种耕地（包括代种撂荒地、新开垦未发包耕地）50 亩以上、3000 亩以下，种植包括水稻、玉米、小麦、马铃薯、红苕、大豆、绿豆、豌胡豆、高粱、荞麦、肾豆、红小豆等 12 种粮食作物；二是独立承担风险、自负盈亏，统一生产经营管理，独自享有产品处置权；三是按当地基本种植技术要求规范耕种。② 2021 年重庆市种粮大户补贴标准为每亩补贴 230 元。根据农交网对 2021 年福建省各地种粮大户补贴标准的统计，有的每亩补贴几十块钱，有的每亩补贴一两百元。

表 7-9　福建省部分县市种粮大户补贴对象及补贴标准

	补贴对象	补贴标准
邵武市	单个承包户种植 50 亩以上	耕地地力保护补贴（补贴标准目前没有公布）+30 元/亩叠加补助
闽侯县	每户种植水稻 30 亩及以上	耕地地力保护补贴+每亩 100 元的叠加补助

① 财政部　农业部关于全面推开农业“三项补贴”改革工作的通知［EB/OL］. http: //www. moa. gov. cn/gk/zcfg/qnhnzc/201604/t20160426_ 5108762. htm.

② 关于印发 2020 年重庆市耕地地力保护和种粮大户补贴工作实施方案的通知［EB/OL］. http: //gxq. cq. gov. cn/zwgk_ 202/jczwgkbzml/snbtly/zcwj_ jcgk/202103/P020210312617527450230. pdf.

续表

	补贴对象	补贴标准
上杭县		耕地地力保护补贴+叠加补助，2020 年流转耕地种植粮食作物 30～100 亩的每亩补助 100 元、100 亩（含 100 亩）以上每亩补助 200 元，100 亩（含 100 亩）以上种植双季稻的每亩再补助 100 元
德化县	通过签订规范土地流转合同 5 年以上，在县域内种植粮食作物（水稻、玉米、马铃薯、地瓜）相对连片 30 亩以上的农民合作社、农场等农业企业或种植大户	现有种植的耕地上种植粮食作物 30 亩以上每亩给予奖励 200 元，通过复耕抛荒山垅田种植粮食作物新种 30 亩以上每亩给予奖励 500 元

资料来源：2021 年种粮大户补贴标准是多少钱一亩？附各地补贴标准一览［EB/OL］. https：//www. nongjiao. com/news/read-14300. html

农业支持保护补贴制度体现我国农业补贴制度从普惠制到精准制，从“黄箱”补贴政策到“绿箱”补贴政策的转变（李鎏、蔡键、林晓珊，2021）。

首先，2003—2016 年的各项农业补贴政策的基本立场是对有地农民无条件地每年进行一次性的“普惠制”资金支付，具有非常明显的福利制度色彩。“普惠制”农业补贴显然会一定程度上提高农民收入，但是由于缺乏对种粮农民实际行为的区分和精准对应，一些不种粮的农民获得补贴，而一些实际种粮的生产者得不到补贴，或者补贴额度不高，种粮积极性会受挫。农业支持保护补贴制度则提高了补贴的精准性，补贴对象不仅包括土地承包者，还包括土地耕种者，以及种粮大户、家庭农场、合作社等新型农业经营主体，既维持了农业承包者的实际利益，又保障了实际种粮者获得相应的补贴，提高了他们的种粮利益和积极性。

其次，“三项补贴”的合一还降低了政策执行成本，简便了补贴发放流程，对激励农民提高生产积极性更加明显。改革前的“三项补贴”需要分开独立核算与支付，核算程序较为烦琐复杂，导致补贴发放时间滞后，部分地区农民下半年甚至年底才收到补贴，这时农民种植规模已经确定且难以变动，因此补贴发放对农户的激励效应大为削弱。改革后的“三项补贴”资金合并，并且要求对农民的补贴要在 6 月 30 日前发放到位，有助于明确农民的生产预期，提高他们扩大生产规模的积极性。

最后，根据 WTO 规则，“黄箱”补贴规则涉及对农产品价格以及农资价格方面的补贴。传统的农业补贴项目中，除了粮食直补外，其他的补贴项目都与价格补贴关系密切。根据 WTO 关于降低补贴政策对农产品市场干预的规则，我国要逐步降低补贴政策对农产品市场的影响。农业支持保护补贴制度体现了这种补贴形式的改革，即由补贴市场价格完全转变为补贴农民收入。同时，粮食适度规模经营的补贴还面向农业生产环节的融资、贷款、技术服务补贴等“绿箱”补贴项目，由补贴流通环节改成补贴生产环节。

相比传统的三项补贴制度，农业支持保护补贴制度定位为耕地地力保护和支持粮食适度规模经营两大政策目标。首先，对种地农民的直接补贴，是为了鼓励农民流转土地，提高耕种规模。实际补贴资金发放中，尊重了土地承包权流转双方的意愿。根据政策规定，农户之间土地经营权发生流转的，应签订土地流转协议，并在协议中明确补贴资金受益方；农户之间未签订土地流转协议的，补贴资金仍由土地承包权者享有。农户土地经营权流转新型农业经营主体用于农业生产的，必须签订土地流转协议，并在协议中明确补贴资金受益方。① 其次，新的补贴制度致力于耕地地力保护，对于抛荒的耕地、用途改变的耕地和质量不达标的耕地都不在新的补贴范围内，避免了传统的根据土地承包面积补贴对耕地保护力度不足的局限。新的补贴制度将激励农民将抛荒地复垦、提高耕地质量。

“三补合一”的农业生产支持补贴的实施效果如何？是否起到了如政策制定者预测的那样提高了适度规模化经营，以及耕地地力保护的作用呢？在“三项补贴”实施前，大多数规模化经营的农户难以获得与农地流转、规模经营相关的支持补贴。农业规模化经营面临着更大的生产成本和资金约束，缺乏相应的补贴势必影响农户的生产积极性。当前的农业支持保护补贴的主要政策目标就是对规模经营主体进行支持，因此在理论上可以在一定程度上缓解规模农户的资金困境，提高他们扩大生产的积极性。上海财经大学和农业农村部农村经济研究中心对基于全国农村固定观察点调查 2016 年和 2017 年两期数据，评估了农业支持保护补贴对规模农户种粮的影响。他们的研究证实了农业支持保护补贴的积极效果。无论是纯粮食种植户还是以粮食为主的种植户，农业支持保护补贴都显著扩大了规模

① 财政部、农业部：三项补贴力争 6 月 30 日前发完［EB/OL］. http：//country. cnr. cn/gundong/20160713/t20160713_ 522667830. shtml.

农户的粮食播种面积。农业支持保护补贴主要是通过促进规模农户转入更多土地来扩大粮食生产（许庆、陆钰凤、张恒春，2021）。在新的补贴制度对耕地保护影响方面，耿仲钟、肖海峰（2018）对浙江、山东两省4县市的农户调研发现，耕地保护补贴政策对保护耕地地力的效果并不明显。和“三项补贴”政策相比，获得农业支持保护补贴后，仅有11.2%的农户减少了化肥、农药使用量。政策效果不明显的主要因素可能在于缺乏政策执行的资源和工具，获得补贴的农户并未将补贴资金用于耕地地力的保护。基层政府并没有使用太多精力和资源宣传、引导农户将该项资金用于耕地地力保护；地方政府更难以限制农户对化肥、农药的使用量。由于适度规模经营补贴重点向新型经营主体倾斜，政策实施后新型经营主体，特别是合作社得到蓬勃发展。补贴制度对提高种粮农民尤其是规模种粮主体的收入有积极影响，但是由于规模种粮大户补贴标准较低，刺激种粮积极性效果有限。种粮大户反映当前的补贴标准较低，期望将规模种粮大户补贴的标准提高到300~400元/亩的水平，而实际上调研县市种粮大户补贴资金仅为60~120元/亩。对种粮大户更加不利的是，部分地区土地租金上涨，且补贴款并未为实际种粮者所得。此外，尽管粮食适度规模经营的补贴资金重点用于支持建立健全农业信贷担保体系，但是调研的地区尚没有建立服务粮食生产的信贷担保体系。

7.4.2 生产者补贴政策改革

我国继2004年启动小麦水稻粮食最低收购价政策后，2008年开始陆续对主产区部分粮食和经济作物实行临时收储措施，如2008年启动的玉米、大豆和油菜籽，2011年启动的棉花，2012年启动的食糖临时收储政策。临时收储制度和粮食保护价收购制度一样，其核心就是政府设定最低价（保护价），以政府粮食部门为主收购玉米、大豆。长期以来由于大豆等经济作物市场价格偏低，最低收购价和临时收储价格却不断提高，导致国家收购数量过多，政府收购成为市场主力。2008—2013年，东北地区80%以上的玉米被国家粮库和国有企业收购，2012—2013年临时收储的棉花占当时棉花总产量的96.8%（卢凌宵等，2015）。由于临时收储政策对玉米、大豆市场价格的扭曲效应，削弱了国内农产品的市场竞争力，导致国内外价格长期处于严重“倒挂”状态，如我国棉花大豆临时收储价格远高于国际市场离岸价格（徐志刚，2010）。国内外价差的拉大加剧了过量进口问题，同时严重冲击了国内农产品下游加工业，增加了企业生产成本和经营利润。临时收储政策已经到了难以为继，不得不改革的地步（黄季焜，2014）。

2014 年中央一号文件明确提出逐步建立农产品目标价格制度。种植者按市场价格随行就市销售。当市场价格低于目标价格时，国家根据目标价格与市场价格的差价和种植面积、产量或销售量等因素，对试点地区生产者给予补贴；当市场价格高于目标价格时，国家不发放补贴，同时取消临时收储政策。在目标补贴政策下，政府不干预市场价格，企业按市场价格收购。政府对生产者的补贴由包含在价格中的“暗补”变为直接支付的“明补”。在这一年，国家出台了新疆棉花和东北及内蒙古大豆目标价格改革试点。目标价格采取“生产成本+基本收益”的方法在播种前公布，如 2014 年公布的棉花、大豆价格分别为每吨 19800 元和 4800 元。根据《新疆棉花目标价格改革试点工作实施方案》，补贴总额的 60%按棉花种植面积发放，剩余的 40%按籽棉交售量补贴。

从 2014 年到 2017 年，目标价格补贴政策经过 3 年的实践，取得了一定成效，基本达到了改革目标。目标价格补贴政策的实施缩小了棉花的国内外价差，提高了棉花亩均毛利润，提高了棉农增产积极性。东北三省和内蒙古大豆收购市场价格明显下降，国内大豆收购价格与进口到岸价的价差也大幅缩小。改革后，大豆种植的净利润和现金收益每公顷增加了 600 元，农民种豆基本收益得到保障（张晶等，2016）。

然而，目标价格制度也存在许多问题，诸多因素制约了改革成效。首先，改革显著增加了政府财政成本，给财政带来很大负担。由于目标价格是按照“生产成本+基本收益”的原则确定的，由于生产成本上涨的趋势难以扭转，目标价格也将持续增长。根据计算，2014 年，新疆棉花目标价格补贴额达到 260 亿元左右，相当于当年新疆农林水事务支出总额的 64.2%。2014 年，大豆目标价格补贴约为 30 亿元，2015 年由于大豆市场价格下降较多，补贴资金比 2014 年增长了一倍，财政压力成倍增加（张晶等，2016）。其次，目标价格制度还面临着巨大的政策执行成本。根据政策有关规定，对棉花和大豆的补贴发放要对种植面积进行核查，而这项工作需要投入大量的人力物力，还有花费高昂的设备采购和宣传费用，尽管如此，很多农户对面积测量结果仍不满意，认为目标价格政策手续太过繁杂，如等待发票时间过长等。此外，为了防止内地棉花骗补问题，也需要对运棉车辆进行检查，额外增加了企业的运输成本（黄季焜等，2015）。最后，目标价格体制虽然一定程度上实现了市场价格与政府补贴的分离，但是补贴与产量挂钩，属于 WTO“黄箱”政策范畴，受到 WTO 规则的约束，一旦目标价格补贴超过了 WTO 规定的上限，就容易引发贸易争端。

2016 年，中央部门印发《关于建立玉米生产者补贴制度的实施意见》，决定在东北和内蒙古自治区实施玉米生产者补贴。2017 年中央一号文件再次表明，要坚定推进玉米市场定价、价补分离改革，健全生产者补贴制度。2017 年，国家调整了大豆目标价格补贴政策，实行市场化收购加补贴的大豆生产者补贴政策。相比目标价格补贴，生产者补贴制度实施更为简化，实施成本更低，市场价格和目标价格补贴都需要每年测算，而生产者补贴不需要测算市场价格，只需要根据播种面积计算，生产者补贴政策本质上是一种与生产面积挂钩的固定支付。2017 年黑龙江玉米和大豆生产者补贴标准分别为 133.46 元/亩和 173.46 元/亩。2018 年为了调节玉米种植面积，鼓励大豆种植，政府大幅降低玉米生产者补贴标准，提高大豆补贴标准。2021 年玉米补贴标准每亩 68 元，大豆补贴标准每亩 248 元（见表 7-10）。

表 7-10　黑龙江省历年玉米和大豆生产者补贴标准　　单位：元/亩

年份	玉米	大豆
2016	153.92	—
2017	133.46	173.46
2018	25	320
2019	30	255
2020	38	238
2021	68	248

资料来源：中华粮网。

7.4.3　农业保险保费补贴制度的发展

2007 年财政部印发《中央财政农业保险保费补贴试点管理办法》，在

6 省（区）开展农业保险保费补贴试点工作，将“农业保险保费补贴”列入财政补贴预算科目，标志着我国政策性农业保险制度正式开始实施。中央财政农业保险保费补贴是指财政部对省级政府引导有关农业保险经营机构开展的符合条件的农业保险业务，按照保费的一定比例，为投保农户、农业生产经营组织等提供补贴。我国采用中央与省、市、县多级补贴的模式，要求农户也负担部分保费，即农户不参与、政府不补贴。只有在省级财政部门和农户分别承担一定比例保费的前提下，财政部才给予相应的保费补贴，即地方不配套、中央不补贴。2008 年的《中央财政农业保险保费补贴试点管理办法》，把中央财政补贴险种标的限制在玉米、水稻、大豆、小麦和棉花五个主要农作物和能繁母猪品种。

2012 年国务院颁布了《农业保险条例》，从制度和体制上确立了农业保险制度模式，标志着我国农险从试点进入到全面正式实施阶段。2016 年颁布的《中央财政农业保险保险费补贴管理办法》进一步完善了我国农业保险保费补贴制度，构建了市场化农业生产风险分散机制，建立了多层次农业保险体系。中央财政已将农业保险保费补贴政策推广至全国，将关系国计民生和粮食安全的 15 个品种作为中央财政补贴险种，并且结合区域、险种情况实施差异化补贴政策，补贴比例逐步提高。各级财政合计保费补贴比例平均达到 75% 至 80%（见表 7-11）。2018 年颁布的《关于开展三大粮食作物完全成本保险和收入保险试点工作的通知》进一步完善了我国农业保险制度，提高了农业生产抗风险能力，有助于调动农户种粮积极性。

表 7-11　2007 年以来中央农业保险保费补贴政策的演进

时间	政策法规	政策内容
2007 年	中央一号文件、《中央财政农业保险保费补贴试点管理办法》	进一步扩大试点范围，明确补贴要求，补充发展巨灾风险转移机制
2008—2009 年	《关于加强政策性农业保险各项政策措施落实工作的通知》（2008）、《关于规范政策性农业保险业务管理的通知》（2009）	明确要求各保监局不仅要稳步推进政策性农业保险政策，还要丰富监管手段，加大监管力度，加强和各部门的合作
2012 年	《农业保险条例》	明确要求创新农业保险的形式，完善政策性农业保险制度的不足，政府要充分发挥主导作用
2014 年	《农业保险大灾风险准备金管理办法》	规范大灾准备金的计提，加大大灾准备金的管理力度

续表

时间	政策法规	政策内容
2016 年	《中央财政农业保险保险费补贴管理办法》	扩大了中央财政补贴险种标的范围，明确了中央和地方对各类农产品保险补贴标准和责任划分，加大了对产粮大县三大粮食作物保险补贴的支持力度
2019 年	《关于开展三大粮食作物完全成本保险和收入保险试点工作的通知》	在 6 个粮食主产省份的 24 个产粮大县开展了为期 3 年的完全成本保险和种植收入保险试点工作，保障水平覆盖直接物化成本、土地成本和人工成本等全部农业生产成本或种植收入
2020 年	《关于做好 2020 年银行业保险业服务“三农”领域重点工作的通知》	进一步扩大农业保险的覆盖范围；为经济发展水平较低的区域提供政策性农业保险；加大涉农保险产品形式的创新力度

资料来源：作者根据相关政策文件整理而成。

从补贴政策短期实践来看，农业保险在我国已呈现出业务快速发展的局面，试点区域不断扩大，补贴品种不断增加。财政补贴对农业保险的拉动作用短期内也非常明显。根据财政部门的统计，2007—2011 年试点期间，中央财政投入的保费补贴从 21.5 亿元增长到 2011 年的 97.06 亿元，中央财政已累计拨付农业保险保费补贴资金 262.1 亿元，年均增长 45.8%。农业保险经办机构通过“一卡通”等向农户支付农业保险赔款共计 356 亿元，受益农户 5990 万户次，人均赔偿约 500 元，占农户年均收入的 10%左右，为恢复农业生产提供了有力支持。① 2020 年，我国农业保险保费收入 815 亿元，已经成为世界上农业保险保费规模最大的国家，其中全国各级财政共承担保费补贴 603 亿元，为农民提供农业风险保障 4.13 万亿元。②

然而，随着政策性农业保险的不断深入，问题也逐渐显现。

第一，财政补贴占比过高，农户实际缴费较低。2015 年，农业保险实现保费收入 374.72 亿元，各级政府提供的保费补贴额为 287.84 亿元，占 76.82%。2020 年各级财政承担的保费补贴占全部保险费的 74%。可以说，

① 中央财政累计拨付农业保险保费补贴逾 260 亿元 [EB/OL]. http://www.gov.cn/jrzg/2011-10/19/content_1973017.htm.

② 2020 年我国农业保险保费收入 815 亿元成为世界上农业保险保费规模最大国家 [EB/OL]. https://baijiahao.baidu.com/s?id=1703886733599598571&wfr=spider&for=pc.

我国农业保险市场的快速发展主要得益于各级财政巨额的保费补贴。但是与此同时，农户缴纳的保费仅有 200 亿元，保险密度为 37 元。在保险密度、保险深度和具体的保障水平上，我国农业保险与发达国家还有很大差距。

第二，农业保险的参保率和覆盖率偏低，且保额不高，一定程度上来说就是保成本。农户对农业保险的有效需求依然不足，潜在需求难以转化为有效需求。2018 年国家统计局哈尔滨调查队在哈尔滨市 8 区 6 县对 225 户农户开展了一次性问卷调查，在被调查的 225 户农户中，已经参加和准备参加政策性农业保险的占 38.7%。有 50.0%的农户认为保额标准低，利益得不到保障；50.0%的农户认为承保范围小是不参加政策性农业保险的原因。[①] 研究也认为，当前政策性农业保险尽管保费补贴比例较高，但保障水平整体偏低。杨雪美等（2013）对河北省农户的调查分析认为，政府提供保费补贴不是农户购买农业保险的最主要动因，不购买农业保险的主要原因是农户认为保险补偿程序复杂，补偿程度低，对保险公司提供的服务不满意。提高农业保险覆盖的关键在于农户对农业保险形成正确的认知及保险公司能够提供符合农户风险规避需求的保险产品。粟芳、方蕾（2017）也发现中国农村保险市场中政策性农业保险消费量的倒 U 形特征，在东部相对发达的农村地区，政策性农业保险的投保率明显偏低。保费费用成本并不是影响农户参保的主要原因。

第三，高比例的财政补贴成为地方财政的重要压力，特别是市县级财政补贴压力巨大。一部分财政压力较大的农业大省为了减轻保费补贴支出而将农业保险的风险保障设置过低，导致农业保险风险防范功能的丧失，如中西部部分省份的粮食作物保费的政府补贴比重高于东部地区，但是保障水平远低于东部地区，东部经济发达省市的保障水平甚至比中西部省区高出几倍之多，中西部欠发达地区农业保险的基本保障功能难以充分发挥。上海、北京、江苏、浙江等东部发达省市凭借雄厚的地方财力，政策性农业保险的保障力度远大于中央约定的物化成本，而东北等粮食生产大省由于财力的限制，在满足中央规定的 80%的保险保费补贴的情况下，选择降低保险保障水平。中西部一些经济发达城市的财政也有实力为辖区内

---

① 哈市农户政策性农业保险参保率低保额低、范围小是主因［EB/OL］. https：//baijiahao. baidu. com/s? id=1597425645381401831&wfr=spider&for=pc.

的农业保险提供较高的财政补贴。另外一部分省区则将列入中央财政补贴试点的粮食类作物和本级财政开展的特色农作物保险险种实施差异化保障，导致地方特色农作物保险的保障水平远高于中央财政试点险种（周坚、张伟、陈宇靖，2018）。

鉴于我国农业保险补贴比例过高的问题，有学者建议应借鉴全球降低保险保费补贴比例的趋势，逐渐降低补贴比例。粟芳、方蕾（2017）建议改革目前的保险保费补贴模式，实施超率累退补贴模式，即保障水平越低，保费补贴比率越高；保障水平越高，保费补贴比率越低。这种超率累退补贴的方式能够提高政策性农业保险的参保率，此外可以进一步减少或免除贫困市县一级的财政补贴，提高中央财政对中西部财政困难市县的补贴比例。在一省范围内也应该根据当地的经济发展水平、财力状况、农民人均纯收入、农业产业化水平等因素建立精细化的多级保费补贴制度，实现省内补贴的纵向公平。

最后，有学者建议，为了解决地方财力对农业保险保费补贴不均的问题，中央财政应该为农业保险各险种设定一个最低保障水平或合理区间（周坚、张伟、陈宇靖，2018）。此外，中央政府对东部经济发达地区的保费补贴比例可适当降低，让地方财政负担更多的补贴责任。由于东部地区发达省市农业产值占比很低，地方财政补贴产生的负担小，地方财力，特别是省一级财力完全可以承担更多的补贴比例。反之，中西部地区，特别是东北省份地方财政难以承担越来越高的补贴支出，因此，中央应该进一步提高这些省份的保费补贴。

7.4.4 耕地轮作休耕补贴

自2003年以来，我国粮食产量已经实现了17年的连续增长。然而，粮食增收使我国耕地与环境资源可持续性面临着严峻的挑战。在农产品供给的压力下，耕地地力消耗过大，地下水开采过度，化肥农药大量使用，农业资源环境已不堪重负。党的十八届五中全会通过的《中共中央关于制定国民经济和社会发展第十三个五年规划的建议》提出探索实行耕地轮作休耕制度试点，利用现阶段国内外市场粮食供给充裕的时机，在部分地区实行耕地轮作休耕，既有利于耕地休养生息和农业可持续发展，又有利于平衡粮食供求矛盾、稳定农民收入、减轻财政压力。2016年发布的《探索实行耕地轮作休耕制度试点方案》决定在内蒙古、辽宁、吉林、黑龙江、河北、湖南、贵州、云南、甘肃 9 个省（区）探索实行耕地轮作休耕制度试点（见表 7-12）。轮作试点主要分布在东北冷凉区、北方农牧交错区、西北地区、黄淮海地区和长江流域，开展粮油、玉米、大豆轮作模式，发挥大豆根瘤固氮、养地培肥作用；南方地区开展稻油轮作，恢复发展双季稻。休耕试点地区集中在河北、黑龙江、新疆等地下水超采区以及重金属污染区和生态严重退化地区。为保证粮食安全，耕地轮作休耕制度试点坚持以轮作为主、休耕为辅。

表 7-12　2016 年耕地轮作休耕试点地区、规模、方式和补贴标准

区域	规模（万亩）	休养方式	补贴标准（元/亩·年）
东北冷凉区			
黑龙江	250	轮作	150
吉林	100	轮作	150
辽宁	50	轮作	150
北方农牧交错区（内蒙古）	100	轮作	150
地下水漏斗区（河北）	100	连年季节性休耕	500
重金属污染区（湖南）	10	连年休耕并进行污染治理	1300
生态严重退化区			
贵州	2	连续休耕 3 年	1000
云南	2	连续休耕 4 年	1000
甘肃	2	连续休耕 5 年	800

资料来源：探索实行耕地轮作休耕制度试点方案［EB/OL］. http：//www. gov. cn/xinwen/2016-06/29/content_ 5086689. htm.

继党的十九大报告中再次提出扩大轮作休耕试点后，2019 年中央一号文件提出扩大耕地轮作休耕制度试点。2017 年以来，我国轮作休耕制度试点规模不断扩大。中央财政安排专项资金对承担轮作休耕任务农户的原有种植收益和土地管护投入给予必要补助（见表 7-12）。① 2016 年，中央财政安排补助资金 14. 36 亿元。在扩大试点规模的基础上，财政补贴资金规模不断增长。自 2016 年耕地轮作休耕制度试点实施 5 年来，中央财政累计

① 农业部等十部委办局关于印发探索实行耕地轮作休耕制度试点方案的通知［EB/OL］. http：//www. moa. gov. cn/nybgb/2016/diqiqi/201711/t20171128_ 5921712. htm.

安排资金超过200亿元，实施面积超过1亿亩次。[①]

关于耕地轮作休耕政策效果，农业农村部认为目前已取得三方面的成效：一是华北地下水漏斗区、西北西南生态严重退化区的生态逐步得到改善，湖南重金属污染区污染的耕地逐步得到治理；二是坚持目标导向和问题导向，探索农产品供给的动态调节机制。针对市场供给形势和市场需求，可以通过设置合理的轮作模式来调减供给偏多的农产品，增加供给偏紧的农产品；三是产业结构趋于优化，作物产量增加。通过作物间的轮作倒茬和季节性休耕，给下茬作物提供了良好的地力基础和充足的生长发育时间，提高了产量、改善了品质。[②]

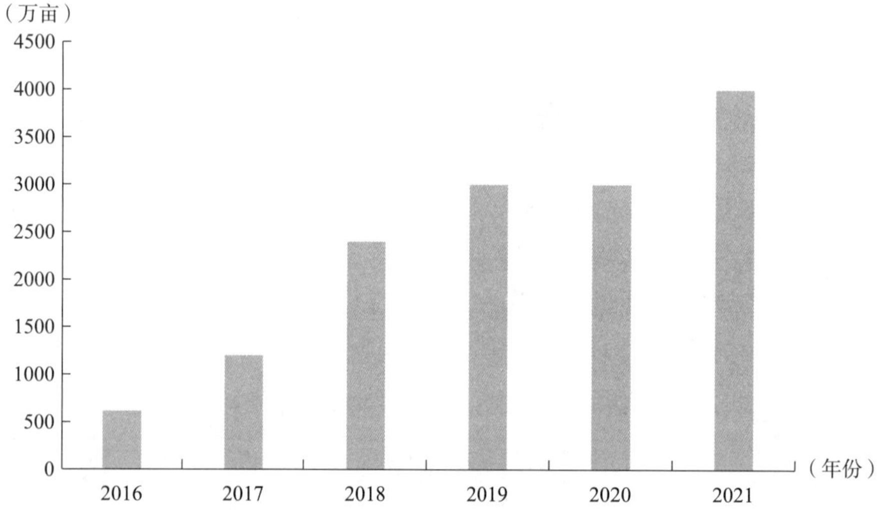

图7-7　2016年以来全国耕地轮作休耕总面积

资料来源：根据农业农村部、财政部公布的数据整理。

当前对国内休耕政策经济与生态效应评估的学术性研究还比较欠缺。少数学者也对耕地轮作休耕制度试点的绩效开展了评价。中国科学院南京土壤研究所（黄国勤、赵其国，2017）2017年上半年通过对江苏、湖南、河北三省部分试点地区的调查发现，三省耕地轮作休耕试点总体情况良

① 中央轮作休耕制度试点实施五年取得积极成效今年规模扩大到4000万亩［EB/OL］. https：//m. gmw. cn/baijia/2021-03/19/1302175627. html.

② 农业农村部：今年中央轮作休耕制度试点面积增至4000万亩［EB/OL］. https：//m. gmw. cn/baijia/2021-03/18/1302174261. html.

好。实施过程中，在江苏连作障碍区主要采取冬耕晒垡、冬种绿肥、种植豆类和增肥培肥模式；湖南重金属污染区进行改种作物品种、改良土壤、科学灌溉、控制吸收“VIP+n”创新污染治理模式；在河北地下水漏斗区主要采取季节性休耕和周年休耕模式。但是实施过程中也存在相关问题，如耕地轮作休耕的模式欠优，效益不甚明显；有的地方轮作休耕管理不到位、不规范，未能达到预期效果；有的试点区农民实施轮作休耕的补贴未及时发放等。我国政府推行的轮作休耕制度具有自上而下集中连片推行的特点，可能出现违背部分农户意愿、造成农户抵触、复耕反弹、治理成本高昂等问题。因此，农户受偿意愿是影响耕地轮作休耕政策推行的重要因素，通过给予农户补偿保证其收入不减少是保障轮作休耕政策实施效果的前提。俞振宁、谭永忠等（2017）分析了农户耕地轮作休耕和受偿意愿的影响因素，分析发现农户耕地轮作休耕参与意愿和接受的最低补偿资金标准随着兼业程度的加深而升高。纯农户参与轮作休耕的比例仅为 30%，而兼业农户接受的比例接近 80%；各类农户平均最低的接受补偿标准为每亩每年 1014 元。因此区分并尊重不同农户的偏好是耕地轮作休耕政策可持续性的关键因素，可以在部分非特定目的区域实行农户自愿性申请给付机制试点。谢先雄等（2021）直接分析了休耕是否对改善农业生态环境与促进农户增收产生积极影响。研究发现，休耕使当地农业生态环境综合水平提升了 4%，显著改善了当地耕地质量和土壤肥力。同时，休耕也使农户总收入提高了 18%。休耕政策对农户增长的积极影响主要来自两方面：一是农户获得的休耕补贴收入；二是休耕政策挤出了原本在农村只从事农业生产的劳动力，使之转移到非农就业，通过增加兼业务农的劳动力数量和非农工作时间而提高收入。

7.5　小结

自 2003 年制定农业“三项补贴”政策起，补贴项目逐渐增加，补贴金额持续增长。从 2012 年首次超过 1600 亿元后，连续 5 年都没有超过 1600 亿元的规模。但是在 2016 年实施“三补合一”改革后，农业补贴总额增长到 2227.1 亿元，各项补贴也被统称为农业生产发展资金。如果加上农业保险保费补贴和目标价格补贴，2015 年以来的农业补贴总额超过2000亿元，到2020年补贴总额已经达到2875.4亿元（不含轮作休耕补贴）（见表7-13）。传统农业补贴规模比较稳定，增长较快的是农业保险保费补贴和目标价格补贴。

表7-13　2014年以来的各类中央农业补贴　　单位：亿元

补贴项目	2014	2015	2016	2017	2018	2019	2020
农业生产发展资金（含农业支持保护补贴、农机购置补贴等）	1652.38	1662.46	1633.82	1912.08	1926.78	1963.30	1846.38
农业保险保费补贴	119.83	125.30	163.00	158.67	172.21	225.73	257.29
目标价格补贴	70.22	356.84	430.28	588.26	625.03	671.97	771.73
合计	1842.4	2144.6	2227.1	2659.0	2724.0	2861.0	2875.4

资料来源：财政部——中央对地方转移支付决算表。

自2003年以来，我国农业政策进入农业补贴阶段，也即农业福利政策形态。我国当前仍处于农业补贴政策发展的初期。我国从农业价格支持阶段进入农业补贴阶段的过程十分迅速，1998年开始建立以保护价收购为主要形式的价格支持政策，到2003年粮食直补政策建立，才不过五年时间。2003年以来，我国的农业补贴政策发展迅速，补贴规模逐年增长，占国家农业财政投入相当大的比例，补贴体系不断发展完善，对推动农业生产和提高农民收入发挥了显著的作用。本章的分析认为，推动我国迅速建立农业补贴政策的原因中，政策问题、观念和财政三个因素都发挥着决定性作用。

首先，农民收入增长问题是推动农业补贴政策建立的现实背景。20世纪90年代以后，农民收入长期低速增长，导致工农收入差距不断拉大，“三农”问题日益严峻。整个90年代实际上有两大问题威胁着农村的政治和社会稳定，第一个问题是我们在第6章所分析的，农民税费负担过于沉重，直接威胁着农村生产生活和农村社会秩序。这一问题通过农业税费改革得到缓解。然而，尽管没有沉重农业税费的汲取，但农业收益低下，农民从事农业生产的获得感仍然偏低。第二个问题是农业生产和农民收入增长乏力，这一问题随着粮食丰收、粮价下跌和农业生产资料价格上涨而变得更为突出，农民收入长期增速下滑，农民种粮收益低下甚至亏本，大量农民进城务工而抛荒耕地，导致90年代开始出现大量农田闲置，农作物播种面积、粮食种植面积以及粮食产量全面下降，最终对国家粮食安全产生了严重的威胁。这些问题改变了90年代以来长期对农业投入忽视的态度，推动了农业政策观念的大转变，从而为农业政策转型与农业补贴政策的兴起奠定了基础。

其次，农业政策观念的大转变是农业补贴政策建立的直接成因。相比 20 世纪 90 年代改革和工作重心放在城市和非农产业，2003 年新一届政府把“三农”问题置于全党工作的重中之重。农业发展战略思想和农业政策观念也发生了重大的转变，认识到长期以来对农业的汲取和农业投入的欠账问题，认识到“三农”问题长期积累的经济社会成本和风险，因此要根本性转变对农业的政策导向，实现工业对农业以及城市对农村的反哺，国家财政要更加偏重对农业的投资。实现农业增长，促进农业现代化的关键是农民增收，在农业价格支持政策的基础上，需要更加直接的农民收入保障政策，这就是 2006 年开始全面实施的农业补贴政策，标志着中国农业福利政策的兴起。我们也应看到，除了工业对农业反馈的农业发展战略转型对 2003 年以来农业补贴政策兴起的作用外，改革开放以来一以贯之的农产品市场化导向以及农业供给侧改革战略都对 2016 年以来农业补贴制度改革发挥着重要作用。

最后，财政能力和体制在农业补贴政策的建立与农业福利政策的兴起中也发挥了基础性作用。分税制改革虽然使得地方财力相对于中央政府被显著削弱，但是这一体制推动了中央政府和整个国家财力的迅猛增长，特别是 20 世纪 90 年代到 21 世纪初，国家财政收入超经济增长，国家有着充足的能力对农业进行财政反哺。更为重要的是，分税制改革以后，汲取大量财力的中央政府成为农业补贴投入的主体，为了保证地方贯彻中央主导的农业补贴政策，中央政府通过巨额转移支付来支付地方的农业补贴投入。在逐年增长的中央对地方政府转移支付中，农林水转移支付占据着很大的比例，如 2017 年中央对地方农林水方面的转移支付规模超过 5344 亿元，占转移支付总额的 10%，除农村综合改革转移支付外的农业专项转移支付占专项转移支付总额的 23%。[①] 对农民的农业补贴支出绝大多数由中央转移支付，这也成为中央政府承担的一项新的社会福利功能。

---

① 2017 年中央对地方税收返还和转移支付决算表［EB/OL］. http：//yss. mof. gov. cn/qgczjs/201807/t20180712_ h2959754. htm.

第8章

8

农业福利政策的国际经验：以美日两国为例

美日两国既是世界经济强国，也是公认的农业强国，且美国又是国际第一大农业出口国。在过去的几十年里，农业一直是两国最具生产效率的产业部门之一。美国农业的高度发达除了得益于得天独厚的自然地理条件，以及专业化和高度机械化的生产方式外，更是与美国政府长期以来的农业政策分不开，正是在美国对农业的巨额补贴下，美国农产品才在国际上具备强大的价格优势和竞争力。日本农业在国内的特殊地位更是国家政策支持的结果。两国农业高度发达的背后，关键因素是其强大的农业保护政策。那么美日两国农业政策的内容与性质如何？如果以国家农业部门的建立作为农业福利政策建立的第一阶段——农业推动政策启动的标志，1862 年美国联邦农业部成立，1881 年日本建立农商省至今的一个多世纪以来，美国和日本农业福利政策的形成又经历了怎样的转变和演进过程？两国农业福利政策的兴起历程呈现出怎样的差异？这些问题将是本章关注的要点。

本章 8.1 节梳理了美国自 19 世纪 60 年代以来农业福利政策的历程，分析每个阶段农业政策的内容与特征。8.2 节分析了日本农业福利政策的兴起，介绍了日本 19 世纪 80 年代以来农业福利政策的转型过程。日本农业福利政策的建立，从农业汲取逐渐转向农业支持和福利，与中国农业福利政策兴起过程有着相似的经历，也代表了部分发展中国家农业政策转型的一般规律。8.3 节为美国农业地区的财政能力建设对我国的启示。8.4 节是小结。

8.1　美国农业福利政策兴起的四个阶段

自 1862 年美国农业部成立到 21 世纪初，美国农业福利政策经历了长期的发展演变，其间出现了四个明显的政策阶段：第一阶段是 19 世纪 60

年代到20世纪10年代的“农业推动政策”阶段。在这一阶段，政府在农业发展中的主要作用是推动而非直接干预，政府主要向农业市场提供必要的公共物品，包括建设道路交通、提供农业商业化服务、为农民提供信贷、建立农业研究机构、推广农业科技信息，以及为农业生产提供技术支持。第二阶段是20世纪20年代到40年代的市场管制与价格干预阶段。在这一阶段，面临大萧条时期的农产品过剩和价格暴跌的农业危机，政府全面干预农业生产、市场供给和农产品价格，其主要目的不再是推动农业增产，而是控制农产品产量，稳定农产品价格并提高农民收入。第三阶段是20世纪50年代到70年代的农业福利政策阶段。“二战”后，大萧条时期留下的价格支持政策形成了成熟的农业补贴体系，即所谓的农业福利政策。农业福利政策对农业与农民直接支付与补贴，通过财政对农民实施收入再分配。第四阶段是20世纪80年代后的农业福利政策收缩阶段。农业福利政策产生了难以为继的财政负担问题，政府赤字、农产品过剩、国际贸易冲突以及环境保护运动都推动着农业福利政策的收缩与农业补贴的下降。

8.1.1 农业推动政策阶段：19世纪60年代到20世纪10年代

从建国到南北战争期间，农业是美国最主要的经济部门。1860年，农业产值占国民总收入（GNP）的35%，而同期的制造业、采矿业和手工业总和仅占22%。[①] 1860年美国3144万总人口中，农村人口占总人口的80%左右，农业劳动力份额则占了总劳动力的58%左右。[②] 在这段时期里，美国农业生产从东部向西部扩展，西进运动中大量农民获得土地，成为独立的自耕农，美国的耕地面积也迅速扩大。工业化的拓展，推动了农业生产机械化程度的提高以及交通运输的发展，这些因素都使得美国农业生产逐步走向商品化和市场化，形成了美国独特的资本主义农业发展道路。

在这样的背景下，美国早期推动农业发展的第一项政策就是土地私有

---

① ［美］斯坦利·L. 恩格尔曼，罗伯特·E. 高尔曼，主编. 剑桥美国经济史（第二卷）：漫长的19世纪［M］. 北京：中国人民大学出版社，2008：36.

② United States Department of Commerce. Historical Statistics of the United States 1978—1945［M］. Washington D. C.：U. S. Government Printing Office，1949：25，63.

化政策，将大量的土地和未开垦的荒地转为农场，为农业扩张提供了充足的土地资源。美国独立后，形成了以小农经济为主导的土地所有制度，自耕农小农场大批建立。从 18 世纪 80 年代开始，美国就开始大规模处理西部地区的土地，推动西部开发。进入西部的移民通过“占地”和购买国有和投机商土地的方式建立了大量的西部农场。特别是各时期土地法令的颁布，推动了购买西部土地的拓荒浪潮。在 19 世纪 50 年代，农业用地增加了 1 亿多英亩，大约 60 万个新农场是由购买土地的农民开垦创造出来的。[①] 1862 年的《宅地法》使耕地者可以免费拥有 150 英亩的土地，更是吸引了大量人口从事农业生产。

西部农场一经建立就以商品化和市场化为导向，不断向中东部开拓市场。工业化为美国农业革命提供了动力和条件，工业革命推动了制造业和商业的蓬勃发展，城市化程度因此提高。1820 年美国非农业人口比重只有 28.18%，到了 1860 年已经升至 41.06%。[②] 大量涌现的工业人口为农业生产提供了充足的商品市场，市场的扩大也极大地拉动了农业生产率的提高。工业化与市场化对农业发展的第二个贡献就是为农业生产提供了机械化支持。在美国土地充足而劳动力相对稀缺的情况下，农场主依靠机械化可使劳动生产率大大提高。商业化的农业生产开始对政府的推动政策提出进一步要求。1902 年中西部农民组织成立的美国公正协会（American Society of Equity）纲领要求政府“确保有关农业利益、新市场开发和旧市场拓宽的立法；设立对农民以及子女进行教育并推动农业进步的机构；改进公路，灌溉土地”。[③]

19 世纪交通运输的发展是刺激中西部农业耕作和扩大生产的重要条件，构成了政府推动农业政策的另一项重要内容。美国的运输革命始于 19 世纪 20 年代的“运河热”，伊利运河开创了州政府干预运河建设的先例。政府对伊利运河的投资取得了丰厚的回报，进一步激励了其他州运河建设的热潮。美国 19 世纪的运河建设中州政府的大量融资发挥了重要作用，政

① Kennedy J. C. Agriculture of the United States in 1860 [M]. Washington D. C.: Government Printing Office, 1864: 222.

② United States Bureau of the Census [M]. Historical Statistics of the United States, Colonial Times to 1970, No. 93. US Department of Commerce, Bureau of the Census, 1975: 134.

③ Taylor, C. C. The Farmers'Movement, 1620—1920 [M]. New York: American Book Company, 1953: 369-370.

府投资占运河投资总额（超过 1.8 亿美元）的 72%。[①] 运河的扩张提供了巨大的交通服务，为农业运输创造了显著的便利条件。1868 年西部谷物运输中有 96.1%是经由运河运输的。然而，运河终究还是被更为迅速、高效的铁路运输所替代。1880 年有 48.2%的西部谷物经由运河运输，而到 1898 年这一数字迅速降低到 12%。[②] 19 世纪 50 年代是铁路建设全面展开的时期，特别是建成了贯穿东西部的四条铁路干线，每一条都从东部沿海延伸到西部终点。不同于运河建设，美国早期的铁路建设是以私人投资为主导，但也不能忽视政府的作用，政府支持的主要方式是授予修建铁路的土地。19 世纪 50 年代以后，政府资助的力度不断加大，到 19 世纪 60 年代铁路资本中公共部门占了 25%。南部地区的这一比例更大。19 世纪 50 年代后期西部地区成为新建铁路的主要地区，大大推动了当地农产品向东部市场销售和出口，例如 1853 年底伊利诺伊州修建的所有铁路中，有 60%以上位于 11 个主要的小麦生产县和 8 个最大的玉米生产县。[③] 19 世纪 80 年代开始，欧洲对美国谷物和肉类需求的巨大增长进一步刺激了铁路建设的需求。

美国农业推动政策的另一项重要内容是农业研究与技术推广政策。农业技术与知识的积累和扩散不仅是农民自发自主的结果，美国农业部在这一过程中也发挥了主导作用。美国部分州早在 19 世纪早期就成立了农业试验站，但是它们的影响还相对较小。19 世纪下半叶美国政府才真正建立公共农业技术研究和推广项目基金会。1862 年美国农业部成立，美国农民的利益有了正式的代言人和机构。也是从这一年开始，美国国会通过《莫里尔法》（又称“赠地法案”），规定以各州在国会众参两院中的议员人数为基础，按每位议员 3 万英亩土地的标准向各州免费赠予联邦土地，各州

① Segal, H. H. Cycles of Canal Construction [M] //Goodrich, C., Rubin, J., Cranmer, H. J., Segal, H. H. (eds). Canals and American Economic Development. Columbia University Press, 1961: 169-215.

② Inland Waterways Commission. Preliminary Report of the Inland Waterways Commission. Message from the President Transmitting a Preliminary Report [M]. Washington D. C.: Government Printing Office, 1908: 235.

③ Fishlow, A. Internal Transportation in the Nineteenth and Early Twentieth Centuries [M] //Engerman, S. L., Gallman, R. E. (eds). Cambridge Economic History of the United States, Vol. 2. Cambridge University Press, 2000: 543-642.

必须将出售这些土地的收入用于建立农业与机械学院，各州必须至少建立一所赠地学院。1890 年通过了第二个《莫里尔法》，根据此法联邦政府每年向各州拨款（每州最高不超过 25000 美元），支持各州资助赠地学院的发展。到 19 世纪末，赠地学院发展到 69 所，这些学院后来多半发展为州立大学。推动建立农业和机械学院后，美国政府为建立全国范围内的农业教育和研究体系，于 1887 年通过《哈奇法》，确立了与赠地学院相协调的州级农业试验站体系。为使农业试验站的研究成果推广到农民，1914 年通过的《史密斯—利弗法》要求联邦政府提供资金支持各州发展全国性的农业技术推广体系，1917 年的《史密斯—休斯法》规定联邦政府须对中学的农业职业教育提供支持。

1932 年之前，美国农业部是一个科学研究和数据统计机构，主要职能是进行粮食生产技术推广，对庄稼、土壤、畜禽进行农业研究，找到降低农产品生产和销售成本的技术。农业技术推广和教育活动主要是将农业试验站的最新研究成果传授给农民。从 1862 年到 20 世纪 30 年代，美国的农业推动政策是不断加强的。这可以从美国农业部财政支出的增长上看出，1862 年农业部年度预算不到 9 万美元，到 1897 年，年度预算增长到 325 万美元，30 年里增长了约 40 倍，年均速度达到 13%。到 1919 年，农业部总支出已经达到 2790 万美元，增长趋势十分惊人（见图 8-1）。

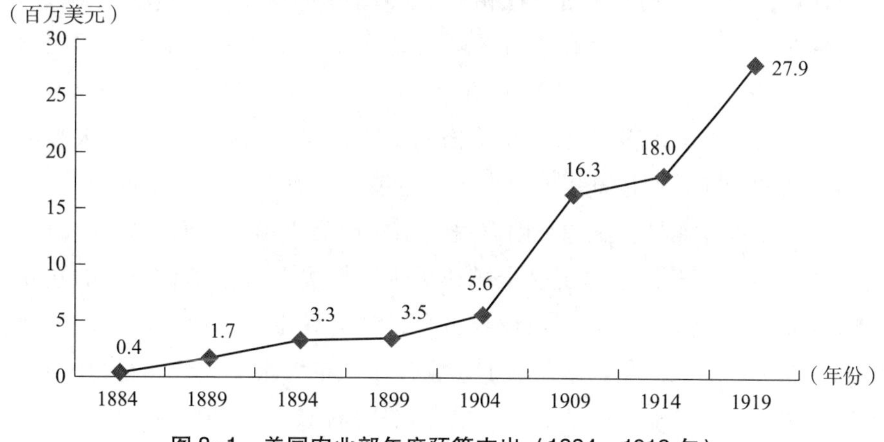

图 8-1　美国农业部年度预算支出（1884—1919 年）

资料来源：Statistical Abstract of the United States（1884—1920）.

8.1.2 市场管制与价格干预阶段：20 世纪 20—40 年代

在以市场机制为核心的美国农业领域，政府对农业的推动而不直接干预的政策一直持续到第一次世界大战前。“一战”的爆发和蔓延严重打击了欧洲的农业生产，而大洋彼岸的美国农民则享受着政府推动政策和欧洲因战争对粮食需求暴涨所产生的红利，这一时期是美国农业的蜜月期。然而，战后欧洲各国农业生产很快得到恢复，欧洲农产品不断增加出口，其他没有卷入战争的国家也扩大了农业生产能力，上述因素共同提高了世界市场的农产品供应。农民不断扩大生产导致世界农产品市场出现了快速增长的繁荣期，然而和平时期需求总量没有提升，甚至因为军事需求的降低而下降，随之而来的是农产品价格在 20 世纪 20 年代的下跌，这使得举债扩大农业生产的美国农场主负债累累，遭受了严重的经济损失。在“一战”初期，美国农业的总纯收入为 36 亿美元，经过“一战”蜜月期，农产品价格升至“二战”前的最高点，农业纯收入总额也增长至 93 亿美元。但仅在两年后，农产品价格大跌，总收入陡降至 37 亿美元。此后，在 20 世纪 20 年代，农产品价格有所回升，农业收入逐步升至 61 亿美元，但到大萧条时期的 1932 年农产品价格跌至谷底，农业总收入也再度暴跌至 19 亿美元。导致农业收入危机的直接原因是农产品价格大幅度下跌。按不变价格计算，1932 年的小麦价格仅相当于 1925 年的 1/4，从 1929 年到 1932 年，棉花、小麦、稻米等农产品平均价格下降了一半多（张光、程同顺，2004），一蒲式耳①玉米在 1929 年价值 80 美分，到 1932 年只值 30 美分。②

面对 20 世纪 20 年代农产品价格的下降，农民向政府游说寻求救济。政府最初的措施并不是直接干预市场价格或提供补贴，而是批准和鼓励建立农产品销售合作社，试图帮助农民控制农产品供给，从而达到提高价格的目的。1922 年美国通过了《卡珀—沃尔斯特法》来推动合作社的建立，1929 年胡佛总统又建立联邦农业委员会，注资组建“农业稳定公司”，收购和存储过剩的农产品。然而由于农业合作社扩大粮食生产的行为没有得到有效约束，而且非合作社的农民也存在“搭便车”现象，政府粮食收购

① 谷物和水果的容量单位，相当于 35.3 升。

② Oden，D.，Paariberg，R.，Roem，T. Policy Reform in American Agriculture：Analysis and Prognosis［M］. Chicago：The University of Chicago Press，1999：18-19.

库存不断累积，用于收购的预算资金迅速耗光，这一政策最终以失败告终，联邦农业委员会也被罗斯福总统撤销。

1933 年罗斯福入主白宫开启新政。这一年是大萧条最严重的时期，农业问题也到了灾难性时刻。农业形势的极端严重性使得政党对立缓和，连保守力量也认为有必要对农业采取激烈的政策。此时传统的旨在推动粮食产量增长的农业推动政策到了必须转型的时刻。政府政策实施的方向也开始从扩大产量转变为限制产量、干预市场、提高农产品价格。1933 年通过的《农业调整法》奠定了价格干预政策的基础。美国政府干预农产品市场的政策内容有以下几个方面：

第一是限制产量，避免供给过度，以抬升农产品价格。农民与政府签订合同，生产者按计划休耕部分耕地，政府予以货币补偿，在限制了生产面积的土地上种植的农产品，政府给予价格上的支持。为实现限制产量和提高价格的目标，政府还需要控制诸如乳制品、烟草和花生等农产品的市场流通。政府农业部门与农产品生产者、加工商以及合作社签订市场营销协议，规定只有合作社和政府授权的经销商才可以合法地进入该类农产品市场，例如乳业的营销协议就直接规定了价格安排和贸易行为，限制新的生产者进入乳业市场。[①]

保证农产品价格的第二项政策内容是“无追索权贷款”政策，构成了价格支持的核心要素。具体做法是，农户在谷物收获之后，可将它们封存入仓。然后以谷物为抵押，向农业部管辖下的商品信贷公司获取贷款。如果谷物价格上升使谷物总值高于贷款，农户可将它们出售，以现金偿还贷款。如果价格未升至高于贷款价格的水平，农户则可用抵押的谷物偿还贷款。农户自愿参加政府的贷款价格支持体系。但是参加此体系者，必须与政府签订休耕合同（张光、程同顺，2004）。由于农民有选择性地控制种植面积（将产量低的土地退出生产）、增加非土地投入要素（如化肥、石灰和改良的种子），使得受限制的种植面积的产量损失尽量降低，加上政府既有的推动政策（如技术研究、农民教育补贴、农场信贷等政策），都在实际上推动了农业产量的增长，农产品产量控制措施一直没有很好地落实。

---

① Sheingate, A. D. The Rise of the Agricultural Welfare State: Institutions and Interest Group Power in the United States, France, and Japan [M]. Princeton University Press, 2003: 112.

农产品种植面积控制和由商品信贷公司实施的农产品价格支持共同构成了美国农业供给管理政策的基石，这项政策的实施从 1933 年延续到 20 世纪 50 年代。在此过程中，政策问题也开始显现。由于政府设定的贷款价格事实上成为农产品的保底价格。在大多数时间里，这一保护性收购价格高于市场出清价格，这就加剧了农产品过剩问题。过剩问题在 20 世纪 50 年代中期之前由于旺盛的国际需求被吸收，但是到了 20 世纪 50 年代中期后，政府库存年年增加，过剩问题日益严重，最终增加了财政支付负担。这一时期是美国农业支出增长的高峰期，农业部支出从 1920 年的 1.1 亿美元急剧增长到 1950 年的 30 亿美元。特别是在大萧条和新政时期，农业部支出出现了爆炸式增长，从 1930 年到 1935 年短短 5 年增长了约 7 倍，此后的增长也十分迅猛（见图 8-2）。

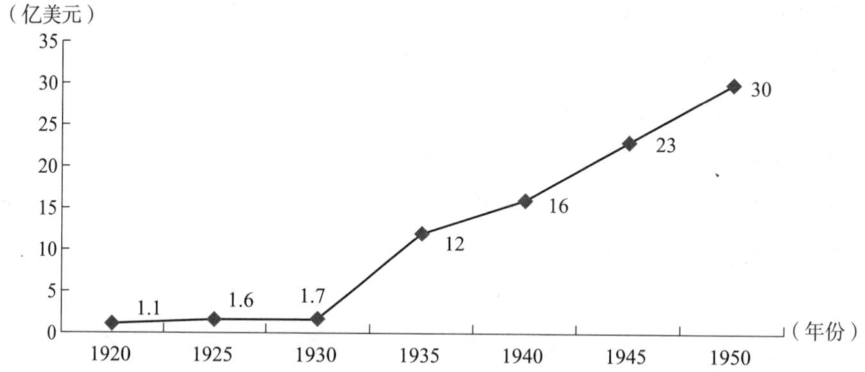

图 8-2 美国农业部年度预算支出（1920—1950 年）

资料来源：Statistical Abstract of the United States（1920—1950）.

8.1.3 农业福利政策阶段：20 世纪 50—70 年代

20 世纪 50 年代中期以后，不断加剧的农产品库存过剩问题迫使美国联邦政府逐渐改变既有的价格支持政策，开始越来越多地推行面向农民的直接补贴，通过补贴政策来实现提高农民收入、控制供给的双重目的。第二次世界大战结束后，价格支持政策已经造成了大量的农产品过剩。尽管朝鲜战争提高了农产品需求，暂时推高了价格，但战争结束后，农产品过剩问题重新显现。1952 年到 1954 年，小麦的结转库存量达到顶峰，而农业的净收入则下降了 25 亿美元。[①] 政府开始考虑调整其长期实施的市场干预与价格支持政策，通过补贴来控制农产品产量，消除产品过剩问题。1956 年实施“土地银行项目”，其主旨在于通过向农民发放补贴，促使其土地休耕。这项政策在 1971 年达到顶峰，其年度支出达到约 10 亿美元。这一项目使 1961—1972 年 12%的耕地退出了农业生产。[②]

进入 20 世纪 60 年代，无论是之前的价格支持政策，还是补贴性的耕地控制措施，都无法有效提高农民收入，政府因此显著增加对农民的直接支付。1962 年、1965 年和 1970 年的《农业法案》都强调了对农民的直接补贴。60 年代农业政策的发展为美国农业福利政策构筑了三大基石：第一，农业补贴政策的财政成本分摊在所有纳税人头上，而不是由消费者承担；第二，农产品价格降低到世界市场水平，从而增加了美国农业出口的竞争力；第三，对贫困人群的食品券与补贴项目增加了国内对农产品的消费，同时也赢得了部分城市人口及国会议员的支持。[③] 这一时期农业福利政策的发展推动了农业补贴与政府直接支付的高速增长。

1973 年的《农业与消费者保护法案》建立了一个全新的直接补贴体系，称为目标价格制。目标价格制是美国农业直接补贴政策的核心，主要内容是政府每年设定农产品目标价格，按市场价格小于目标价格的差额，向农户支付现金补助。农民既可以以市场价格销售农产品，也可以以政府规定的贷款利率将其农产品储存在农产品信贷公司，然后政府再向农民支付一定金额的款项，即市场价格与目标价格的差额。相对于波动的市场价格，政府设定的目标价格一直稳定在较高水平。从 20 世纪 70 年代到 90 年代，除少数时期外，目标价格一直高于市场价格。为此，政府直接支付给农民的补贴不断攀升。在 80 年代中期严重的经济衰退中，政府对农业更进一步加大补贴力度，1986—1989 年，美国政府对农民的现金支付每年均在 100 亿美元以上。1987 年的实际支付额接近 170 亿美元，达到历史顶峰

---

① Cochrane，W. W.，Ryan，M. E. American Farm Policy：1948—1973［M］. Minneapolis：University of Minnesota Press，1976：32.

② ［美］普莱斯·费西拜克，斯坦利·恩格曼，等．美国经济史新论：政府与经济［M］．张燕，郭晨，白玲，等，译．北京：中信出版社，2013：428.

③ Sheingate，A. D. The Rise of the Agricultural Welfare State：Institutions and Interest Group Power in the United States，France，and Japan［M］. New Jersey：Princeton University Press，2003：146.

（见图 8-3）。[①]

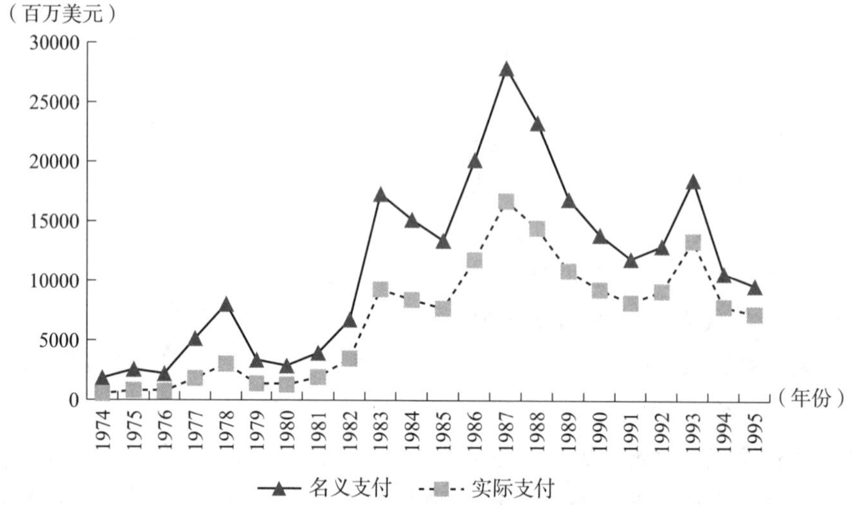

图 8-3　美国政府对农业的直接支付（1974—1995 年）

资料来源：Farm Income and Wealth Statistics-Direct government payments by program，U. S. and State，1933—2014［EB/OL］. http：//www. ers. usda. gov/data-products/farm-income-and-wealth-statistics. aspx.

在 1996 年《联邦农业发展和改革法案》通过之前，目标价格的差额补贴是棉花、水稻、小麦和饲料谷物项目政府直接支付的主要组成部分。差额支付补贴政策的好处在于，政府不再以保底价收购农产品，农民则以目标价格为基础决定生产量，然后以实际市场价格销售其农产品。这一政策的实施使得因政府收购而导致的农产品过剩问题得以缓解，而且也因为较低的市场销售价格而增加了美国农产品在世界市场上的竞争力。美国直接支付等农业项目资金都是由政府财政与纳税人承担，这实际上是一个政府给予农民的转移支付福利支出，也成为农民收入的重要组成部分。表 8-1 展示了 1982—1993 年美国主要农产品获得的预算补贴与生产者补贴等值指数，几乎 75%的小麦补贴和 92%的玉米补贴直接来自财政资金，而测量政府对农业补贴占农产品总值比重的生产者补贴等值比重（PSE%）也表明，这 10 年来美国农业产值约 36%来自政府的价格补贴与直接补贴。

① Oden，D.，Paariberg，R.，Roem，T. Policy Reform in American Agriculture：Analysis and Prognosis［M］. Chicago：The University of Chicago Press，1999：43-62.

表 8-1　美国主要农产品的财政支付比重与生产者补贴等值比重（1982—1993 年）

商品	财政支付比重（%）	生产者补贴等值比重（PSE%）
糖	10.6	58.2
牛奶	12.6	48.0
小麦	74.5	39.7
玉米	91.8	26.1
大豆	94.3	7.5
平均	56.76	35.9

资料来源：Sheingate, A. D. The Rise of the Agricultural Welfare State: Institutions and Interest Group Power in the United States, France, and Japan [M]. Princeton University Press, 2003: 209.

8.1.4　美国农业福利政策的收缩阶段：20 世纪 80 年代后

从 1974 年到 1984 年间，执行农业价格支持与补贴政策的商品信贷公司花费的公共支出年均增长超过 20%,[①] 而总的政府直接支付年均增长率更是高达 48%,[②] 不断增加的农业补贴使财政负担越来越重。补贴政策还激化了农业贸易冲突，为了维持国内农产品市场地位，政府一方面不得不设置定额或提高关税来限制廉价的农产品进口，另一方面则补贴国内农产品出口来消化国内过剩的农产品。在这些矛盾和问题下，特别是联邦政府预算赤字不断加剧的背景下，要求减少农业补贴的声音在 70 年代和 80 年代开始出现。

1987—1996 年，政府对农业的直接补贴总额逐步降低，这主要源于立法上对农业补贴的控制。在推动削减农业支出的力量中，预算赤字政治发挥着强大的影响。1981 年里根政府的上台标志着财政赤字削减措施的实施。1981 年农业法是对紧缩农业支出的第一次尝试，该法在保留了目标价格制、贷款补贴、种植控制以及粮食储存等既有的部分农业补贴与支持政策的同时，打破了目标价格与通胀指数的挂钩，规定了 1982—1985 年的目

① Historical Budget Outlays, 1962—1996 [R/OL]. http//: www. ers. usda. mannlib. cornell. edu/data-sets/general/95004.

② Farm Income and Wealth Statistics - Direct government payments by program, U. S. and State, 1933—2014 [R/OL]. http: //www. ers. usda. gov/data-products/farm-income-and-wealth-statistics/government-payments-by-program. aspx#. U3DObY2BTrs.

标价格水平，同时降低了对乳业的价格支持，放松了对花生与大米的生产控制。[①] 1985 年和 1990 年的《农业法案》则冻结了目标价格，把农民贷款利率降低到市场出清水平等。[②] 除了《农业法案》对农业补贴的限制措施外，预算法案也同样限制了农业支出的扩张。1982 年预算法案将每一百磅牛奶的价格减少了 1 美元。1987 年预算法案降低了目标价格，减少了参与政府价格支持项目的耕地面积。1989 年预算调节法降低了差额支付，减少了对出口补贴的支付水平，从而节省了 25 亿美元的农业预算。1990 年预算调节法案重新计算了差额支付，削减了 140 亿美元的农业预算，并且进一步减少了政府支持项目的耕地面积。[③] 1993 年预算调节法案再一次减少了 32 亿美元的农业支出。

1996 年的《联邦农业促进和改革法》标志着美国农业政策的重大转型。这部法律旨在使用年度的固定补贴取代差额支付补贴，从而逐步减少政府对农业的补贴，同时促进农业的自由种植，该法取消了“差额支付”，取而代之的是“灵活生产合同补贴”，政府补贴与当年农产品产量脱钩，依据过去的农产品产量设定补贴额度。该法案授权商品信贷公司与农民订立 7 年期限的生产弹性合同（Production Flexibility Contract），给予农民自由选择种植农作物的权利（水果和蔬菜除外），同时每年给予农民一次性固定补贴取代过去与目标价格挂钩的差额补贴。农民每年获得的合同补贴金额按平均补贴基准和农场主种植合同面积计算。规定 7 年内总计补贴不得超过 356 亿美元，受此影响，年度补贴额从 1996 年的 53 亿美元递减到 2002 年的 40 亿美元。[④]

1996—2002 年，灵活生产合同补贴支付呈现不断下降趋势，似乎表明美国农业直接补贴的收缩与终结。然而，事实并不完全如此。政府在 1996 年后向农民的直接支付额远超过法定的额度，政府直接支付的实际额从

---

① History of agricultural price - support and adjustment programs, 1933 - 84 [R/OL]. http://naldc.nal.usda.gov/naldc/download.xhtml? id=CAT10842840&content=PDF.

② Congressional Quarterly Almanac 41 (1985), pp. 515-539.

③ Hallberg, M. C. Policy for American Agriculture: Choices and Consequences [M]. Ames: Iowa State University Press, 1992: 321-323.

④ Nelson, F. J., Schertz, L. P. Provisions of the Federal Agriculture Improvement and Reform Act of 1996 [EB/OL]. http://www.ers.usda.gov/publications/aib - agricultural - information - bulletin/aib729.aspx#. U3DQQ42BTrt.

1996 年的 73.4 亿美元增长到 2001 年的 224.31 亿美元。① 政府直接支付逆流而上的主要原因在于农产品价格下跌产生的冲击。1998 年亚洲金融危机导致国际市场上的农产品价格普遍下降，而美国农产品生产过剩，这一双重危机进一步压低了农产品价格。美国国会不得不在 1998 年、1999 年、2000 年以及 2001 年实施年度应急救援立法，每年的援助法案都支付了数十亿美元的农业援助补贴。在这样的背景下，2000 年美国农业直接补贴达到历史顶峰的 280 亿美元。

2002 年出台了紧急补贴和暂时性的价格扶持政策——《农业安全及农村投资法》。该法一反 1996 年农业法增加农业种植自由、降低农业补贴的既定政策，转而继续增加对农业的补贴。2002 年农业法新建立的补贴由以下几部分构成：一是固定直接补贴（fixed direct payments），它实际上延续了 1996 年农业法中生产弹性合同补贴，规定从 1998 年到 2001 年玉米、小麦、高地棉、水稻以及大豆的种植面积如果达到基础种植面积则可获得固定数目补贴。二是反周期补贴（counter-cyclical payment），这替代了原先的市场损失援助补贴，政府根据商品的目标价格与有效价格（effective price）之差给予农民补贴。② 当有效价格低于目标价格，农民即获得补贴。三是把过去很少得到补贴的水果、蔬菜和畜牧业也列入补贴范围，如增加了“花生配额收购补贴（peanut quota buyout payments）”“牛奶收入损失补贴（milk income loss payments）”以及“烟草生产补贴（tobacco transition payment program）”。然而，我们也并不能据此认为美国农业福利政策的收缩趋势得到了逆转。事实是，从 2002 年以后，美国对农业的直接支付项目支出总体上呈现下降趋势。按实际价格计算，直接支付总额从 2005 年的 265 亿美元下降到 2014 年的 56 亿美元（见图 8-4）。

---

① Farm Income and Wealth Statistics - Direct government payments by program, U. S. and State, 1933—2014 [R/OL]. http://www.ers.usda.gov/data-products/farm-income-and-wealth-statistics.aspx.

② 各种农产品的目标价格由政府提前规定，有效价格则是指农民所得到的直接补贴再加上出售农产品获得的收入或者营销贷款项目下所获得的贷款（出售农产品和贷款二者中选择较高的一项）收入之和。

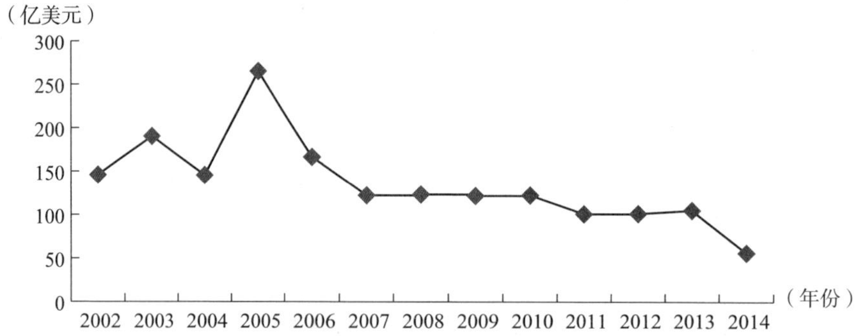

图 8-4 美国政府对农业的直接支付额（2002—2014 年）

资料来源：Farm Income and Wealth Statistics-Direct government payments by program, U. S. and State, 1933—2014 [R/OL]. http://www.ers.usda.gov/data-products/farm-income-and-wealth-statistics.aspx.

8.2 日本农业福利政策的兴起

日本是快速实现现代化，从农业国转向工业国，成功追赶西方发达国家的典范。日本在工业化初期，采取了有限的农业推动和强烈的农业汲取政策，然而在其快速工业化过程中，农业政策逐步转型为价格保护与农业补贴政策。日本农业福利政策的兴起过程一定程度上代表了后发国家农业福利政策建立和发展的一般性规律，即从农业汲取与扭曲政策逐步转向农业补贴政策。此外，日本的农业福利政策具有其自身特点，以高额价格补贴为农业补贴的主要形式，以城市高额的农产品消费成本和高关税壁垒及贸易保护为代价。日本农业福利政策的政策取向也为我国农业福利政策改革提供了经验与教训。

8.2.1 农业汲取—推动政策阶段：19 世纪 80 年代到 20 世纪 10 年代

19 世纪 80 年代标志着一个政府干预经济的新时代，也是政府实施农业推动政策的开始。日本政府在明治维新伊始的 1881 年建立农商省。当时日本农业产值占国民收入的比重达到 42%左右，绝大多数人口和劳动力都从事农业生产，直到 1920 年，日本的农业劳动力还高达 50%以上（见表 8-2）。

表 8-2　日本 19 世纪末到 20 世纪初的农业产值比重

年份	农业产值比重（%）	农业劳动力比重（%）
1880	—	76.0
1881—1890	42.5	74.5
1891—1900	37.8	68.9
1900	—	61.0
1900—1910	35.5	64.8
1911—1920	29.9	57.6
1920	—	54.1
1921—1930	20.0	47.1

注：1. 农业产值比重数据来源于卡尔·莫斯克（Carl Mosk）①；
2. 农业人口比重数据来源于 Klein、Hayami 和 Yamada（1991）。

明治初期，政府制定了以工业化为导向的“殖产兴业”战略，将农业角色定位为剩余资源汲取部门，农业在经济上为工业化提供税收、外汇、粮食、劳动力等资源。为解决财政危机，日本政府新建税制，对以往的贡赋制度进行根本改革。1873 年明治政府颁布了“地租改革法”，废除旧贡租制度，实行地价调查，以算定地价的 3%作为地租（现金缴纳），现金缴纳的地租极大地推动了日本农业的市场化。至此，地租成为新租税体制的基础，通过这一税收体系得来的租税，一方面用于支付旧领主阶层解体的家禄，另一方面则作为对外扩张和“殖产兴业”所需设备和机械的进口资金。农业税收在“一战”前一直是政府收入的主要来源，19 世纪八九十年代，农业贡献了超过 80%的政府税收，例如，1875—1876 年，日本土地税总额有 5000 万日元，占当年税收总收入的 86%（Yamamoto，1987）。然而，此时农业产值仅占国民生产净值的 30%～45%，也就是说，政府对农业征收了比工业更重的税收。除了获得财政收入外，换取外汇也是农业政策的重要目标之一。幕府末期开放港口后，生丝行情上涨，生丝和蚕种的出口也迅速增长。直到“一战”前，生丝出口在当时的贸易结构中一直占主要地位。日本对欧美先进国家出口生丝获得外汇，再使用这些外汇进口工业原材料和机器。

① Mosk，C. Japanese Industrialization and Economic Growth [EB/OL]. http：//eh. net/encyclopedia/japanese-industrialization-and-economic-growth/.

农业汲取的前提是农业增长，所以日本政府也相当重视农业推动政策。日本于1881年建立负责农业推动政策的农商省，又于1925年组建农林省。这一时期的农业推动政策将土地开垦、治水以及农业技术改革作为重点。为推广农业技术，国家建立农业试验站，在试验站中得到训练的有经验农民，被雇为农业指导员，他们在全国各地向当地农民传授试验站的研究成果。中央鼓励县政府建立相应的农业推广机构，并在1899年为县政府建设农业试验站提供补贴，“一战”前，基层政府的农业试验站已经成为新粮种的主要传播地。日本政府也积极引进“国外品种”并试种，奖励使用“西洋农法”的西方耕作方法，同时对本土的“传统农法”进行改善。《明治农法》规定将原来的人力浅耕、常时湿地、少肥改为畜力耕、干田、施用肥料，并将这些技术导入水稻生产中。此外，由于此时日本大多数人口生活在农村，政府加大基础设施投资，使道路、铁路、电信以及电力设施都延伸到农村地区。

19世纪末到20世纪初，日本政府并没有大规模的农业财政支出。在19世纪90年代，日本政府年均农业支出不过100万日元左右，占总预算仅为1%。到20世纪10年代，农业部门总支出才逐渐增长到300万到400万日元。20世纪20年代初，农业支出总额上升到近2000万日元，占政府财政总支出的比重逐步提高到4%左右（Allen，1946）。

8.2.2 价格管制阶段：20世纪20—40年代

20世纪20年代，欧美主要发达国家完成了第二次工业革命，农业在经济中的地位进一步下降。日本则从20世纪20年代进入工业化中后期，农业产值的比重由19世纪90年代的40%以上迅速降低为20世纪20年代的20%。农业劳动力的转移稍显滞后，到20世纪20年代仍然占50%以上。[①] 政府财政收入对农业的依赖度显著降低。随着工业化和经济增速的加快，其他税收收入，如国有企业、消费税、关税等新兴税收规模也迅速提高，以农地税为主体的土地税收占税收的比重从19世纪末的80%以上降低到1906—1907年的22%，到1935年土地税收占税收收入的比重已经

① Mosk，C. Japanese Industrialization and Economic Growth [EB/OL]. http://eh.net/encyclopedia/japanese-industrialization-and-economic-growth/.

降到了 3%（Allen，1946）。

20 世纪 10 年代到 20 年代，日本大米生产陷入停滞，农民面临着高额地租的压力，种植大米积极性不高，转向养蚕业这一可以直接销售的商业化作物。由于大米生产增长率下降，米价也随之上升，再加上“一战”加剧了对粮食的需求，日本在 1918 年首次出现大米价格飞涨的现象，引发了全国工人和下层农民的骚乱。为了缓和危机，日本政府调整了既有的对农业“高汲取—低推动”政策，在粮食政策上不再像以前那样仅仅考虑地主阶级和工业资本的利益。1925 年农林省从原来的农商省分裂出来，成为独立的内阁组成部门。政府也开始控制粮食价格，于 1921 年制定《米谷法》。根据《米谷法》，为了抹平粮食供给的季节性波动，政府建立了 2 亿日元的基金，用以收购和销售稻谷。《米谷法》标志着日本农业市场干预的开端和初步尝试。

到 20 世纪 20 年代后半期，由于中国台湾、韩国等地大量的大米进口，日本粮食市场已经出现过剩的局面，农产品价格不断下降。30 年代经济危机的到来，日本主要的出口创汇产品——生丝出口锐减，以及殖民地进口大米的增加，农产品价格更是急剧降低。为应对这一局面，日本农业政策定位也发生了根本性转型，从以提高农业产量和粮食自给率为核心的农业推动政策，转向维持农产品价格、提高农民收入的价格支持与管制政策。日本政府实施农业市场管制，并且开启了农村和农民的合作化运动以配合管制政策。1931 年和 1932 年政府两次修订了《米谷法》，规定每季根据大米最高价和最低价干预市场。1933 年，政府出台了《米谷管制法》，对农业实施了更为有力的干预和管制。政府对大米采取了生产者价格和消费者价格的价格双轨制，规定政府可以无限制购买大米以提高米价，收购价格依据生产成本来设定。为了使政府控制粮食收购体系，从 1932 年开始，修订后的《产业协会法》将农户组织进入产业协会中，由产业协会同时负责销售、购买和信贷活动。

日本对粮食的全面管制在“二战”期间趋于鼎盛。面临大米供应不足的困境，政府的管制与干预政策立足于扩大供给和限制需求。因此政府于 1940—1941 年建立了国家主导的大米供应和配给的粮食管制制度，并于 1942 年制定《粮食控制法》，奠定了日本农业价格支持制度的基础，形成了稻谷贸易国家垄断体制，这一体制直到 1994 年才被《新粮食法》取代。

这一制度取消了粮食市场交易，要求生产者和地主除了自家保有量之外，其余的都作为政府管理米，消费者则接受粮食配给。《粮食控制法》确立了产业协会（农业合作社）作为粮食收购机构，粮食营团为配给机构，形成了一元化的粮食收购和配给机制。政府利用既有的农业合作社网络，形成从中央到县，乃至直达农村的供销体系。日本农民将粮食交给村一级农协，村农协继而将粮食转交给县农协，并最终上交至国家层面的全国农协联盟。农协联盟代表政府，以政府指定价格将粮食出售给政府授权的批发商，批发商再出售给国家授权的零售商。政府通过垄断粮食购销流通渠道的市场干预和价格支持政策极大地提高了政府农业财政支出，从1920年开始，日本农业财政支出大幅增长，于1923年超过1000万日元，并很快在30年代末超过1亿日元（Francks，2006）。“二战”期间政府农业支出占总预算的比重有所上升，超过6%（Federico，2005）。

8.2.3 日本战后农业福利政策的兴起阶段：20世纪50—90年代

“二战”后，日本经济迅速恢复，在战后的二三十年里迎来发展的黄金期，国民生产总值和工业化均超过战前水平。在1950年到1970年的经济复苏和增长期内，日本经济结构加快转型。这一时期，尽管农业产值和产量增长迅猛，但农业已经彻底沦为边缘地位，无论是产值还是农业人口比重都比战前大幅降低。1970年日本农业产值比重只有6.1%。农业人口比重也大幅下降，到1970年仅为15.9%（见表8-3）。

表8-3 日本农业产量、产值与劳动力结构（1950—1970年）

年份	农业劳动力比重（%）	农业GDP比重（%）	农业产量指数
1955	36.0	19.9	100
1960	29.0	13.1	104
1965	22.2	9.8	117
1970	15.9	6.1	130

注：农业产量指数（1955=100）。

资料来源：OECD Agricultural Statistics.

20世纪50年代后，日本政府彻底改变前期的农业汲取政策，实施农业价格支持与补贴政策。战后恢复期结束后，经过农地改革，日本农业生产总体恢复，粮食供求紧张局面逐步缓和。然而粮食供给问题缓和后，农民收入和农业生产率增长滞后问题凸显。经济的增长带来城乡不均衡发展，相对于快速增长的城市居民收入，农民收入则在 50 年代末和 60 年代初期增长相对滞后。在这些背景下，农业政策空前强化了对农民的支持与补偿。这一时期，农业支持政策主要工具是价格补贴。

日本粮食控制体系是战后价格补贴政策的载体。1952 年，日本政府部分修订了《粮食管理法》，采取价格双轨制，即政府收购价格高于销售价格，差价由政府财政补贴。政府收购的米价由基础价格和奖励补贴构成，而后者份额比重越来越大。1952—1967 年，政府以年均 9.5%的增长速度提高了大米收购价格，1967 年实际收购米价已经是 1960 年的 1.4 倍。表 8-4展示了 1950—1965 年日本粮食控制体制的运作状况，十分明显地表现了农业价格补贴政策的发展趋势。15 年间，日本粮食总产量呈上升趋势，而政府收购的粮食量也大幅提高了 75%，而政府收购价增长了 1.5 倍之多。从 1954 年开始，日本国内大米收购价超过国际价格，此后，价差越来越大。20 世纪 70 年代日本大米生产者价格进一步上涨，而此时世界大米价格却呈现持续下降趋势，两者的价格之差不断拉大。到 1975 年，日本国内大米生产者价格已经几乎是国际大米价格的 4 倍，到 1986 年扩大到 8 倍以上（Calder，1988）。政府对农产品市场的管制持续到 90 年代初，1994 年的《新粮食法》实现了政府对农业生产的放松管制，战后实施几十年的粮食价格双轨制彻底转向市场化，实现了大米流通的市场机制。

表 8-4　日本粮食控制体系的运作情况（1950—1965 年）

年份	大米总产量（十万公吨）	政府收购量（十万公吨）	政府收购/总产量（%）	政府收购价格（60 千克/日元）	政府销售价格（60 千克/日元）
1950	965	410	42.49	2540	3266
1955	1239	479	38.66	4064	4026
1960	1286	614	47.74	4162	4351
1965	1241	720	58.02	6538	5570

资料来源：Francks（2006）。

20 世纪七八十年代以来，日本对农业生产者支持值比重（PSE%）处于非常高的水平，高于欧盟、美国等大多数 OECD 国家（见图 8-5）。1986 年到 1990 年期间，日本农业产值的 60%源于农业补贴。在农业补贴结构中，市场价格支持（market price support）占据着农业生产者支持值的绝大多数比例。价格补贴以关税保护为基础，从 80 年代中期到 90 年代中期，价格补贴占总的农业生产支持总额（PSE）的平均比例超过 90%。可以说日本是国际上最依靠价格手段来维持农民补贴的国家。由于关税保护，日本农业生产价格要远高于相应农产品的世界价格，像稻米、小麦和猪肉这样的主要农产品的价格是世界平均价格的 2~6 倍（见图 8-6）。

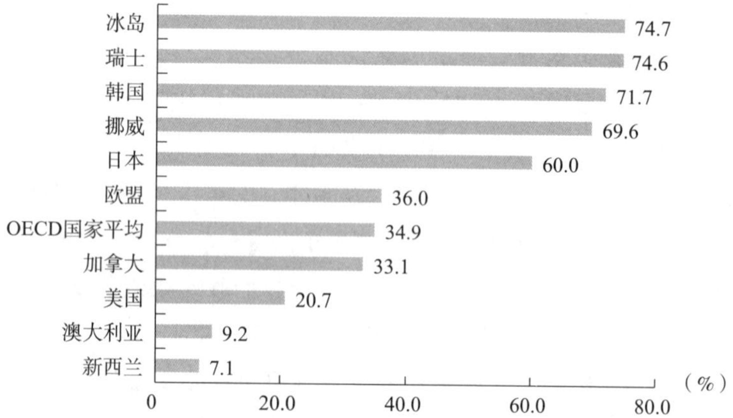

图 8-5 OECD 国家农业生产者支持估价（PSE）占农业产值的比重（1986—1990 年）

资料来源：OECD 农业生产者支持（PSE）统计数据库。

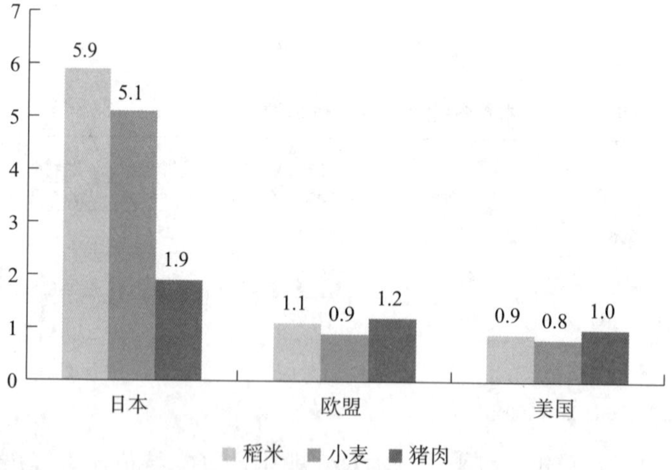

图 8-6 日本三种农产品国内生产价格与世界价格之比（2006—2010 年平均）

资料来源：OECD 统计数据库、美国联邦储备银行（US Federal Reserve）。

8.2.4 日本农业福利政策的调整阶段：20 世纪 90 年代以来

20 世纪 90 年代中期以后，日本农业福利政策的第一个明显的调整就是福利政策的收缩。如图 8-7 所示，农业生产者支持估值（PSE）比重已经从 80 年代的 60%以上降低到 2006 年的不足 50%，农业生产者支持估值总额也大幅降低。农业生产者支持的下降主要源于农业价格补贴水平的降低，1993 年乌拉圭回合谈判的农业协定（URAA）中提高农业市场准入和关税削减的规定降低了日本畜牧业关税。1995 年日本加入 WTO，作为对履行《WTO 农业协议》的承诺，日本再次对国内的农业支持政策进行调整，削减了农产品价格支持和干预政策（即 WTO 框架的“黄箱”政策），具体而言，1995—2000 年的 5 年间，以 1986—1988 年的平均支持水平为基准，将国内支持水平削减 20%。2008 年多哈回合农业谈判中，日本承诺再次削减国内的农业支持水平，降低农业支持政策中的“黄箱”政策比重，加强像农业直接补贴这样的“绿箱”政策（王国华，2014）。价格补贴占农业生产者支持（PSE）的比重从 1986 年的 65%降低到 2012 年的 50%。

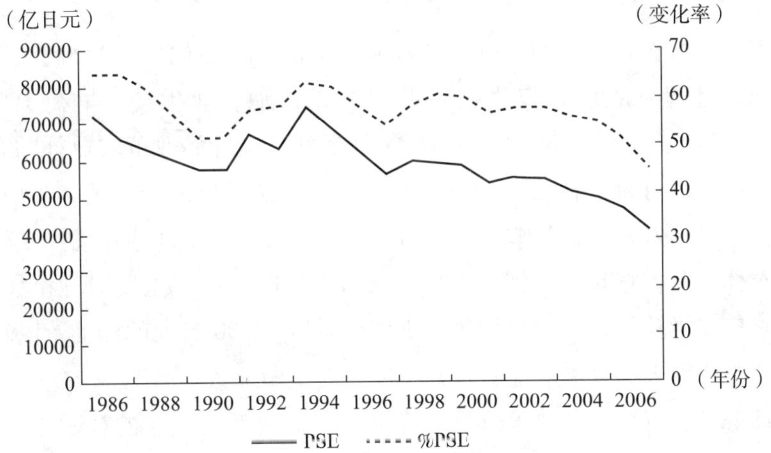

图 8-7 日本农业生产者支持估值（PSE）的变化趋势（1986—2006 年）

资料来源：OECD 农业生产者支持（PSE）统计数据库。

日本农业福利政策调整的第二个趋势就是加大农民直接补贴力度，这一调整不仅仅是为了应对 WTO 协议对减少“黄箱”政策的要求，更重要的是为了回应国内的农业问题。自20世纪90年代，特别是进入21世纪以来，日本的农村和农业危机不断显现，引起了政府与社会的高度关注。日本的农业问题不仅表现为经济发展和城市化带来的农业人口锐减，而且更突出的是农业人口的老龄化和耕地抛荒现象。随着日本社会总体老龄化的加剧，农业老龄化问题更为突出。根据日本2015年农林业普查数据，当前日本约227万农业人口中，平均年龄达到66.3岁；60岁以上的占77%，74岁以上的占34%。伴随着农业人口的老龄化趋势的恶化，从事农业的人口数量不断减少，农村空心化和耕地抛荒问题也日渐严峻，2000年抛荒的耕地有34.3万公顷，到2010年增加到40万公顷（牛山敬二，2012）。

表8-5　按年龄段分日本农业人口数量

单位：万人

年份	农业人口	39岁及以下	40~49岁	50~59岁	60~64岁	65~69岁	70~74岁	75岁及以上	60岁以上比重（%）
2011	260.1	17.5	14.7	35	35.3	33.6	41.7	82.5	74.2
2012	251.4	19.0	13.3	31.7	35.7	31	39.7	81.0	74.5
2013	239	17.4	12.2	28.1	33.5	31.5	36.6	79.6	75.8
2014	226.6	15.2	11.3	25.4	30.4	33.1	34.8	76.3	77.1

资料来源：日本农林水产省农林业普查（2015）。

为了应对农业人口的衰减，维持国内粮食40%自给率的目标，日本政府试图通过基于农业人口直接补贴的方式鼓励农业生产。早在1990年《食品、农业、农村基本法》颁布后，日本就已经开始改革农业补贴方式，改为对农民进行直接补贴。2000年日本对生产条件较差的山区和半山区农户进行直接收入补贴，2007年增加了对所谓核心农户的直接补贴。2009年日本农林产业省宣布将实施对农户收入给予保障制度，主要对种植大米的销售农户进行补贴，对农户按每0.1公顷耕地15000日元的标准予以直补。这些补贴政策表明日本农业直接补贴的力度不断加大。

日本农业直接补贴政策改革从传统的“消费者负担”的补贴体系逐渐转向以“纳税人负担”的财政支付体系。当前日本政府对农民的直接补贴约有10类，其中比重较大的几项补贴有农业基础设施建设和技术研究推广示范补贴（30.1%）、收入补贴（28.9%）、农地流转和农业就业有关的补贴（18.6%）、稳定经营与市场价格支持补贴（9.1%）（高强、彭超，2015）。从图8-8中也可以看出，日本政府对农民生产和投入环境的直接

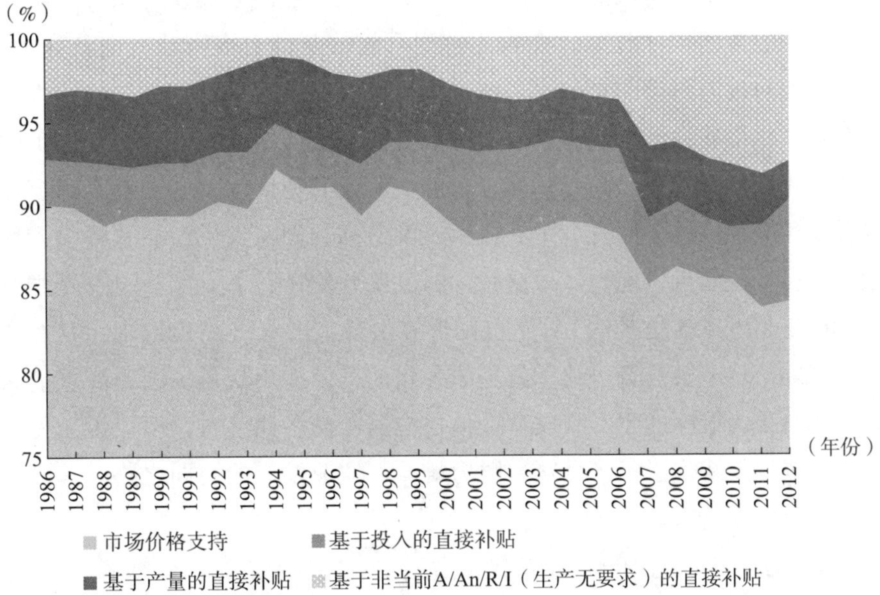

图 8-8　日本农业生产者支持结构的变化（1986—2012 年）

资料来源：OECD 农业生产者支持（PSE）统计数据库。

补贴不断增加，主要的三项政府直接支付的比重从 1986 年的 9% 提高到 2012 年的 15%，2012 年总规模达到 7718 亿日元。

8.3　农业地区的财政能力建设：美国的经验与启示

中国作为一个农业大国，在工业化进程中面临着发展农业还是工业优先的困扰。过去的经验教训表明，为发展工业而牺牲农业、对农业的过度汲取会引发严重的“三农”问题。要改变对农业的欠账，就必须加大财政对“三农”的支持力度。然而，农业地区的财政能力建设也面临着两难困境：一方面，农业地区承担着维护中国粮食安全，解决十四亿人口吃饭的战略问题，农业生产只能加强不能削弱。另一方面，农业产值较大的地区经济发展相对滞后，农业产业对财政的贡献不足，财政收入增长缺乏稳定的来源，农业县市的平均财力低于本省乃至全国的平均水平。财力不足是农业地区政府的“紧箍咒”，制约了当地经济发展和公共服务供给的均等化。

提高农业地区财政能力不能重走片面发展工业的老路，一条思路是通过农业供给侧结构性改革，在农业转型升级的基础上提高地方财政能力，提升农业对地方财政的贡献度。审视世界上农业发达的经济强国，或许能够获得可供借鉴的经验。本节以美国农业高产值州为研究对象，探究美国农业大州人均财政支出高于平均水平的现象及其原因。美国不仅是当今世界最发达的经济体，同时也是农业生产率最高的国家，农产品总量与人均粮食产量均位居世界前列。根据联合国粮农组织的统计，美国2019年主要粮食产量超过4.3亿吨。[①] 美国也是世界上最大的农产品出口国，其农产品在国际市场上极具竞争力。就美国各州而言，加州既是美国经济总量和财政能力最为雄厚的州，其农业产值也位居美国各州之首。可以说，美国在一定程度上实现了经济发达、财力雄厚、农业发展的协同之路，其发展经验值得中国借鉴。

部分学者也认为中国农业现代化发展模式应学习美国。戴宴清（2016）认为，美国农业现代化最大的成功是农业企业化和工商一体化，建立类似于美国这种农业全程产业链是中国农业现代化发展的基本途径。整体上，国内相当大一部分学者赞成美国农业现代化道路值得中国借鉴，至少在部分领域是中国农业现代化发展的方向（朱万春，2018）。随着中国农业供给侧结构性改革不断深化，农业生产经营正在加速走向规模化、专业化发展道路，农业产业链不断升级，农业附加值持续提高。在一些重要特征上，中国农业生产正在走向与美国等发达国家相近的发展模式。尽管中美两国财政体制、农业资源禀赋以及人口等基本国情方面存在巨大的差异，但是美国的农业地区财力发展的经验仍然可以供中国农业地区借鉴，主要依据有以下三个方面：

首先，中国农业生产经营的规模化不断提高，农业生产率和总体效益不断增长。随着中国农业规模化经营效益不断提高和农业规模化生产的壮大，发达国家农业经营的公司化、市场化、产业化模式可能是未来中国农业生产经营的发展方向，农业合作社等新型农业生产单位可能成为中国农业地区重要的税收来源（许红，2016）。

---

① United States Department of Agriculture. World Agricultural Production [R/OL]. https://apps.fas.usda.gov/psdonline/circulars/production.pdf.

其次，中国农业生产的地区专业化水平整体呈现上升趋势，其中，糖料、棉花的专业化系数最高，粮食生产的专业化程度增长最快（陈鹏程、班洪赟、田旭，2019）。总体上，中国当前的农业专业化和农业产业集聚发展能力与农业发达国家相比还存在较大差距，限制了中国农业效益的提升，进而制约了农业地区农业相关税收的增长。从农业发达国家的经验来看，农业区域的专业化生产是推动农业现代化发展的有效路径，如美国形成了十大专业化的农作物种植区域。尽管东亚、拉美等一些国家在人地资源禀赋、农业经营方式、农业社会化服务体系等方面存在诸多差异，但是，这些国家都选择了适合本国农业发展特点的农业产业集聚道路（王畅、李松柏，2018）。美国等发达国家通过农业专业化和产业集聚化生产提高地区财政能力的经验具有重要的借鉴意义。

最后，中国农产品加工业不断发展升级。作为农产品生产的下游产业，农产品加工业连接农业和工业制造业，对农业升级起到了重要作用，同时也是农业地区税收的重要贡献力量。2017 年，中国农产品加工业主营业务收入 22 万亿元，占工业总产值的 19.8%，与农业产值之比达到 2.3∶1。① 农产品加工业已成为国民经济的战略性支柱产业之一。但是，中国农产品加工率只有 55%，低于发达国家 80%的水平。中国农产品加工占农业产值的比重远低于发达国家。② 中国农业加工业大而不强的问题也进一步制约了其对税收的贡献力。因此，借鉴美国等发达国家的经验，对提高农产品加工业助力地方财政收入增长也具有重要意义。

8.3.1　美国农业大州的农业与财政能力

美国在农业发展上具有得天独厚的条件。农业是美国生产率最高的产业之一。美国也是世界上最大的粮食净出口国，在国际农业市场上极富竞争力。在 2008 年经济危机期间，农业出口对维持美国经济增长产生了极为重要的作用。根据 2017 年的统计数据，美国有 204 余万个农场，农场总面

① 常理．我国推动农产品加工业发展升级［N/OL］．经济日报，2018-12-04. http：//www.gov.cn/xinwen/2018-12/04/content_ 5345523. html.

② 张学武．深化增值税改革支持农产品加工业发展［EB/OL］．http：//finance.eastmoney.com/a/201903131067406641. html.

积达到9亿英亩，平均每块农场的耕地面积有441英亩。[①] 尽管农业遍布美国各个州，但农业生产主要集中于美国中部的大平原地带（great plains），以及围绕五大湖的玉米生产带（corn belt），使美国粮食总产量居于全球前列。那么，类似发展中国家农业地区政府财力不足的问题是否也存在于美国的农业大州呢？

我们采用农业产值指标来衡量农业地位，列举了美国农业总产值排名前十的州，并称之为农业大州。我们发现，传统上农业产值最大的州总体上财政能力并不落后，部分农业大州财政实力雄厚。在表8-6中，我们列举了10个农业大州2019年的人均GDP、人均财政支出、农业产值比重以及非农产业总产值等指标，特别将这些指标与全美所有州的均值进行比较。数据表明，排名前十的美国农业大州并不是所谓的财政穷州，10个农业大州的人均财政支出和收入水平并不比全国平均水平低。2019年10个州人均财政支出为12354.4美元，略高于同期全美12065.7美元的人均财政支出水平。10个农业大州中有6个州人均财政支出显著高于全国水平。加利福尼亚州是全美第一大农业州，农业产值就占据了全国的20%，然而它的人均财政支出高达1.6万美元，居于全美前列，是不折不扣的财政强州。此外，农业第四大州华盛顿州、第五大州明尼苏达州、第六大州内布拉斯加州、第七大州伊利诺伊州、第十大州俄勒冈州人均财政支出也均高于全美平均水平（见表8-6）。美国农业大州财力现状表明，农业发展与财力增长两者之间并不冲突，在农业高度发达的同时仍然能实现较高的财政支出水平。那么，美国农业大州财政能力因何不弱，农业和财政共同发展的促进因素有哪些呢？

表8-6　美国农业产值排名前10的农业大州经济与财力状况（2019年）

州名	农业产值（亿美元）	农业产值比重（%）	非农产值（亿美元）	实际人均GDP（美元）	人均财政支出（美元）
加利福尼亚	514.2	1.84	27490.9	70662	16181.7
得克萨斯	156.2	0.89	17487.4	61682	9637.3
艾奥瓦	132.3	7.62	1602.9	55051	11971.8

① 2017 Census Full Report United States Department of Agriculture National Agricultural Statistics Service［R/OL］. http：//www. census. gov/compendia/statab/cats/agriculture. html.

续表

州名	农业产值（亿美元）	农业产值比重（%）	非农产值（亿美元）	实际人均 GDP（美元）	人均财政支出（美元）
华盛顿	106.0	1.93	5380.9	69761	13309.2
明尼苏达	92.4	2.73	3295.1	60066	13393.6
内布拉斯加	89.1	7.59	1084.9	59386	12294.9
伊利诺伊	82.0	1.06	7649.4	61713	12303.2
佛罗里达	77.6	0.81	9555.0	44267	9120.4
威斯康星	72.0	2.34	3008.4	52534	11225.2
俄勒冈	49.5	2.20	2205.9	52726	14107.2
前 10 平均	124.7	2.90	7876.1	58784	12354.4
全美平均	49.6	0.80	3726.6	58229	12065.7

注：州 GDP 数据源自美国统计局 2019 年统计数据，U. S. Census Bereau，StatisticalAbstracts Series The 2019 Statistical Abstract；2019 年州和地方政府支出数据来自 U. S. Census Bereau，Annual Survey of State and Local Government Finances。

基于农业大州财政能力建设的内外环境因素，本节分析了对美国农业大州财政能力发挥重要作用的四个要素：第一，非农产业的高度发达是农业地区财力建设的经济环境因素；第二，高附加值的农产品结构和农产品加工业是农业大州财政能力建设的产业因素；第三，农业大州较高的农业财产税水平是农业地区财政能力建设的重要内部因素；第四，美国的农业支持政策是农业大州财政能力建设的重要政策因素。

第一，非农产业主导的农业大州财政能力显著高于其他州。为什么农业产值绝对值最大的 10 个州的财政实力不弱，甚至部分州的表现更加出众呢？对比表 8-6 的关键性指标，可以发现，农业大州的农业产值比重并不高。在 2019 年，除了艾奥瓦州和内布拉斯加州农业产值比重超过 6%外，其他 8 个州的比重都不超过 3%，全美农业第一大州的加利福尼亚州农业比重只有 1.8%，最小的佛罗里达州和得克萨斯州只有 0.8%左右。农业产值前 10 的农业大州的非农经济普遍较为发达，10 个州的非农产值均值达到 7876.1 亿美元，是全美各州非农产值均值的 2 倍。其中以加利福尼亚州和得克萨斯州为代表，两个州都是全美经济发达州，它们同时也是美国非农产值最高的两个州。可以说，由于农业及其相关产业对税收贡献度低于非农产业，发展农业但是不依靠农业才是提高农业地区财政能力的基础。美国农业大州的农业高度发达，但经济对农业依赖度低，这也是与那些人均财政支出低于全国平均水平的农业州的主要区别。

相反地，农业比重越大，地方经济发展状况越差，财力水平也低于全国水平。全国农业产值比重前10的州人均财政支出普遍偏低。2019年这10个州人均财政支出的平均值为11050.27美元，显著低于全美12065.7美元的平均值。这10个农业比重最大的州中，只有明尼苏达、内布拉斯加和北达科他的人均财政支出高于全国水平，其他7个州都比全国水平低，其中爱达荷州的人均财政支出仅有8346.60美元，名列全美50个州倒数第一位（见表8-7）。在农业之外，第二、第三产业的雄厚实力保证了政府财力的增长，这也意味着发展农业与提高财力能力的两大目标并不相悖，前提是坚持非农产业的发展路径，将绝大部分人口从农业生产中转移出来，实现农业规模化、产业化和资本化。美国农业大州维持较高的人均财政支出水平，在发展农业、提高农业产值的同时提升非农产业在经济中的比重。

表8-7　美国农业产值比重前10的州经济与财力状况（2019年）

州名	农业产值（亿美元）	农业产值比重（%）	非农产值（亿美元）	实际人均GDP（美元）	人均财政支出（美元）
北达科他	41.6	7.71	497.7	70953	13238.40
南达科他	47.3	9.95	428.3	53907	9470.50
蒙大拿	24.5	5.11	454.7	45106	10678.70
阿肯色	26.5	2.26	1148.0	38969	9256.60
堪萨斯	47.4	3.00	1552.2	54975	10626.40
爱达荷	49.0	6.54	700.2	42718	8346.60
艾奥瓦	132.3	7.62	1602.9	54567	11971.80
内布拉斯加	89.1	7.59	1084.9	60123	12294.90
明尼苏达	92.4	2.73	3295.1	59423	13393.60
威斯康星	72.0	2.34	3008.4	52641	11225.20
前10平均	62.3	4.32	1377.2	53338	11050.27
全美平均	49.6	1.3	3726.6	58229	12065.7

注：州GDP数据源自美国统计局2019年统计数据，U. S. Census Bereau，Statistical Abstracts Series；2019年州和地方政府支出数据来自U. S. Census Bereau，Annual Survey of State and Local Government Finances。

第二，农业现代化与地区财力提升。美国的经验并非仅仅发展非农产业，美国农业大州在发展非农产业的同时，农业发展方式和农业生产结构的现代化对维持较高的人均财政支出同样发挥着重要作用。具体而言，美国农业大州的农业产业结构十分多样，高附加值的农产品结构对农业经济和地方税收贡献了重要力量，而发达的农产品加工业连接农业和制造业，不仅推动了工农业协调发展，而且对提高农业大州财政能力发挥了直接作用。

我们以人均财政支出高于全国水平的四个农业大州（内布拉斯加州、明尼苏达州、华盛顿州、加利福尼亚州）为例，分析它们农业生产结构对人均财政支出的影响。四个州农业生产结构十分多样化，这些州的农业生产更集中于附加值较高的经济作物，如蔬菜、瓜果、花卉，以及与食品加工业关联更为紧密的农作物，如畜牧业、乳业等，这类农产品附加值更高，创造的相关税收更多。四个州中，明尼苏达州和内布拉斯加州都位于中部平原的玉米带，谷物产量居全美前列，它们是美国传统的产粮区。然而这两个州不仅仅是美国的粮仓，其农产品结构并不单一。事实上，这两个州还是全美最大的肉库和奶源地之一。内布拉斯加州仅牛肉销售产值就达到 100 亿美元，仅此一项就几乎是农作物总销售值的 43%。明尼苏达州的猪肉产值居全美第三，仅次于本州传统的谷物产值。华盛顿州的农业生产结构更为多样，不仅小麦和土豆这两大传统作物生产居全国前列，而且瓜果、蔬菜、林木同样处于全国领先地位。该州森林覆盖率高，林牧业和水果业尤为发达，水果、坚果和浆果产值占近一半的全州农作物产值，总值仅次于加利福尼亚州。农业最发达的加利福尼亚州有 12 项农产品产值名列全国前 10，其中有 5 项领先，该州最发达的农作物品种是水果、坚果和浆果，其产值超过总农作物产值的一半，其次是乳业和蔬菜，同样位居全国第一。①

这四个州的农业产业结构不仅多样化，而且农业对工业的贡献率也很大，主要体现为农业为食品加工业提供了生产原料，以农产品加工为基础的食品加工业是美国制造业中规模最大的行业之一。在内布拉斯加州，食品加工业（肉制品、早餐麦片、牲畜饲料、烘焙食品、乳制品、饮料）是最主要的制造业部门。明尼苏达州食品加工业也是第二大制造业部门。华盛顿州的工业产业结构中，食品加工业是该州第三大制造业部门，农业对工业产值的贡献很大。像工业制造业十分发达的加利福尼亚州，食品加工

① USDA. National Agricultural Statistics Service [R/OL]. https://www.nass.usda.gov/Publications/AgCensus/2017/Full_ Report/Volume_ 1, _ Chapter_ 2_ US_ State_ Level/.

业也是第三大制造业部门，为地区税收收入做出了重要贡献。[①]

第三，农业相关税收对财力的直接贡献较大。农业相关税收对农业地区财政能力有着最直接的贡献，如果农业地区完全依靠非农产业获得经济收益和税收资源，农业对财政的直接贡献极少，那么地方政府对农业发展的积极性和支持力度也难以持续。在美国，除了隶属制造业的农产品加工业，高度商业化的农业部门对税收的直接支持也相当可观。美国政府在保持对农业和农民的收入支持和财政补贴的同时，也能从农业产业中获得各种类型的税收收入。农业财政支持和农业税收汲取的并存，也保证了农业在经济体系中的重要地位。

根据美国的税收分权制度，联邦政府收入主要包括个人所得税、公司所得税、社会保障税、遗产和赠与税、消费税和关税等，州政府主要征收销售税与消费税，地方政府的主要税收是财产税和各类收费等。美国并没有专门的农业税，农业以及与之相关的食品加工业、农业服务业的税收包含在一般的财产税、个人所得税、公司税、销售税等税种中。表 8-8 展示了 2019 年 10 个农业大州的人均税收。仔细分析税收构成，可以发现农业大州的所得税收入并不弱于全国平均水平，在 7 个征收个人所得税的州中，有 4 个州高于全美平均水平。8 个征收公司税的州中，也有 4 个州的人均公司所得税高于全美平均水平。

表 8-8 10 个州及其地方政府的人均税收收入（2019 年） 单位：美元

州名	人均个人所得税	人均公司所得税	人均社保税	人均财产税	人均销售税和使用费
加利福尼亚	2506.42	345.54	3282.63	1735.21	4900.16
得克萨斯	—	—	1394.53	1917.05	3861.25
艾奥瓦	1226.47	157.24	1509.51	1949.78	4465.62
华盛顿	—	—	2423.98	1923.79	6130.49
伊利诺伊	1303.35	244.87	2116.96	2480.32	3396.61
佛罗里达	—	145.50	1186.74	1332.24	3905.79
明尼苏达	2175.18	298.21	2420.77	1613.85	4052.15
内布拉斯加	1280.36	204.86	1280.36	4506.88	3687.45
威斯康星	1503.82	187.98	3246.89	1589.27	3281.07
俄勒冈	2243.06	262.49	2887.34	1574.91	3412.31

① 根据 http://www.netstate.com/index.html 对美国各州产业结构的分析。

续表

州名	人均个人所得税	人均公司所得税	人均社保税	人均财产税	人均销售税和使用费
前 10 平均	1748. 38	230. 84	2174. 97	2062. 33	4109. 29
全美	1460. 24	238. 07	2010. 90	2045. 73	4205. 96

注：佛罗里达州、得克萨斯州和华盛顿州没有向个人征收个人所得税，得克萨斯州和华盛顿州也没有征收企业所得税。

资料来源：州人口数据源自美国统计局 2019 年统计数据：U. S. Census Bereau，Statistical Abstracts Series；2019 年州和地方政府税收数据来自 U. S. Census Bereau，Annual Survey of State and Local Government Finances。

美国农业对地方政府税收最直接的贡献当属农业部门的财产税。农业生产经营土地和部分农业生产资料与设备属于财产税的重要征收对象，农业大州的农业产值越大，农业土地价值就越高，基于土地价值征收的财产税也就越多，对地方财力的贡献度也越大。美国早在殖民地时期就开始征收财产税。土地是财产税的主要征收对象之一，成为美国地方政府的重要收入来源。在美国农业资本主义环境下，农业税收规模完全依赖于市场条件，取决于农场收入状况。20 世纪初，农业财产税一度是美国州和地方财政收入的重要组成部分。美国在 1913 年征收农业财产税为 2. 3 亿美元，而当年美国州和地方政府总收入约 13. 5 亿美元，农业财产税占地方政府税收的 19%。20 世纪 30 年代以后，美国农业财产税呈现快速增长态势，与农业产值基本保持着同步增长，增速远高于同期的农场净收入。农业财产税费收入在大萧条时期的 1934 年为 4. 2 亿美元，经过 60 余年的增长，逐步增长到 2019 年的 141 亿美元（见图 8-9）。

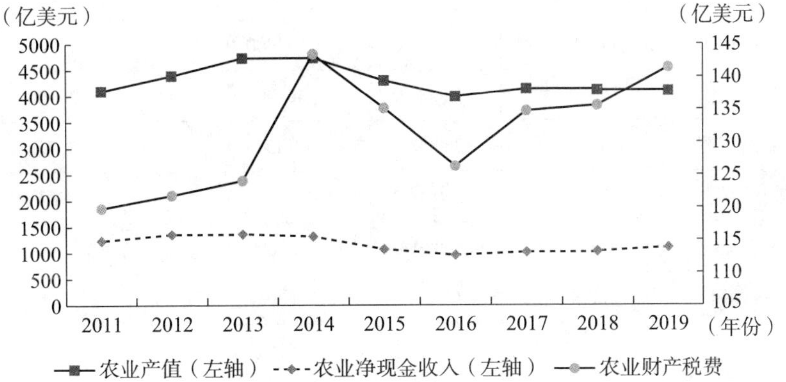

图 8-9　美国农业产值与农业财产税费收入情况（2011—2019 年）

资料来源：USDA ERS. Farm income and wealth statistics. Value added to the U. S. economy by the agricultural sector via the production of goods and services.

美国稳步增长的农业财产税收入对提高美国地方政府财力发挥着重要作用，农业产值更大的州农业财产税收入相应也更高。10 个农业大州的人均财产税收入略高于全国水平，特别是加利福尼亚州、佛罗里达州、伊利诺伊州的人均财产税都显著高于全国平均水平。对于农业生产者，土地无疑是一项重要的财产。在农业大州，对农业用地征收的财产税是地方政府重要的收入来源。由于地方政府需要估计土地当前的农计价值，再确定税率，在此基础上征税，越肥沃的含有机土壤的土地，税率也越高。表 8-9 报告了 10 个农业大州 2010—2012 年的农业财产税收入额，以及 2010 年的人均水平。大致上，各州的农业财产税收入总量和州农业总产值密切相关，农业产值越高的州，农业财产税收入也相对越高，如 2010—2012 年加利福尼亚州农业财产税收入分别是俄勒冈州的约 5.2 倍、6 倍和 4.7 倍。我们还发现，10 个农业大州的平均每家农场的财产税收入的均值要远高于全国水平，前者是后者的近两倍。尽管农业财产税并不能涵盖所有的农业税收，但毕竟是农业税收的主要构成部分。农业财产税收入对农业大州财力建设做出了重要贡献。

表 8-9　2010—2012 年 10 个州农业财产税收入情况　单位：万美元

州名	2010 年	2011 年	2012 年	单位农场（2010 年）
加利福尼亚	93000.2	106999.9	94999.8	3.66
艾奥瓦	70000.0	76000.0	76000.0	2.27
得克萨斯	104000.0	107000.0	84000.0	0.80
内布拉斯加	76000.0	79000.0	77000.0	1.67
明尼苏达	48000.0	48000.0	57000.0	1.78
伊利诺伊	56000.0	56000.0	64000.0	2.10
威斯康星	41000.0	36000.0	39000.0	2.70
华盛顿	24000.0	21000.0	22000.0	1.62
佛罗里达	27000.0	30000.0	25000.0	2.92
俄勒冈	17744.6	17744.6	20084.6	1.08
10 个州平均	59067.7	62249.5	51565.0	2.06
全国平均	—	—	—	1.18

注：1. 各州农业财产税、美国及各州农业增加值来源于美国农业部经济研究局——农业收入与财富统计；2. 各州农场数量数据来源于美国 2012 年统计摘要（The 2012 Statistical Abstract）。

8.3.2　农业支持政策与州人均财政支出

在美国，农业收入对财政收入的贡献也同样显著，农场和农民收入的增长无疑有助于提高农业的个人所得税、销售税，而美国农业收入的增长离不开美国政府的农业支持政策。我们发现，美国联邦政府的农业支持政策推动了农业持续发展，保障了农民收入增长，从而提高了农业对地方财政收入的贡献度。尽管美国以自由市场经济而著称，但农业却是美国政府干预最深的产业之一。1862 年美国建立农业部，开始对农业实施支持与推动政策。大萧条时期颁布的《农业调整法》开启了美国对农业市场和农产品价格干预的历史。20 世纪 40 年代以后，为了提高农民收入，提高美国农产品的竞争力，美国更是加强了对农业的直接补贴，补贴额在 20 世纪 80 年代达到顶峰，政府直接支付最高值达到 280 亿美元。20 世纪 90 年代以来，美国大幅削减了对农业的直接支付力度，但是 2010 年以后，财政对农业支付恢复性增长，到 2019 年已经接近 20 世纪 80 年代水平。① 事实上，政府对农业的补贴不仅仅是直接补贴，按照经合组织对农业支持政策的评价体系，美国由于农业支持政策而产生的农业生产者支持估计值（Producer Support Estimate，PSE）在 1996—2000 年平均达到 427. 86 亿美元，2015—2018 年平均也高达 379. 87 亿美元。PSE 占农业产值的比重（%PSE）在 2006—2010 年平均达到 10%左右。可以说，美国农业发展除了得益于得天独厚的自然地理条件、专业化和高度机械化的生产方式外，更与美国政府长期以来强力的农业支持政策分不开。正是在美国国内对农业的巨额补贴下，美国农产品才在国际上具备巨大的价格优势和竞争力，农民收入才得以不断增长。

尽管我们无法获得各州的 PSE 数额，但是表 8-10 的数据表明，农业大州显然获得了更多的政府直接支付（除加利福尼亚州外）。我们将 10 个州平均每个农场获得的政府直接支付金额与全国平均水平进行比较，结果很明显地表明，2010 年 10 个农业大州的平均每个农场获得的政府直接支付约有 0. 17 万美元，显著高于全国平均水平。农业大州农场收入支持与补贴显著提高了农业收入，这一政策也间接地促进了州和地方农业部门税基

① USDA ERS-Farm Income and Wealth Statistics-Direct government payments by program U. S. and State.

的稳固和扩大，对农业大州较高的人均财政支出发挥了重要作用。

表 8-10 农业大州的政府农业直接支付 单位：万美元

州名	2010 年	2011 年	2012 年	单位农场（2010 年）
加利福尼亚	36360.1	25906.3	28753.2	1.43
艾奥瓦	102481.6	81182.8	85535.2	3.32
得克萨斯	101825.5	91738.9	83806.3	0.78
内布拉斯加	50938.6	47034.8	48033.4	0.11
明尼苏达	56614.1	48787.7	53466.8	0.21
伊利诺伊	69790.2	62737.3	63077.0	0.26
威斯康星	25928.9	19601.8	28182.7	0.17
华盛顿	31381.7	23112.3	20366.1	0.21
佛罗里达	9299.8	17509.6	6913.9	0.10
俄勒冈	15044.1	11076.3	11804.0	0.92
10 个州平均	49966.5	42868.8	42993.9	0.75
全国平均	—	—	—	0.13

注：1. 各州农业财产税数据来源于美国农业部经济研究局——农业收入与财富统计：美国及各州农业增加值；2. 各州农场数量数据来源于美国 2012 年统计摘要（The 2012 Statistical Abstract）。

现阶段，中国产粮地区普遍存在着人均财政支出低于全省或全国平均水平的问题，这些地区政府往往面临着农业生产与财力提升的冲突与矛盾，认识并解决这一矛盾需要放眼发达国家走过的道路，寻求可行的经验借鉴。美国农业大州在促进农业生产、提高农业产值的同时，仍然维持着较高的人均财政支出。本节以美国农业产值最大的 10 个州为分析对象，研究发现，2019 年美国最大的 10 个农业州的人均财政支出水平并不低，在 10 个州中，有 6 个州的人均财政支出显著高于全国水平。美国的现象表明，农业地区未必就会陷入财政困境。

本节进一步分析了推动美国农业大州较高财力水平的四个主要因素：第一，这些州既是农业大州，同时也是经济强州。10 个农业大州的非农产业同样高度发达，人均非农产值显著高于全国水平。这意味着，农业大州的经济发展对农业的依赖程度并不高。它们较高水平的人均财政支出很大程度上得益于非农产业的发展。相反，10 个农业产值比重最大的州的农业产值比重是全国平均水平的 10 倍，而人均财政支出远低于全国平均水平。

经济过分依赖农业是农业地区财力薄弱的主要原因。第二，对于人均财政支出高于全国水平的农业大州，高附加值的农产品和农产品加工业在农业生产和产业结构中扮演着十分重要的角色。美国农业大州食品加工业较为发达，农业生产结构的多样化对财政的贡献很大程度上是通过食品加工业的发展来实现的。美国农业大州农业生产的多样化和高附加值性的特征表明，粮食主产区也可以实现农产品多种经营，高附加值的农产品对农业经营者收入的提高和土地增值发挥了重要作用，推动了地方财政收入的增长。第三，农业财产税是美国农业大州地方政府主要税收来源。在 20 世纪 30 年代罗斯福政府进行大规模的农业市场干预和价格支持政策实施后，美国农业财产税随着农业产业的增长而大幅增加。当前，农业大州的农业财产税高于全国水平，同时也是这些州财产税总收入高于全国平均水平的重要原因，对农业大州财力的增长也起到了推动作用。第四，农业支持政策对农业发展和政府财力发挥了重要的推动作用，特别是政府对农业大州的农业直接补贴显著高于全国平均水平，这对提高农业大州农业收入，保证州和地方农业财政税基的稳固发挥了重要作用。美国的农业支持政策是农业大州较高人均财政支出的政策与制度因素。

美国农业地区财政建设的上述四点经验都值得中国农业地区借鉴。中国农业主产区政府常常为农业增长与财力提高难以兼顾而苦恼，这就需要借鉴美国农业地区通过发展农业推动财政能力增长的经验。首先，持续推动地方政府工业发展导向，通过加速城市化、放松户籍管制等政策改革，使第二、第三产业吸收更多的农村劳动力，同时创造更多的农村兼业机会，实现工农业共同发展。其次，通过加速土地流转制度改革，推动农业用地的集中化，实现农业生产的规模化。农业生产的规模化为农业生产效率、农业产值的提高以及农业产业链的延伸和转型升级提供基础。再次，在坚持粮食作物规模化生产的同时，中国农业地区要根据自身条件和农业生产禀赋，选择相应的高附加值农产品结构。各地区应开展更广泛而细致的农产品生产分工，在此基础上提高地区或区域农业产业集聚，推动农业产值的不断扩大，从而提高农业、农产品加工业等农业相关产业链对农业地区财政收入的贡献度。最后，当前中国农业补贴政策也可借鉴美国和西方发达国家农业支持政策经验，进一步加强政府的直接补贴或价格支持，提高农民收入和农业产值的增长。上述措施和当前的农业供给侧结构性改革相结合，逐渐走向中国式的规模化、产业化的农业发展道路。届时，农业相关税收——类似于美国以土地为主要征收对象的农业财产税、以农业经营者为对象的所得税和增值税等税种将成为农业地区地方政府的重要财源。

8.4 小结

本章以美国、日本两国农业福利政策发展与转型过程为例，探讨了农业福利政策兴起的国际经验，一方面对中国农业福利政策转型进行验证，另一方面也能为中国农业福利政策的发展和改革提供启示与借鉴。

首先，19世纪的美国农业正加速商品化，随着东北部工业的发展和连贯中西的交通动脉的建立，美国农业在不断提高生产率的同时也面临着市场的冲击和自身能力不足的挑战，这时美国政府适时采取农业推动政策，为农业发展提供信息、技术和基础设施等公共物品，弥补农业市场的失灵。这种不直接干预农业市场的推动政策与美国当时自由放任的经济政策一脉相承，一直实施到“一战”结束。然而，农业天然的缺陷随着市场化程度的加深而日益明显，“一战”后国际粮食市场进入短暂的剩余时代，世界范围内农业生产恢复导致的农产品过剩使农业价格处于持续波动状态，20年代末到30年代的经济大萧条使农业陷入持续危机之中。危机推动着农业政策的变革，1933年通过的《农业调整法》奠定了美国农业干预政策的基础。产量过剩与价格暴跌的现实促使美国农业政策从推动增产转向控制产量与提高价格，从而开启了对农业进行市场干预的时代。然而市场干预与价格支持政策在稳定农产品价格的同时并未有效控制农业产量，20世纪40年代后美国政府面临着不断累积的粮食库存和农民收入并未显著提高的双重压力，这时新的农业政策考虑改变策略，放松价格管制并加强对农民收入的直接补贴。20世纪70年代的目标价格体系标志着美国农业福利政策与政府直接支付制度的完善。由于政府对农民收入的直接支付建立在巨额财政拨款的基础上，农业支出的膨胀加剧了20世纪80年代美国财政赤字危机。在错综复杂的赤字政治的影响下，美国农业福利政策开始呈现收缩的趋势，1996年农业法取消了目标价格体制，限制了农业补贴金额，当前美国农业直接支付预算已经下降到20世纪70年代初的水平。

其次，日本作为后发国家的代表，其农业福利政策的兴起堪称后发国家农业政策转型的典型，而且呈现出与欧美先发国家不同的特征与路径。19世纪80年代到20世纪10年代是日本农业汲取与推动政策并存时期。日本从明治维新之初就开始加大对农业的推动，日本的农业推动政策具有几乎所有后发国家农业推动政策的普遍特征，那就是在推动的同时具有强烈的农业汲取倾向。在工业化初期，日本政府对农业征收重税，并通过农产品出口换取外汇，从而进口工业材料和机器。农业为工业提供了大量资金。与此同时，这一时期的农业推动政策的重心是土地开垦、水利、粮种与耕作技术等农业技术改革。日本的农业价格支持政策始于20世纪20年代，旨在控制粮食价格下跌导致的农业危机。日本农业福利政策的产生乃至兴盛则开始于50年代中期以后，其政治动因是战后美国主导下的对日本政治经济体制的全面改革，这一时期建立了以价格补贴为核心的日本农业福利制度。

20世纪90年代后，日本农业福利水平的降低和福利政策形态的调整同样体现了发达国家农业保护主义收缩的普遍趋势。“二战”以后发达国家建立和不断巩固的农业福利政策受到了国内国际因素的冲击。在国内，不断增加的农业补贴产生的财政负担越来越重，预算赤字危机降低了农业利益集团的影响力。围绕着农业补贴产生了越来越大的质疑声，认为传统的价格补贴政策不仅增加了消费者负担和政府财政压力，而且对提高农民收入收效甚微。国际上，价格支持政策还激化了农业贸易冲突，为了维持国内较高的农产品价格，政府一方面不得不设置定额或提高关税来限制廉价的农产品进口，另一方面则通过补贴国内农产品出口来消化国内过剩的农产品。农业贸易冲突使得WTO出台更大的农业贸易自由化政策。

受到国际贸易自由政策的约束和国内城乡收入差距拉大的压力，日本对国内农业福利政策进行调整。一方面，日本政府削减了农业福利总体水平，农业生产者支持值占农业产值的比重已经从20世纪80年代巅峰时期的60%以上降低到21世纪初的不到50%，相应地，农业生产者支持估值总额也大幅降低。另一方面，农业补贴的方式发生了很大的变化，在农业补贴结构中，一直以来一支独大的价格补贴规模逐渐下降。为了提高农民收入，提高从事农业生产的积极性，政府不断加大对农民的直接支付与补贴力度。

最后，本章还以美国农业产值最大的10个州为例，分析美国农业大州人均财政支出高于平均水平的现象及其原因。研究认为，以下4个因素对美国农业大州提高财政能力发挥着重要作用：第一，农业大州的农业产值占比普遍较低，非农产业高度发达；第二，高附加值、税收贡献度大的农产品以及农产品加工业在农业产业结构中扮演着十分重要的角色；第三，农业大州的农业财产税高于全国水平，对提高地区财政能力起到了积极作用；第四，政府的农业支持政策对提高地区财力也产生了积极影响。美国农业地区财政能力建设的经验为中国农业地区提供了有益借鉴，农业地区应在农业转型升级的基础上提高农业对地方财政的贡献度。

第9章

结论与政策建议

9

9.1　研究结论

谢盖特（Sheingate，2003）对美国、日本、法国三国一个多世纪以来农业政策的分析，揭示了发达国家普遍性的农业政策转型与农业福利政策兴起过程：19 世纪末为解决农业市场失灵，国家实行以提供农业基础设施为主的农业推动政策；20 世纪二三十年代为挽救农产品价格下滑和稳定农业生产者收入，实行以价格救助为主要形式的价格支持政策；20 世纪 60 年代以来兴起了以提高农民收入和缓解农产品过剩为主要目标，以农业补贴为主要形式的农业福利政策。尽管他所描述的是三个发达国家农业福利政策的兴起过程，但却在一定程度上揭示了农业政策转型与农业保护主义发展的一般趋势与普遍规律。

本书对自 1949 年以来我国农业福利政策形成过程的分析也进一步印证了农业福利兴起的趋势和规律，只不过，中国农业福利政策的兴起经历了更加复杂多变的转型过程，主要经历了四个阶段：

第一阶段是农业汲取阶段，1949—1978 年中国的农业政策表现为农业汲取政策和农业推动政策并存，农业汲取政策主要由农业集体化和统购统销政策两个要素构成；第二阶段是市场化导向的农业推动政策阶段，1978—1993 年的中国农业政策逐渐走向市场化，农业推动政策有所增加。20 世纪 80 年代农业集体化迅速瓦解，但是统收统购制度改革直到 90 年代末才最终被市场化所代替。不过农业汲取政策的另一个重要内容——农业税费一直延续到 2004 年才被彻底废除；1994—2003 年是中国农业政策转型的第三阶段，即价格市场化与价格支持政策阶段，这一阶段农产品价格市场化改革最终完成，同时建立了粮食保护价收购政策；2004 年以后是第四阶段，以农业补贴政策的建立为主要标志，自此中国农业福利政策开始兴起。

尽管中国农业政策转型过程与中国经济结构转型和现代化过程是基本一致的，但是现代化趋同理论对解释中国农业保护主义和农业福利政策的兴起具有很大的局限性，难以探究中国农业政策变迁的政治经济动因和影响机制。本书确认了观念、问题压力以及公共财政是推动1949年以来中国农业政策转型的三个重要因素。在农业政策转型的每个阶段，以及在具体的农业政策的确定、调整和变迁过程中，上述三个因素都发挥着决定性作用。

在新中国成立到改革开放的这段时间里，观念和问题压力是推动农业政策动态演变的主要因素。社会主义公有制思想和集体制优越性的观念决定了实施农业集体化战略。然而，粮食生产无法满足工业化和城市人口的过快扩张，在新中国成立初期的粮食问题刺激下，工业化和城市优先的观念占据主导地位，实施了农业汲取政策——粮食统购统销。也正是在工业化导向的经济发展战略下，国家将大多数财政资金投向工业建设，农业投资的比重被压制得很低，农业建设的大多数资金主要靠农业合作社和人民公社的自我积累和投资，在农田水利建设上主要依赖动员大规模的农民劳动力。

改革观念和重心的转移，以及财政体制的变迁影响了改革开放后国家农业推动政策的演变。改革开放初期改革观念和重心都集中在农业去集体化改革上，由于这项改革绩效显著，带来了新中国成立后粮食增产的高峰，因此国家在财政上放松了对农业的投资，农业支农比重大幅下降。当去集体化制度改革绩效减弱，粮食出现减产后，政府又加大对农业的投资力度，20世纪80年代中后期支农支出比重止跌回升。然而80年代中期开始改革战略重心从农村转向城市，90年代树立了以城市为中心的改革观念，其结果是农业在国家政策议程中的地位不断降低，加上90年代的分税制改革降低了地方政府的财政收支自主权，削弱了地方政府增加农业支出的动机。改革观念的转移和财政体制的转变共同导致了90年代财政支农比重的持续降低。

在农产品（粮食）价格从扭曲性的国家统购定购价格逐步走向市场化，并确立国家保护价的价格支持政策的过程中，观念、问题与财政压力发挥着决定性的影响。改革开放后国家逐渐建立的商品经济与市场经济观念影响了农村经济和农产品价格及流通政策，国家总体目标就是农产品价格和流通的逐渐放开，实施了很长时间的价格双轨制也是价格市场化的过渡形式。为此，国家在 20 世纪 80 年代到 2003 年实施了四次粮改，最终实现了价格和流通体制全面放开的市场化目标。财政压力则在改革中起到了很大的加速和推动作用。1978 年以后，每当粮食丰收、粮食产量过剩以及粮价大幅下跌之时，粮食购销价格倒挂导致的国家价格补贴负担就异常沉重。国家粮食企业敞开收购粮食，导致粮食部门亏损问题日益严重，在国家财力尚且薄弱的八九十年代，为支付价格补贴和粮食企业费用和利息费用，公共财政往往难以为继，财政压力推动了政府加快粮食购销价格放开的市场化改革。1985 年、1993 年和 1998 年的粮改就是在粮食过剩、粮价下跌、价格补贴与粮食企业亏损剧增、财政压力倍增的背景下出台的。然而，以通胀为表现形式的宏观经济问题对粮食价格市场化改革无疑起到了阻碍作用。

财政能力与体制、农民税费负担问题对农业税费改革的影响尤为显著。作为农业汲取政策的残留，尽管农业税费占国家财政收入的比重越来越小，但是在分税制改革后却成为地方政府，特别是县乡基层政府收入的重要来源，在非农经济落后的中西部省份，农业税费是基层政府财政收入的重要构成。20 世纪 80 年代由于国家财政能力薄弱，大多农村公共物品要以“收费—生产”的准市场化模式供给，农民的税费负担不断加重。分税制改革后财政收入层层上移，教育等公共物品供给责任层层下压，基层政府的财政困境更加严重，最终导致 90 年代农民税费负担的加重。农民负担导致了严重的“三农”问题，促使中央政府不断下达减负文件与政策，并最终开始了农村税费改革，然而改革依然受到基层财政不足与财政收入损失的制约，直到中央政府加大税费改革转移支付后才得以顺利推进。

以农业补贴政策为标志的中国农业福利政策的兴起是农民收入问题、新的政策观念以及国家财政能力增强，特别是中央政府财力增长的结果。20 世纪 90 年代中期以后农民收入增速降至改革开放以来的最低点，中央将农民增收问题视为首要的“三农”问题，认为增收乏力影响了农村经济与社会稳定，农民收入问题迫使增收问题进入了中央的政策议程。几乎与此同时，新的发展观念和执政思想为农业补贴政策的兴起提供了蓝图。国家财政收入，特别是中央财政收入在 19 世纪 90 年代末到 20 世纪初的迅猛增长为农业补贴提供了充实的财政保证，中央财政补助占据农业补贴的主要部分。

9.2 政策建议

国际经验表明，推动农业发展和农民收入增长，农业补贴制度发挥着极为重要的作用，对中国也同样如此。然而由于多数农业补贴项目是按亩支付，平均而言，每亩补贴总额不过百余元，因此在实践中与农民是否从事农业生产无关，农业补贴实际上成为农民收入或土地补贴而非农业生产补贴。由于中国农户人均耕地不到 1 亩，补贴标准低而农民获得的补贴额过少，只要农业补贴不能较大幅度地超过种粮成本和从事其他经济活动的机会成本，农业补贴对农民农业生产的刺激作用就较为有限。目前很多实证研究分析了农业补贴规模过小对粮食生产、农民收入等政策目标的影响，认为当前我国农业补贴资金对粮食增产作用有限。黄季焜等（2011）对农户调查数据的分析发现，尽管粮食直补提高了农户收入水平，但是粮食直补政策与粮食播种面积基本没有关系，这也意味着粮食直补政策对提高国家粮食安全作用有限。盖尔、洛马尔、图安（Gale，Lohmar & Tuan，2005）的分析也认为中国新型农业补贴政策对农民粮食增产的激励不足。至于为何粮食直补政策的效果不明显，王姣和肖海峰（2006）的研究表明，当前粮食直补标准低是对粮食产量的影响不大的主要原因，提高补贴标准后，直补政策可能会对农户产量产生显著的激励效应。

中国农业补贴政策始于 21 世纪初，迄今为止，农业补贴项目不断增加，农业补贴资金增长迅速，由 2004 年的百余亿元增长到最近两年的 2600 余亿元。但是不可否认的是，中国农业福利政策还处于起步阶段，农业补贴资金总量较少，农业补贴占农业财政支出的比重也较低。例如，2012 年政府对农民直接支付的补贴总额约有 2079 亿元（包括四项补贴，即农业保险补贴、畜牧良种补贴、能繁母猪补贴和渔业柴油补贴），占支农支出的 17%左右，占农业产值的比重不足 4%。放眼全球，中国的农业补贴占农业收入的比重低于欧盟、日本等典型的农业高福利国家，仅仅高于拉美和东南亚等同中国一样刚刚走出农业汲取政策，或尚未摆脱农业扭曲政策的发展中国家。

2012 年欧盟 27 国的农业补贴是农业收入的 13%，是中国的近 4 倍，挪威、瑞士更是中国的 10 倍。东亚农业福利政策的代表——日本，农民收入中来自农业补贴的比重从 1992 年以来不断增长，2012 年已经是中国的近 3 倍了。这表明中国 2012 年的农业直接补贴力度仅相当于欧盟国家 1986 年的水平，或是日本 1990 年的水平以及韩国 2002 年的水平。中国的农业补贴仍落后于这些成熟的农业福利政策国家。因此，要实现粮食安全与粮食增产这两项核心的农业补贴政策目标，应逐步增加农业补贴规模，提高农业补贴在农业收入中的比重。由于当前农业补贴占中央财政收入的 3.7%，只有全国财政收入的 1.8%，国家财政逐步提高农业补贴额对财政的压力并不是很大，而且在粮食主产区和中西部农业大省面临普遍财政能力不足的背景下，中央政府应该承担农业补贴更大的责任，提高农业补贴在中央财政支出中的比重。

由于当前的农业补贴与粮食产量脱钩，对提高农民种粮热情影响不大，应改革农业补贴方式，建立农业补贴与农业生产挂钩机制，农民生产越多则补贴越多，能更有效地保证粮食产量与农民收入的稳定增长。2013 年的中央农村工作会议已经提出了农业补贴与粮食耕种和产量挂钩的改革意见，2016 年后农业三项补贴被合并为农业支持保护补贴，政策目标调整为支持耕地地力保护和粮食适度规模经营，支持对象重点向种粮大户、家庭农场、农民合作社和农业社会化服务组织等新型经营主体倾斜，体现“谁多种粮食，就优先支持谁”的新准则。已经有研究表明，新的综合性农业支持保护补贴对粮食生产和经营者收入产生更大的促进作用，农业支持保护补贴通过促进规模农户转入更多土地来扩大粮食生产，因而显著扩大了规模农户的粮食播种面积（许庆、陆钰凤、张恒春，2020；周静，2020）。

当前世界各国的农业生产者支持估值中，除了政府直接支付给农民的各项农业补贴外，另一个重要部分就是政府的农产品价格支持政策，即农民获得的价格补贴收入（market price support）。不同国家在不同时期的这两个补贴项目在农民收入支持中的比重并不相同，农业福利政策相当成熟的 OECD 国家，在 20 世纪八九十年代都以价格支持为主。然而 2000 年以后，农民收入支持结构开始变化，在欧盟、美国、挪威、瑞士等国直接支付的农业补贴收入比重上升，逐渐超过了价格支持部分。尽管东亚传统的农业福利大国，如日本和韩国的农业补贴仍然以价格补贴为主，但是进入 21 世纪以来，价格补贴部分的比重显著降低。这一趋势表明欧美和日韩等成熟农业福利政策发展的最新趋势是对农民的直接支付与补贴。政府为了减少因价格支持政策导致的农业生产效率扭曲和福利损失，开始放松对国内农产品价格的市场保护，倾向于使用更加中性的农民收入直接补贴政策。

表 9-1 部分国家财政直接支付的农业补贴和价格支持占农业收入的比重 %

国家/地区	1992 年		2002 年		2012 年	
	农业补贴	价格支持	农业补贴	价格支持	农业补贴	价格支持
加拿大	10.85	15.44	10.69	9.39	5.06	9.24
美国	6.78	7.78	6.69	6.78	4.63	1.45
欧盟 27 国	7.90	25.04	14.88	17.49	13.15	4.10
日本	4.63	51.33	6.46	50.41	9.78	44.97
韩国	1.87	69.12	3.55	55.46	2.53	47.03
挪威	37.85	30.91	37.90	34.54	31.64	27.12
瑞士	13.67	50.73	29.78	40.26	34.18	20.76
土耳其	21.75	28.75	6.17	17.43	4.70	13.97
巴西	0.00	0.00	1.82	0.39	1.88	1.82
中国	0.00	0.00	1.11	4.75	3.51	11.66
印度尼西亚	0.52	3.94	0.13	11.89	1.27	19.53
南非	0.00	0.00	0.62	9.28	0.64	2.00
乌克兰	22.05	-77.54	6.77	-7.20	5.32	-4.33

资料来源：OECD Producer and Consumer Support Estimates database，数据系作者计算。

然而，中国当前的发展趋势与欧美主要农业福利政策呈现相反的态势，根据 OECD 生产者和消费者支持估计数据库报告的数据，中国农业的价格支持收入在 2000 年之前基本上都是负值，表明国家对国内农产品的价格保护是负向的，2000 年以后中国政府加大了对国内农产品价格的保护力度，除 2008 年外，其他年份价格支持均为正数，而且数额增长十分迅猛，2001 年因价格支持政策，农民得到的收入总额为 328 亿元，2005 年就跳跃到 986 亿元，到 2012 年已经达到 7244 亿元，12 年间增长了 21 倍，占整个 PSE 的比重达到 69%。相反，财政直接支付的农业补贴数量增长则较为缓慢，2000 年各项补贴总数约有 200 亿元，到 2005 年增长到 941 亿元，2012 年达到 2180 亿元，占 PSE 的比重仅为 21%（见表 9-2）。这意味着中国当前的农业收入支付更像日韩两国以价格支持为主体的支付结构。可以预料如果没有大幅提高对农业的直接补贴规模，中国农业的价格支持比重至少在短期内里还将呈现增长趋势，与日韩两国基本一致。

表 9-2　中国农业生产者支持估计值（1993—2012 年）

项目	1993	1998	2003	2008	2012
农业补贴（亿元）	24.45	417.91	324.68	1537.16	2180.75
价格支持（亿元）	-1445.06	-572.51	1506.87	-837.50	7244.21
农业生产者支持估计值（PSE）	-1343.79	108.65	2262.35	1482.70	10446.17
价格支持占 PSE 比重（%）	—	—	66.61	—	69.35

资料来源：OECD Producer and Consumer Support Estimates database-China.

尽管价格补贴方式有扭曲市场信号的负面效应，欧美国家 20 世纪 80 年代的农业保护政策的教训也表明，长期实施价格补贴方式将导致农产品结构性过剩，并加重政府财政负担。但是就国际农业福利政策的经验而言，以价格支持为主要手段的农业补贴对粮食产量增长和农民收入的提高起效快，效果也比较明显，因此是主要发达国家长期以来一直依赖的农业补贴手段。当前对我国以保护价收购为主要形式的价格支持政策效应的研究表明，保护价收购政策的确可以对农民生产产生明显的激励效应，如张爽（2013）的研究表明，政府每年公布的最低收购价是影响主产区农户粮食供给的主要因素之一，对调动农民粮食生产积极性发挥着重要作用。张改清（2014）基于农户调查的研究也发现，最低收购价对农民的增收效应随农户经营规模的扩大而增大。

本书建议继续实施粮食最低价的价格支持政策。尽管我国已经对部分粮食和作物实施了生产者补贴制度，但是也不能放弃粮食价格支持制度。由于以最低收购价为主要途径的价格补贴是中国当前农业补贴的主要构成，并且这种价格支持政策对农业生产的激励效应和对农民增收的积极效果比对农民的直接支付更为显著，因此我们建议应在较长的时间里坚持最低收购价政策，保证粮食主产区农民收入稳定增长。粮食价格补贴应保持在合理的水平，与国际市场价格同步或略高于国际市场价格，但不宜过高，防止粮食库存增长过快或刺激粮食大幅进口。目前我国农业的价格补贴总额增长过快，价格补贴占农业产值的比重在全球范围内都处于高位状态，仅低于日本、韩国、挪威和瑞士等少数国家，为了防止最低保护价对农产品价格和市场供给的扭曲效应以及财政补贴压力的剧增，最低收购价标准应该随着市场价维持动态变化，并非一定要确保最低收购价只增不降，在市场价出现大幅降低时，可以适当调低最低收购价。

与此同时，要逐步扩大生产者补贴体制的试点范围，推动脱钩的生产补贴制度。我国当前的玉米、大豆生产品的生产补贴制度要实现脱钩补贴改革，实行对生产者的直接补贴，或者补贴应仅仅与历史或基期面积挂钩，消除与当前产量和种植面积挂钩问题。这样做是为了保证我国的农业补贴政策符合 WTO 的“绿箱”政策规范，避免可能存在的贸易争端。继续增加“绿箱”和非特定农产品补贴的类型和规模。第一，我国当前实施的农业支持保护补贴也应完全与当年的种植面积和产量脱钩，同时应不断提高补贴标准，使农民直接补贴成为农业补贴的主要构成，形成最低价格制度、生产者补贴和农业支持保护补贴并存的农业福利政策体系。第二，要加大对农资企业的生产者补贴，降低农业生产成本。当前我国对农业基础设施、农业生产资料等非特定农产品补贴项目种类不多，规模降低，而这些补贴都属于“绿箱”补贴类型，因此扩大非特定农产品补贴十分重要（王文涛、张美玲，2019）。

参考文献

（一）中文部分

［1］［美］德·希·珀金斯．中国农业的发展（1368—1968 年）［M］．宋海文，译．上海：上海译文出版社，1984.

［2］［日］牛山敬二．日本农业与农村的现状及危机［J］．中国农史，2012（1）：73-87.

［3］薄一波．若干重大决策与事件的回顾（上卷）［M］．北京：中共中央党校出版社，1991.

［4］陈俭，段艳．1978—2006 年中国农民负担问题研究［J］．江汉论坛，2010（1）：34-38.

［5］柴彭颐，周洁红，谢家启．农民负担合理性的实证研究［J］．农业经济问题，1999（12）：41-45.

［6］陈锡文．中国农村经济：从超常规增长转向常规增长［J］．经济研究，1987（4）：23-32.

［7］陈俭，姚会元．改革开放以来中国农民负担变化趋势与原因探析［J］．农业经济，2008（10）：23-25.

［8］陈鹏程，班洪赟，田旭．中国农业生产地区专业化现状及演变规律［J］．农林经济管理学报，2019（1）：54-62.

［9］陈硕．分税制改革、地方财政自主权与公共品供给［J］．经济学（季刊），2010（4）：1427-1446.

［10］陈云．陈云文选（一九四九——一九五六年）［M］．北京：人民出版社，1984.

［11］陈云．陈云文集（第二卷）［M］．北京：人民出版社，1995.

［12］戴宴清．美国农业企业化的基本经验［J］．世界农业，2016（12）：169-172.

［13］邓小平．邓小平文选（第三卷）［M］．北京：人民出版社，1993.

［14］邓小平．邓小平文选（第二卷）［M］．北京：人民出版社，1993.

［15］董再平．我国税收收入超 GDP 增长的原因［J］．统计与决策，2006（12）：86-88.

［16］樊纲．论公共收支的新规范——我国乡镇“非规范收入”若干个案的研究与思考［J］．经济研究，1995（6）：34-43.

［17］傅光明．关于湖北省 7 县农民税费负担情况的调查报告［J］．农业经济问题，2001（4）：40-41.

［18］傅勇，张晏．中国式分权与财政支出结构偏向：为增长而竞争的代价［J］．管理世界，2007（3）：4-12.

［19］高培勇．中国税收持续高速增长之谜［J］．经济研究，2006（12）：13-23.

［20］高强，彭超．日本农业补贴政策现状、调整趋势及启示［J］．农村工作通讯，2015（11）：62-63.

［21］耿仲钟，肖海峰．我国农业支持保护补贴效果与问题——基于浙江、山东两省调研［J］．地方财政研究，2018（4）：80-86.

［22］故宫博物院明清档案部．清末筹备立宪档案史料［M］．北京：中华书局，1979.

［23］国家税务总局农税局课题组．农民负担与农业税制改革问题［J］．税务研究，2000（4）：24-34.

［24］国家统计局农调总队．近五年来农民收入年均增长 3.8%［J］．中国统计，2003（4）：18.

［25］韩俊，谢扬．中国县乡公共财政现状：问题与影响——湖北省襄阳县，河南省鄢陵县，江西省泰和县案例研究［J］．税收与社会，2004（9）：4-8.

［26］韩俊，唐卡．财政体制与县乡财政——访国务院发展研究中心农村部部长、研究员韩俊［J］．税收与社会，2003（9）：11-13.

［27］韩俊．中国农村改革（2002—2012）［M］．上海：上海远东出版社，2012.

[28] 何成军．县、乡财政困难：现状、成因、出路［J］．中国农村经济，2003（2）：17-22.

[29] 何云峰．七千人大会上党内领导层的意见分歧［J］．史学月刊，2005（9）：69-73.

[30] 黄国勤，赵其国．中国典型地区轮作休耕模式与发展策略［J］．土壤学报，2018，55（2）：283-292.

[31] 黄季焜，王晓兵，智华勇，黄珠容．粮食直补和农资综合补贴对农业生产的影响［J］．农业技术经济，2011（1）：4-12.

[32] 黄季焜，王丹，胡继亮．对实施农产品目标价格政策的思考——基于新疆棉花目标价格改革试点的分析［J］．中国农村经济，2015（5）：10-18.

[33] 黄志冲．对农民负担问题的社会学透视——以江苏省南通市农村为例［J］．调研世界，2000（3）：32.

[34] 黄正林．社会教育与抗日根据地的政治动员——以陕甘宁边区为中心［J］．中共党史研究，2006（2）：47-55.

[35] 黄延信．农民负担过重的制度性根源与对策［J］．中国农村经济，1994（5）：38-42.

[36] 贾康，白景明．县乡财政解困与财政体制创新［J］．经济研究，2002（2）：3-9.

[37] 蒋俊朋．中国财政分权体制下的地方政府财政支农支出研究［D］．北京：中国农业大学，2013.

[38] 李秉龙，等．中国贫困地区县乡财政不平衡对农村公共物品供给影响程度研究［Z］．福特基金会报告，2002.

[39] 李鋆，蔡键，林晓珊．农业补贴政策“三补合一”改革：演进轨迹、作用机理与发展策略［J］．经济体制改革，2021（3）：80-85.

[40] 李先德，宗义湘．农业补贴政策的国际比较［M］．北京：中国农业科学技术出版社，2012.

[41] 李昌平．农村费改税面临4大挑战［J］．中国改革，2001（10）：33-34.

[42] 李芝兰，吴理财．“倒逼”还是“反倒逼”——农村税费改革前后中央与地方之间的互动［J］．社会学研究，2005（4）：44-63.

［43］林之诠，胡涛．对“种粮赔钱”现象的浅析［J］．中国农机化，2000（5）：48.

［44］林万龙．乡村社区公共产品的制度外筹资：历史、现状及改革［J］．中国农村经济，2002（7）：27-35.

［45］林毅夫，陶然，刘明兴，等．中国城乡家庭税收：测量和计量结果［Z］．北京大学中国经济研究中心工作论文，2002.

［46］罗平汉．人民公社供给制探析［J］．当代中国史研究，2000（3）：38-46.

［47］刘峰．20 世纪 30 年代国民政府农村复兴运动谈论［J］．求索，2013（2）：55-57.

［48］刘明兴，陶然，徐志刚．现代中国农民税负：历史演变、制度基础与体制改革效应［Z］．中国科学院农业政策研究中心工作论文，2007.

［49］刘明兴，徐志刚，刘永东，陶然．农村税费改革、农民负担与基层干群关系改善之道［J］．管理世界，2008（9）：82-89.

［50］刘洪升，胡克夫．河北农业合作化运动述评［J］．当代中国史研究，2001（3）：113-120.

［51］卢锋．“松时放，紧时收”——我国粮棉流通改革周期性反复现象研究（1985—2000 年）［J］．中国制度变迁的案例研究，2004：299-342.

［52］卢凌宵，刘慧，秦富，赵一夫．我国农产品目标价格补贴试点研究［J］．农业经济问题，2015，（7）：46-51.

［53］毛泽东．建国以来毛泽东文稿（第 4 册）［M］．北京：中央文献出版社，1990.

［54］牛若峰．中国农业的变革与发展［M］．北京：中国统计出版社，1997.

［55］乔宝云，范剑勇，冯兴元．中国的财政分权与小学义务教育［J］．中国社会科学，2005（6）：37-46.

［56］申端锋．乡村治权与分类治理：农民上访研究的范式转换［J］．开放时代，2010（6）：5-23.

［57］孙潭镇，朱钢．我国乡镇制度外财政分析［J］．经济研究，1993（9）：38-44.

[58] 粟芳，方蕾．政策性农业保险补贴最优模式探析——基于“千村调查”的研究［J］. 财经研究，2017（11）：140-153.

[59] 谭秋成．当前乡镇财政研究若干问题综述［J］. 社会科学管理与评论，2006（1）：70-78.

[60] 田秀娟，周飞舟．税费改革与农民负担：效果、分布和征收方式［J］. 中国农村经济，2003（9）：12-18.

[61] 吴理财，李芝兰．乡镇财政及其改革初探——洪镇调查［J］. 中国农村观察，2003（4）：13-24.

[62] 吴理财．农村税费改革对乡镇财政的影响及其后果［M］. 北京：中信出版社，2002.

[63] 吴敬琏．农村剩余劳动力转移与“三农”问题［J］. 宏观经济研究，2002（6）：6-9.

[64] 吴志军．试论 1957 年冬、1958 年春农田水利建设运动［J］. 北京党史，2007（1）：12-15.

[65] 温家宝．不失时机推进农村综合改革，为社会主义新农村建设提供体制保障［J］. 求是，2006（18）：3-9.

[66] 王宾，赵阳．农村税费改革对中西部乡镇财力影响的实证研究［J］. 管理世界，2006（11）：82-89.

[67] 王锋．农业三项补贴历史回顾、效率评价与农业支持保护补贴的改进［J］. 地方财政研究，2017（7）：19-25.

[68] 王业键．清代田赋刍论［M］. 高风，译．北京：人民出版社，2008.

[69] 王瑞芳．陈云与粮食统购统销［J］. 当代中国史研究，2005（4）：55-63.

[70] 王畅，李松柏．国外农业产业集聚经验及对中国的启示［J］. 世界农业，2018（1）：13-17.

[71] 王国华．日本农业财政投入的演变分析［J］. 长春大学学报，2014（7）：892-895.

[72] 王文涛，张美玲．我国粮食生产者补贴制度渊源、理论基础与改革方向［J］. 农村经济，2019（2）：39-46.

[73] 王习明．农村税费改革和政治发展［J］. 中国农村观察，2005

（2）：65-71.

［74］夏祖军．农村税费新制度框架基本确立：我国农村税费改革阶段回顾与总结［N］．中国财经报，2005-06-04（1）.

［75］肖卫东，张宝辉，贺畅，杜志雄．公共财政补贴农业保险：国际经验与中国实践［J］．中国农村经济，2013（7）：13-23.

［76］许红．国外农业合作社的发展经验［J］．世界农业，2016（10）：177-180.

［77］许庆，陆钰凤，张恒春．农业支持保护补贴促进规模农户种粮了吗？——基于全国农村固定观察点调查数据的分析［J］．中国农村经济，2020（4）：15-33.

［78］徐志刚，刘明兴，陶然．税费缴纳意愿、农民组织发展与村庄的融资［Z］．中国科学院农业政策研究中心工作论文，2008.

［79］徐志刚，习银生，张世煌．2008/2009 年度国家玉米临时收储政策实施状况分析［J］．农业经济问题，2010（3）：16-23.

［80］肖唐镖，王欣．“民心”何以得或失——影响农民政治信任的因素分析：五省（市）60 村调查（1999~2008）［J］．中国农村观察，2011（6）：75-82.

［81］杨雪美，冯文丽，高峰，薄悦．农户的风险意识、保险认知与政策性农业保险——基于河北试点的实证分析［J］．农村经济，2013（9）：70-74.

［82］俞振宁，谭永忠，吴次芳，张晓滨．基于兼业分化视角的农户耕地轮作休耕受偿意愿分析——以浙江省嘉善县为例［J］．中国土地科学，2017（9）：43-51.

［83］袁云亭．关于“普九”的记忆［J］．江苏教育（教育管理版），2008（7-8）：17.

［84］朱钢．农村税费改革与乡镇财政缺口［J］．中国农村经济，2002（2）：13-20.

［85］祝保平．安徽省农村税费改革试点情况及相关问题的思考［J］．农村合作经济经营管理，2001（3）：6-9.

［86］张晶，王克．农产品目标价格改革试点：例证大豆产业［J］．改革，2016（7）：38-45.

[87] 张爽. 粮食最低收购价政策对主产区农户供给行为影响的实证研究 [J]. 经济评论，2013 (1)：130-136.

[88] 张改清. 粮食最低收购价政策下农户储售粮行为响应及其收入效应 [J]. 农业经济问题，2014 (7)：86-93.

[89] 张艺雄. 新中国农民负担的阶段性分解与分析 [J]. 中国经济史研究，2004 (3)：111-114.

[90] 张晏. FDI竞争、财政分权与地方政府行为 [Z]. 复旦大学中国社会主义市场经济研究中心工作论文，2005.

[91] 张志栋. 国内粮食价格政策演变现状与问题的探讨 [J]. 黑龙江粮食，2014 (10)：17-19.

[92] 张军，高远，傅勇，张弘. 中国为什么拥有了良好的基础设施? [J]. 经济研究，2007 (3)：4-19.

[93] 张光. 为分税制辩护 [M]. 北京：中国社会科学出版社，2013.

[94] 张千帆. 地方自治是民主之本——以中央集权的统治成本为视角 [J]. 交大法学，2010 (9)：94-128.

[95] 赵文先. 粮改的经济成本：粮食财务挂账的历史变迁与实证分析 [J]. 农业技术经济，2008 (6)：29-33.

[96] 赵云旗. 中国当代农民负担问题研究 (1949—2006) [J]. 中国经济史研究，2007 (3)：97-106.

[97] 赵阳，周飞舟. 财政体制和农民负担：从县、乡两级的财税体制看农民负担的制度原因 [J]. 香港社会科学学报 (季刊)，2000 (17)：67-85.

[98] 赵云旗. 试论乡镇财政赤字的成因和对策 [J]. 财政研究，2000 (4)：73-76.

[99] 朱万春. 美国农业发展模式是否适应中国? [J]. 世界农业，2018 (4)：45-50.

[100] 周振丰，孙参. 部分农村出现弃耕抛荒现象 [J]. 瞭望周刊，1992 (46)：8-9.

[101] 周坚，张伟，陈宇靖. 粮食主产区农业保险补贴效应评价与政策优化——基于粮食安全的视角 [J]. 农村经济，2018 (8)：69-75.

[102] 周静. 农业支持保护补贴对稻作大户投入行为的激励作用实证

分析［J］. 经济地理，2020（7）：150-157.

（二）英文部分

［1］ Acemoglu，D.，Robinson，J. A. Economic Origins of Dictatorship and Democracy［M］. Cambridge：Cambridge University Press，2006.

［2］ Allen，G. Short Economic History of Modern Japan，1867—1937［M］. New York：The Macmillan Company，1946.

［3］ Anderson，K. Lobbying Incentives and the Pattern of Protection in Rich and PoorCountries［J］. Economic Development and Cultural Change，1995，43（2）：401-23.

［4］ Anderson，K.，Hayami，Y. The Political Economy of Agricultural Protection：East Asia in International Perspective［M］. London and Boston：Allen and Unwin，1986.

［5］ Anderson，K.，Valdés，A. Distortions to agricult ural Incentives in Latin America［Z］. World Bank Publications，2008.

［6］ Anderson，K.，Tyers，R. The Pattern of Distortions to Agricultural Incentives［C］//Maunder，A.，Valdes，A.（eds）. Agriculture and Governments in an Interdependent World. Aldershot，England：Darthmouth Publishing Company，1988.

［7］ Banerji，A.，Ghanem，H. Does the Type of Political Regime Matter for Trade and Labor Market Policies?［J］. The World Bank Economic Review，1997，11（1）：171-194.

［8］ Baicker，K. The Spillover Effects of State Spending［J］. Journal of Public Economics，2005，89（2）：529-544.

［9］ Bachman，D. M. Bureaucracy，Economy，and Leadership in China：The Institutional Origins of the Great Leap Forward［M］. Cambridge University Press，2006.

［10］ Bates，R. Markets and States in Tropical Africa：The Political Basis of Agricultural Policies［M］. Univ of California Press，1981.

［11］ Bates，R. Patterns of Market Intervention in AgrarianAfrica［J］.

Food Policy, 1983, 8 (4): 297-304.

[12] Bates, R. Beyond the Miracle of the Market: The Political Economy of Agrarian Development in RuralKenya [M]. New York: Cambridge University Press, 1989.

[13] Bates, R., Krueger, A. Generalizations from Country Studies [C] // Bates, R., Krueger, A. (eds). Political and Economic Interactions in Economic Policy Reform: Evidence from Eight Countries. Cambridge, MA: Blackwell, 1993.

[14] Baumgartner, F., Jones, B. Agendas and Instability in American Politics [M]. Chicago: The University of Chicago Press, 1993.

[15] Beghin, J., Mylene, K. Political Institutions and International Patterns of Agricultural Protection [J]. Review of Economics and Statistics, 1994, 76 (3): 482-489.

[16] Béland, D., Hacker, J. S. Ideas, Private Institutions, and American Welfare State "Exceptionalism" [J]. International Journal of Social Welfare, 2004, 13 (1): 42-54.

[17] Béland, D. Ideas and Social Policy: An Institutionalist Perspective [J]. Social Policy & Administration, 2005, 39 (1): 1-18.

[18] Béland, D. Ideas, Institutions, and Policy Change [J]. Journal of European Public Policy, 2009, 16 (5): 701-718.

[19] Ben-David, D., Papell, D. H. The Great Wars, the Great Crash, and Steady State Growth: Some New Evidence about an Old Stylized Fact [J]. Journal of Monetary Economics, 1995, 36 (3): 453-475.

[20] Beghin, J. C., Foster, W. E., Kherallah, M. Institutions and Market Distortions: International Evidence for Tobacco [J]. Journal of Agricultural Economics, 1996, 47 (1-4): 355-365.

[21] Beghin, J. C., Kherallah, M. Political Institutions and International Patterns of Agricultural Protection [J]. The Review of Economics and Statistics, 1994, 6 (3): 482-489.

[22] Bernstein, T. Unrest in Rural China: A 2003 Assessment [Z]. Center for the Study of Democracy. Paper 04-13, 2004.

[23] Bernstein, T., Lü, X. Taxation Without Representation in Contemporary

Rural China [M]. Cambridge: Cambridge University Press, 2003.

[24] Binswanger, H. P. , KlausDeininger, Gershon Feder. Power, Distortions, Revolt, and Reform in Agricultural Land Relations [C] //Behrman, J. , Srinivasan, T. N. (eds). Handbook of Development Economics (Vol. 3). Amsterdam: North-Holland, 1995.

[25] Boestel, J. , Francks, P. , Kim, C. H. Agriculture and Economic Development in East Asia: From growth to Protectionism in Japan, Korea and Taiwan [M]. Routledge, 2013.

[26] Buchanan, J. , Tullock, G. The Calculus of Consent [M]. Ann Arbor: University of Michigan Press, 1962.

[27] Calder, K. E. Crisis and Compensation: Public Policy and Political Stability in Japan, 1949—1986 [M]. New Jersey: Princeton University Press, 1988.

[28] Chen, A. The 1994 Tax Reform and its Impact on China's Rural Fiscalstructure [J]. Modern China, 2008, 4 (3): 303-343.

[29] Chen, Y. , Li, H. , Zhou, L. A. Relative Performance Evaluation and the Turnover of Provincial Leaders inChina [J]. Economics Letters, 2005, 88 (3): 421-425.

[30] Chen, W. X. Political Economy of Rural Development in China, 1978—1999 [M]. Westport, Conn: Praeger, 1999.

[31] Coleman, W. D. , Skogstad, G. D. , Atkinson, M. Paradigm Shifts and Policy Networks: Cumulative Change in Agriculture [J]. Journal of Public Policy, 1996, 16 (3): 273-301.

[32] Chang, P. K. Agriculture and Industrialization: The Adjustments that Take Place as an Agricultural Country isIndustrialized [M]. Cambridge, MA: Harvard University Press, 1949.

[33] Cortell, A. , Peterson, S. Altered States: Explaining Domestic Institutional Change [J]. British Journal of Political Science, 1999, 29 (1): 177-203.

[34] Cox, R. H. The Social Construction of an Imperative: Why Welfare Reform Happened in Denmark and the Netherlands But not in Germany [J].

World Politics, 2001, 53 (3): 463-98.

[35] Cumberland, J. H. Intergenerational Transfers and Ecological Sustainability [C] //Costanza, R. (eds). Ecological Economics: The Science and Management of Sustainability. New York: Columbia University Press, 1991: 355-366.

[36] Downs, A. An Economic Theory of Democracy [M]. New York: Harper, 1957.

[37] Drazen, A., Grilli, V. The Benefit of Crises for Economic Reforms [J]. The American Economic Review, 1993, 83 (3): 598-607.

[38] Dutt, P., Mitra, D. Political Ideology and Endogenous Trade Policy: An Empirical Investigation [J]. Review of Economics and Statistics, 2005, 87 (1): 59-72.

[39] Dethier, J. J., John, C. Taxing Capital Income in Hungary and the European Union [R]. World Bank Policy Research Working Paper, 1999.

[40] Edin, M. State Capacity and Local Agents Control in China: CCP Cadre Management from a TownshipPerspective [J]. The China Quarterly, 2003, 173: 35-52.

[41] Federico, G. Feeding the World: An Economic History of Agriculture, 1800—2000 [M]. Princeton University Press, 2005.

[42] Francks, P. Rural Economic Development in Japan: From the Nineteenth Century to The Pacific War [M]. New York: Rutledge, 2006.

[43] Gale, H. F., Lohmar, B., Tuan, F. C. China's New Farm Subsidies [EB/OL]. http://www.ers.usda.gov/media/872040/wrs0501_ 002.pdf.

[44] Garrett, G., Weingast, B. Ideas, Interests and Institutions: Constructing the European Communities'Internal Market [C] //Goldstein, J., Keohane, R. (eds). Ideas and Foreign Policy: Beliefs, Institutions, and Political Change. Ithaca: Cornell University Press, 1993: 173-204.

[45] Gough, I. Globalization and Regional Welfare Regimes: The East AsianCase [J]. Global Social Policy, 2001, 1 (2): 163-189.

[46] Goodman, R., White, G. Welfare Orientalism and the Search for an East Asian Welfare Model [C] //Goodman, R., White, G., Kwon, H.

(eds). The East Asian Welfare Model: Welfare Orientalism and the State. London: Routledge, 1998: 3-24.

[47] Göbel, C., Ong, L. H. Social Unrest in China [Z]. Long Briefing, Europe China Research and Academic Network (ECRAN), 2012.

[48] Goldstone, J. A. Revolution and Rebellion in the Early Modern World [M]. Berkeley, California: University of California Press, 1991.

[49] Hall, P. A. Policy Paradigms, Social Learning and the State: The Case of Economic Policymaking inBritain [J]. Comparative Politics, 1993, 25 (3): 275-296.

[50] Holquist, P. Making War, Forging Revolution: Russia's Continuum of Crisis, 1914—1921 [M]. Harvard University Press, 2002.

[51] Hogan, J. W., Hara, A. Country at a Crossroads: An Insight into How an Economic Crisis Led to Dramatic PolicyChange [J]. Risk, Hazards & Crisis in Public Policy, 2011, 2 (3): 1-23.

[52] Hogan, J., Doyle, D. The Importance of Ideas: An a Priori Critical Juncture Framework [J]. Canadian Journal of Political Science, 2007, 40 (4): 883-910.

[53] Huang, Y. S. Capitalism with Chinese Characteristics: Entrepreneurship and the State [M]. Cambridge: Cambridge University Press, 2008.

[54] Huang, Y. P. Agricultural Reform in China: Getting Institutionsright [M]. Cambridge University Press, 1998.

[55] Huffman, W. E., Miranowski, J. A. An Economic Analysis of Expenditures on Agricultural Experiment Station Research [J]. American Journal of Agricultural Economics, 1981, 63 (1): 104-118.

[56] Keen, M., Marchand, M. Fiscal Competition and the Pattern of Public Spending [J]. Journal of Public Economics, 1997, 66 (1): 33-53.

[57] Kingdon, J. W. Agendas, Alternatives and Public Policies [M]. New York: Longman, 2003.

[58] King, D., Hansen, R. A. Experts at Work: State Autonomy, Social Learning and Eugenic Sterilization in 1930s [J]. British Journal of Political Science, 1999, 29 (1): 77-107.

[59] Kim, P. H. The East Asian Welfare State Debate and Surrogate Social Policy: AnExploratory Study on Japan and South Korea [J]. Socio-Economic Review, 2010, 8 (3): 411-435.

[60] Klein, K. K., Hayami, Y., Yamada, S. The Agricultural Development of Japan: A Century's Perspective [M]. University of Tokyo Press, 1991.

[61] Krueger, A., Schiff, M., Valdes, A. The Political Economy of Agricultural Pricing Policy [M]. Baltimore and London: Johns Hopkins University Press, 1991.

[62] Kwon, H. An Overview of the Study: The Developmental Welfare State and Policy Reforms in East Asia [C] //Kwon, H-J. (eds). Transforming the Developmental Welfare State in East Asia. London: Palgrave, 2005: 1-26.

[63] Kueh, Y. Y., Ash, R. F. Economic Trends in Chinese Agriculture: The Impact of Post-Mao Reforms [M]. Clarendon Press, 1993.

[64] Lardy, N. R. Agriculture in China's Modern Economic Development [M]. Cambridge University Press, 1983.

[65] Landry, P. F. Performance, Markets, and the Political Fate of the Chinese Mayors [Z]. Annual Meeting of the American Political Science Association, Boston, 2002.

[66] Li, L., O'Brien, K. J. Rightful Resistance in Rural China [M]. Cambridge: Cambridge University Press, 2006.

[67] Li, L. C. Working for the Peasants? Strategic Interactions and Unintended Consequences in the Chinese Rural TaxReform [J]. The China Journal, 2007, 57 (Jan): 89-106.

[68] Lindert, P. H. Historical Patterns of Agricultural Policy [C] // Timmer, C. P. (eds). Agriculture and the State: Growth, Employment, and-Poverty. NY: Cornell University Press, 1991.

[69] Loraine, A. W., Christine, P. W. Fiscal Decentralization and Growing Regional Disparities in Rural China: Some Evidence in the Provision of Social Services [J]. Oxford Review of Economic Policy, 1995, 11 (4): 70-84.

[70] MacFarquhar, R. Communist China's Intra - party Dispute [J]. Pacific Affairs, 1958, 31 (4): 323-335.

[71] MacFarquhar, R. The Origins of the Cultural Revolution (Vol. 2): The Great Leap Forward, 1958—1960 [M]. New York: Columbia University, 1974.

[72] Mintrom, M., Vergari, S. Advocacy Coalitions, Policy Entrepreneurs, and Policy Change [J]. Policy Studies Journal, 1996, 24 (3): 420-434.

[73] Milner, H. V., Kubota, K. Why the Move to Free Trade? Democracy and Trade Policy in the Developing Countries [J]. International Organization, 2005, 59 (1): 107-143.

[74] Nathan, A. J. A Factionalism Model for CCP Politics [J]. The China Quarterly, 1973, 53: 34-66.

[75] North, D. Institutions, Institutional Change and Economic Performance [M]. Cambridge: Cambridge University, 1990.

[76] Newbery, D., Stern, N. The Theory of Taxation for Developing Countries [M]. Oxford University Press, 1987.

[77] Oates, W. E. An Essay on Fiscal Federalism [J]. Journal of Economic Literature, 1999, 37 (3): 1120-1149.

[78] O'Brien, K. J., Li, L. J. Rightful Resistance in Rural China [M]. Cambridge University Press, 2006.

[79] O'Brien, K., Li, L. J. Selective Policy Implementation in Rural China [J]. Comparative Politics, 1999, 31 (2): 172.

[80] Oden, D., Paariberg, R., Roe, T. Policy Reform in American Agriculture: Analysis and Prognosis [M]. Chicago: The University of Chicago Press, 1999.

[81] OECD. Social Expenditure Database, 1980—2005 [Z]. Paris: OECD, 2008.

[82] Olper, A. Determinants of Agricultural Protection: The Role of Democracy and Institutional Setting [J]. Journal of Agricultural Economics, 2007, 52 (2): 75-92.

[83] Olper, A., Raimondi, V. Constitutional Rules and Agricultural Protection [C] //Anderson, K. (eds). The Political Economy of Distortions to Agriculture. Washington, DC: World Bank, 2009.

[84] Olper, A. Land Inequality, Government Ideology and Agricultural Protection [J]. Food Policy, 2007, 32 (1): 67-83.

[85] Olson, M. The Logic of Collective Action [M]. New Haven CT: Yale University Press, 1965.

[86] Olson, M. Space, Agriculture and Organization [J]. American Journal of Agricultural Economics, 1985, 67 (5): 928-37.

[87] Olson, M. Dictatorship, Democracy, and Development [J]. American Political Science Review, 1993, 87 (3): 567-576.

[88] O'Rourke, K. H. The European Grain Invasion, 1870—1913 [J]. The Journal of Economic History, 1997, 57 (4): 775-801.

[89] Paik, W. Economic Development and Mass Political Participation in Contemporary China: Determinants of Provincial Petition (Xinfang) Activism 1994—2002 [J]. International Political Science Review, 2012, 33 (1): 99-120.

[90] Persson, T., Tabellini, G. Political Economics: Explaining Economic Policy [M]. Cambridge, MA: MIT Press, 2002.

[91] Perrie, M. The Russian Peasant Movement of 1905—1907: Its Social Composition and Revolutionary Significance [J]. Past and Present, 1972, 5: 123-155.

[92] Plümper, T., Neumayer, E. Famine Mortality, Rational Political Inactivity, And International Food Aid [J]. World Development, 2009, 37 (1): 50-61.

[93] Pryor, F. L. The Red and The Green: The Rise and Fall of Collectivized Agriculture in Marxist regimes [M]. Princeton: Princeton University Press, 1992.

[94] Prendergast, C. The Motivation and Bias of Bureaucrats [J]. American Economic Review, 2007, 97 (1): 180-196.

[95] Przeworski, A. Democracy and the Market: Political and Economic Reforms in Eastern Europe and Latin America [M]. Cambridge: Cambridge University Press, 1991.

[96] Ranis, G., Fei, J. C. A Theory of Economic Development [J].

The American Economic Review, 1961, 51 (4): 533-565.

[97] Rose-Ackerman, S., Evenson, R. The Political Economy of Agricultural Research and Extension: Grants, Votes, And Reapportionment [J]. American Journal of Agricultural Economics, 1985, 67 (1): 1-14.

[98] Rozelle, S., Swinnen, J. F. Why Did the Communist Party Reform in China, But not in the Soviet Union? The Political Economy of Agricultural Transition [J]. China Economic Review, 2009, 20 (2): 275-287.

[99] Sabatier, P., Hank, J. S. The Advocacy Coalition Framework: An Assessment [C] //Sabatier, P. (eds). Theories of the Policy Process. Boulder, Colorado: Westview Press, 1999: 117-166.

[100] Sabatier, P., Weible, C. The Advocacy Coalition: Innovations and Clarifications [C] //Sabatier, P. (eds). Theories of the Policy Process. Boulder, CO: Westview Press, 2007: 189-220.

[101] Sabatier, P. A., Hank, J. S. An Advocacy Coalition Framework of Policy Change and the Role of Policy - Oriented Learning Therein [J]. Policy Sciences, 1988, 21 (2/3): 129-68.

[102] Sabatier, P., Hank, J. S. Policy Change and Learning: An Advocacy CoalitionApproach [M]. Boulder, CO: Westview Press, 1993.

[103] Schulze, G. G., Ursprung, H. W. Globalisation of the Economy and the Nation State [J]. The World Economy, 1999, 22 (3): 295-352.

[104] Sen, A. K. The idea of justice [M]. Harvard University Press, 2009.

[105] Sheingate, A. D. The Rise of the Agricultural Welfare State: Institutions and Interest Group Power in the United States, France, and Japan [M]. Princeton University Press, 2003.

[106] Shultz, T. W. The Allocation of Response to Research [C] // Fishel, W. L. (eds). Resource Allocation in Agricultural Research. University of Minnesota Press, 1972: 90-120.

[107] Skogstad, G. Ideas, Paradigms and Institutions: Agricultural Exceptionalism in the European Union and The United States [J]. Governance, 1998, 11 (4): 463-490.

[108] Stone, D. Policy Paradox: The Art of Political Decision Making

[M]. New York: ww Norton, 1997.

[109] Stavis, B. The Politics of Agricultural Mechanization in China [M]. Ithaca: Cornell University Press, 1978.

[110] Swinnen, J. F. The Political Economy of Agricultural and Food Policies: Recent Contributions, New Insights, and Areas for Further Research [J]. Applied Economic Perspectives and Policy, 2010, 32 (1): 33-58.

[111] Swinnen, J. F., Harry, G. Why Small Groups and Low-Income Sectors Obtain Subsidies: The'Altruistic'Side of a'Self-Interested' Government [J]. Economics and Politics, 1993, 5 (3): 285-296.

[112] Swinnen, J. F. The Growth of Agricultural Protection in Europe in the 19th and 20th centuries [J]. The World Economy, 2009, 32 (11): 1499-1537.

[113] Swinnen, J. F., de Goter, H., Rausser, G. C., Banerjee, A. N. The Political Economy of Public Research Investment and Commodity Policies in Agriculture: An Empirical Study [J]. Agricultural Economics, 2000, 22 (2): 111-122.

[114] Swinnen, J. F. Political Reforms, Rural Crises, and Land Tenure in Western Europe [J]. Food Policy, 2002, 27 (4): 371-394.

[115] Swinnen, J. F., Rozelle, S. From Marx and Mao to the Market: The Economics and Politics of Agricultural Transition [M]. Oxford University Press, 2006.

[116] Takeuchi, H. Survival Strategies of Township Governments in Rural China: From Predatory Taxation to Land Trade [J]. Journal of Contemporary China, 2013, 22 (83): 755-772.

[117] Thies, C. G., Porche, S. The Political Economy of Agricultural Protection [J]. The Journal of Politics, 2007, 69 (1): 116-127.

[118] Tiebout, C. A Pure Theory of Local Expenditure [J]. Journal of Political Economy, 1956, 64 (5): 416-424.

[119] Timmer, C. P. Agriculture and the State: Growth, Employment, and Poverty in Developing Countries [M]. Cornell University Press, 1991.

[120] Tracy, M. Government and Agriculture in Western Europe 1880—

1988 [M]. New York: Harvester Wheatsheaf, 1989.

[121] Tweeten, L. Farm Commodity Programs: Essential Safety Net or Corporate Welfare? [C] //Tweeten, L., Thompson, S. R. (eds). Agricultural Policy for the 21st Century. Ames: Iowa State University Press, 2000.

[122] Volin, L. A Century of Russian Agriculture. from Alexander II to Khrushchev [M]. Cambridge: Harvard University Press, 1970.

[123] Wang, S. G. Changing Models of China's Policy Agenda Setting [J]. Modern China, 2008, 34 (1): 56-87.

[124] Wong, C. Financing Local Government in the People's Republic of-China [M]. Hong Kong: Oxford University Press, 1997.

[125] Weible, C. M., Sabatier, P. A., McQueen, K. Themes and Variations: Taking Stock of the Advocacy Coalition Framework [J]. Policy Studies Journal, 2009, 37 (1): 121-140.

[126] Weible, C. M. Beliefs and Perceived Influence in A Natural Resource Conflict: An Advocacy Coalition Approach to Policy Networks [J]. Political Research Quarterly, 2005, 58 (3): 461-475.

[127] West, L. A., Wong, C. P. Fiscal Decentralization and Growing Regional Disparities in Rural China: Some Evidence in The Provision of Social Services [J]. Oxford Review of Economic Policy, 1995, 11 (4): 70-84.

[128] Wilensky, H. L. Rich Democracies: Political Economy, Public Policy, and Performance [M]. Berkeley: University of California Press, 2002.

[129] Wilensky, H. L. The Welfare State and Equality: Structural and Ideological Roots of Public Expenditures [M]. Berkeley: University of California Press, 1975.

[130] Wildasin, D. E. Interjurisdictional Capital Mobility: Fiscal Externality and a Corrective Subsidy [J]. Journal of Urban Economics, 1989, 25 (2): 193-212.

[131] Yamamoto. Nogyo Seisaku no Tenkai to Genjo (The Development and Present State of Agricultural Policy) [M]. Tokyo: Ie no Hikari Kyokai, 1987.

[132] Yang, D. L. Calamity and Reform in China: State, Rural Society,

and Institutional ChangeSince the Great Leap Famine [M]. Stanford: Stanford University Press, 1996.

[133] Zodrow, G. R., Mieszkowski, P. Pigou, Tiebout, Property Taxation and the Under Provision of Local Public Goods [J]. Journal of Urban Economics, 1986, 19 (3): 356-370.

后　记

本书是在我的博士论文的基础上修改而成的。在博士论文写作以及本书修改过程中，我有幸得到了众多老师、朋友和同仁无私的关心和帮助。

师恩难忘，没有我的老师就没有现在的我。首先，我要深深地感谢我的导师张光教授。在厦门大学公共事务学院读硕士的最后一年，因缘巧合通过一次学术会议认识了张老师，张老师不嫌弃当时懵懂无知的我，欣然首肯让我读他的博士。在跟随张老师读博的三年时间里，张老师带着我读文献、上方法论课、搜集数据、跑回归模型，一步一步地将我领进学术领域，让我领略学术之美、研究之趣。特别是博士论文写作期间我正在新加坡南洋理工大学访学，张老师频繁与我进行邮件沟通，他来新加坡讲课，也不忘约我见面讨论论文写作的进度，帮我解答难题。张老师治学严谨，对待学生关心备至，是我一生学习的典范。我还要特别感谢澳大利亚迪肯大学何包钢教授，2014 年 8 月到 2015 年 6 月期间，我联系了当时在南洋理工大学全球治理与公共政策系担任系主任的何包钢教授，咨询去他那里访学事宜，何老师作为中国乡村治理和协商民主研究的国际知名学者，欣然同意并邀请我来新访学。我的博士论文就是在新访学期间完成的。何老师对我访学期间的照顾更是令我终生难忘。何老师不仅帮助我解决在新加坡的工作签证问题，而且还让我担任他的研究助理，每月为我提供 2000 澳币的收入，这对我访学期间的经济来源是一个很大的帮助。访学期间，除博士论文写作外，何老师还带领我进入协商民主研究领域，经常与我和南洋理工大学的其他老师谈论问题，鼓励我参加系里的学术会议，这些活动对打开我的学术视野和提升研究能力发挥了很大的作用。此外，还要一并感谢厦门大学陈振明教授、于文轩教授、杨方方教授、张庆才教授、王云萍教授，南京信息工程大学曾明教授，中国人民大学马亮教授、李文钊教授、刁大明教授，清华大学张开平博士，香港教育大学肖汉宇博士，安徽师范大学孔卫拿博士等给予我的修改建议和诸多帮助。

同时，还要感谢在我博士学习期间和博士论文写作过程中对我提供过帮助的同学和朋友。由衷感谢邵东珂博士、朱火云博士、张红春博士等同窗，感恩与你们共同度过的几年美好时光，时时受到你们的帮助和关怀，在成长过程中与你们同行，是多么的幸运。感谢王丽君、周星星、叶镇铨、蓝昌林、王一欢、邱惠亭、罗诗诗、林欣欣以及我的硕士生黄嘉嘉等同学在校期间对我的大量帮助。

本书能够顺利出版，要感谢深圳大学管理学院、厦门大学公共事务学院、江西财经大学财税与公共管理学院的大力支持。感谢深圳大学高水平大学二期建设项目、国家自然科学基金项目“我国地方财政结余对财政支出周期性影响及其机制研究”（编号：71904130）、中国博士后科学基金第62批面上资助项目“我国财政结转结余资金成因与机制分析”（编号：2017M621004）对本书出版的资助。本书的部分章节曾在《世界农业》《美国研究》《湘潭大学学报（哲学社会科学版）》《国外理论动态》等刊物上发表，相关编辑和匿名审稿人提供了宝贵意见，在此一并感谢。感谢中国经济出版社姜静等老师的辛苦编辑。

本书要献给我的家人，感谢他们一直陪伴着我，照顾着我，时时刻刻给我温暖与支持。没有你们，我也不会坚持到现在。学海无涯，人生有涯，名利尤其虚妄，唯有你们才是我生命中最重要的存在。

我将以本书作为我学术生涯第一个阶段的总结和下一个阶段的新起点。我会坚持初心，坚持做好的学问、有用的学问，上下求索不止。正如厦门大学的校训：自强不息、止于至善。

吴进进

2021年3月21日夜于深圳丽岛